核心素养 · 名师课堂

论语读人

——黄厚江老师解读《论语》

黄厚江 ⊙ 著

漓江出版社
Lijiang Publishing House
· 桂林 ·

图书在版编目（CIP）数据

论语读人：黄厚江老师解读《论语》/ 黄厚江著 . -- 桂林：漓江出版社，2014.9（2022.2 重印）

ISBN 978-7-5407-7263-5

Ⅰ. ①论… Ⅱ. ①黄… Ⅲ. ①儒家 ②《论语》—研究 Ⅳ. ① B222.25

中国版本图书馆 CIP 数据核字（2014）第 204767 号

论语读人

——黄厚江老师解读《论语》

作　　者　黄厚江
策划组稿　文龙玉
责任编辑　章勤璐
装帧设计　石绍康
责任监印　黄菲菲

出 版 人　刘迪才
出版发行　漓江出版社有限公司
社　　址　广西桂林市南环路 22 号
邮　　编　541002
发行电话　010-65699511　0773-2583322
传　　真　010-85891290　0773-2582200
邮购热线　0773-2582200
网　　址　www.lijiangbooks.com
微信公众号　lijiangpress

印　　制　三河市嵩川印刷有限公司
开　　本　710 mm × 960 mm　1/16
印　　张　17
字　　数　230 千字
版　　次　2014 年 9 月第 1 版
印　　次　2022 年 2 月第 3 次印刷
书　　号　ISBN 978-7-5407-7263-5
定　　价　58.00 元

序：简易功夫终久大

黄厚江老师某次谈起他要写一本《论语读人》的小书，我说题目很有趣。今天他已写好，命我写个小序。匆匆读后，最直接的感受是，厚江老师的这本书纯以简易之法读经典，从而将经典读成了平易近人的书。

古人平时读的书很少，孔子以前贵族才能受教育，也只读《诗》《书》而已。这两部经典是从乐师和史官手上的文献中选编出来用于公民教育的教科书，很像我们的《语文》教材。但古人还有一种文化资源，就是“古人之言”。从《左传》《国语》等春秋时代的史书中可见，古代贵族说话时，除了引称《诗》《书》之语，就是“古人有言曰”“古之人曰”“史佚有言曰”。所以，古人只说话，不著书，春秋时代人们所说的“三不朽”包括“立德”“立功”“立言”三大项，前两项是圣人和圣王们的事业，后一项君子、贤人、士人皆可以做。孔子也依循这个传统，只说话，至多编写教材，所谓“述而不作”。他的学生平时也像我们的官员跟在领导后面一样，手上拿个小本本随时记点什么。他们那时没有纸，用一块小方木片，叫作“传”，方的东西都是“专”，比如盖房子的“砖”也是方的。当时的经典写在竹简上，竹简一条一条的，又长，写的字又少，不能用来做记录。试想如果学生上课都带上竹片子，课堂上一定充斥着哗哗啦啦的噪音。所以他们在“传”上将老师的言行或上课讲解经典的内容及时记录下来，这种文字就是所谓的“传记”。有时忘记了带“传”，或用完了，就写在衣服带子上，所谓“子张书诸绅”便是。孔子死后，学生将他的言行录集中起来编成《论语》，从此，中国的文献里就出现了许多“子曰”。

介之推说：“言，身之文也。”孔子也认为，真正能立得起来的“言”是德行的体现，与人的行为修养不可两分。他说“有德者必有言，有言者未必有德”，“巧言令色，鲜矣仁”！他的课程大多是实践课，比如教学生行礼、奏乐、射箭、驾车，带着学生周游列国，学生和他是一个生活共同体。孔子弟子三千，达者七十二，其中翘楚者十人，分属德行、言语、政事、文学四科，言语只占其一。所以，学生除了记录老师和同学的言论，也记录老师和同学的德行。我在上文学史课时，曾经问学生，为什么《论语》中的人，话说得很简易，但孔子师生的形象却十分鲜明，而后来的《孟子》《荀子》，话越说越复杂，老师和学生的形象反而越来越暗淡？原因就是，后来的儒家，只知道记录老师的思想和言论，不知道记录老师的德行。他们好像狗仔队，只知道伸话筒录音，不知道如何深入生活，访问调查。古往今来读《论语》者，大多关注其中的"言"，厚江老师的书另辟蹊径，给我们揭示了《论语》的另一面。人是言行的统一体，读人才是对《论语》全面的阅读。

陆象山诗曰："简易功夫终久大，支离事业易浮沉。"然简易亦须有功夫，厚江老师的读法不是学究式的，而是感发和个人的，为了避免主观的误读和过度阐释，他首先综合前人定说加以评判，使之简易凝练，在此基础上加以创发，其创发多联系自家经历与当下生活，文字平易，道理亲切，多令人会意颔首。在他的阅读中，孔子和他的弟子这些古代的圣贤"大人物"被还原为"一般的人"，既体现了对"经典"和"大人物"的现代反思，也表现了对"经典"和"大人物"的现代敬意。

德国思想家卡尔·雅思贝尔斯将大哲学家分为四组，第一组是思想范式的创造者，包括苏格拉底、佛陀、孔子、耶稣四人，因为他们"被证明了千余年来一直不断地在发挥着影响"(《大哲学家》)。如果说孔子给中国的思想创造了什么范式的话，那就是他让中国人的思想始终关注在如何做人、如何生活的问题上，厚江老师的这本小书，讨论的正是这些问题。

是为序。

徐兴无
于南京大学文学院

（徐兴无：南京大学教授，博士生导师）

目录 Contents

第一辑　圣人本心

每个人都是一个丰富的多面体，圣人也是。

孔子是万代师表的圣人，郑人说他“累累若丧家之狗”，他本人也“然哉！然哉！”地欣然接受。我们在《论语》中读到的孔子，就是一个很普通的人，如同我，如同你，如同我们村里的张大爷，如同我们楼下的李老伯。他也生气，他也骂人，他也要点小聪明……或许，唯其如此，他才是一个活生生的人，才更接近那个叫孔丘的人；或许，由此我们更可以看到他的本心。“随心所欲而不逾矩”，应是他自我本心的绝好表白。

孔子的率真

孔子

读《论语》，常常为孔子的率真而感动。

孔子的率真首先表现在对利的追求上，印象最深的是这一章：

子曰："自行束脩以上，吾未尝无诲焉。"［7.7］

大意是，孔子说："自愿拿一束干肉来见我的人，我从来没有不给他教诲的。"

脩，就是干肉，又叫脯。束脩就是十条干肉。杨伯峻先生说，古代作为初次拜见的礼物。孔子要求他的学生，初次见面时要拿十条干肉作为学费。后来，就把学生送给老师的学费叫作"束脩"。

对这一章的理解，一般认为孔子这段话表明了他诲人不倦的精神，也反映了他"有教无类"的教育思想。钱穆先生就说：

本章谓只修薄礼来见，未尝不教诲之。古者学术在官，事师必须宦学，入官乃能学艺。私家讲学之风，自孔子开之。自行束脩未尝无诲，故虽贫如颜渊、原思，亦得及门守业。

李泽厚先生对这一章的解读则不同：

"束脩"一般都解作"十条肉脯"，本译从汉代经师。而与孔子所讲"十五而志于学"，书传"十五入小学"相应。亦有以服饰、行为"束带修饰"、"约束修饰"释"束修"者（陈大齐《论语臆解》引李贤等）。从年岁看，孔门是高中、大学水平。看来孔子不教发蒙小学生。

也有人说，既然要交十条干肉做学费，那必定是中等以上的人家之子弟才有入学的可能，贫穷人家自然是交不出十条干肉来的，所以孔子的“有教无类”只停留在口头上，在社会实践中根本不可能推行。为孔子辩护的人说，认为用这种推论否定孔子的“有教无类”的教育思想，过于理想化和幼稚。因为在任何社会里，要做到完全彻底的有教无类，恐怕都有相当难度，这要归之于社会经济的发展程度。我们以为，如此否定孔子首开私人讲学之风和将读书权利带到民间的功绩，实在是抬杠；而这样的辩护也不得要领。因为首开私人讲学之风和将读书权利带到民间，并不是我们今天的普及义务教育，而是对官学的突破。

当然，我们这里并不是讨论孔子首开私人讲学之风的贡献之大，而是由此看到孔子的率真和可爱。或许在我们今天，绝大多数人是不会这样说的。似乎一个老师先开价钱，便是俗气，只有绝不开口言利，才是应该的，只有无私奉献才是值得肯定的。当然肚子里不管怎么想，都不要紧；私下里不管怎样心黑，也不要紧。这就虚伪得可怕。相比之下，还是孔子真实，不仅要见面礼，而且还要是“自愿”，数量还要达到“十条以上”，更重要的是要先送礼物，然后再教诲。李零先生对此有一段很有意思的分析：

“自行束脩以上”，“脩”音 xiū，自带干肉十条以上。……

这里的干肉十条，多长多粗，不知道，也许是十根腊肉那么大一把许，也许和超市里卖的一包香肠差不多。古代吃肉很少，一包香肠也是很大的享受。孔子有弟子三千，一人一束腊肉，可以有 30000 束腊肉。更何况“束脩”二字的后面还有“以上”，学生愿意多送，也可欣然受之，多多益善。可能不止于此。当时的物价水平，我们无法估计，好像还值点钱。

束脩是拜师的见面礼，不是学费。学习期间的费用，可能是自理（是自带干粮，自己花钱租房子）。孔子收徒，不问出身，只问有没有见面礼。

李零先生的说法是有道理的。孔子的话的确已经有了比较强的市场经济的味道，但不遮不掩，明码标价，态度鲜明。不像我们有些人，一心想着别人送礼，却绝不说明；但你如果不送，或者送不到位，他就绝不教诲，绝不帮忙，甚至要故意为难，从中作梗。当然，我们如果苛求一下孔子也可以，你既然要推广教育，你就不应该收费；你既然是圣人，就不应该说钱。我想，这是典型的以小人之心推圣人之腹。在我看来，人家孔子压根也没有想过要普及教育，也压根没有想过做什么圣人。这都是后人说的。绝不像我们今天有些人，刚刚工作就想着要成什么家，甚至还没有启蒙，就已经有了伟大的理想。人为什么不活得真实一点呢？我们老家有句话，叫取到鱼晃板都会说话。意思是，一个人成功了回头看看什么都是伟人迹象。

孔子直言要钱，想富，还见于这样一章：

子曰："富而可求也，虽执鞭之士，吾亦为之。如不可求，从吾所好。"［7.12］

大意是，孔子说："富贵如果可以获得的话，即便是去做地位很低贱的活，我也愿意。如求它不得，那我该做什么就做什么。"

对"执鞭之士"有不同的理解，有人就理解为驾车的人。但李泽厚、杨伯峻都译为市场的守门人。李泽厚先生还交代了这样翻译的根据：

《杨注》：执鞭之士，根据《周礼》，有两种人拿着皮鞭，一种是古代天子以及诸侯出入之时，有二至八人拿着皮鞭使行路之人让道。一种是市场的守门人，手执皮鞭来维持秩序。

钱穆先生就说"执鞭，贱职"。我采纳钱穆先生的说法。对这一章人们通常的理解是孔子并不反对发财，但必须符合于道，这一章表明孔子自己不会违背道德原则去追求富贵荣华。这自然是不错的。孔子的"饭疏食，饮水，曲肱而枕之，乐亦在其中矣。不义而富且贵，于我如浮云"几乎是人尽皆知的。而钱穆先生和李泽厚先生都读出了"富贵在天"的意思。李泽厚先生说：

这也就是"生死有命，富贵在天"的意思。发财确有极大的偶然性，并非只要努力就能得到。不像读书、做人，只要努力，总可以有所成就。

但我读出的是孔子也很喜欢钱，也很想致富。"虽执鞭之士，吾亦为之。"如果不为尊者讳的话，孔子对富贵的强烈愿望是不言而喻的。孔子的等级观念是非常强的。现在为了致富，再低贱的活都愿意干，不管是市场看门，还是为人驾车。也许有人会说，这只是孔子的一种表现手法，以此说明自己不是发财的命，只是读书的命。但即使是表现手法，以什么作为衬托，难道不是内心需求的一种表现吗？从心理学的角度看，肯定是一种潜意识的表现。而潜意识常常更能代表一个人的内在追求。当然有人会藏得很深，压抑着始终不说，让人看不到一点迹象。这样的人，是做官的好料子，但绝不可爱，而且很可怕。和这样的人，还是少交往。

孔子的率真不仅表现在对物质需要的直接表白，更表现在和学生的日常交往之中。比如下面一章：

子曰："二三子以我为隐乎？吾无隐乎尔。吾无行而不与二三子者，是丘也。"［7.24］

大意是，孔子说："同学们，你们以为我对你们有什么隐瞒的吗？我是丝毫没有隐瞒的。我没有什么事不是和你们一起做的。我孔丘就是这样的人。"

这段话应该有背景，可惜我们不知道。可以推测的是同学们怀疑孔老师向他们隐瞒了什么。中国的传统，老师和师傅是不会把所有的本领和学问都教给学生的，必须留一手。猫和老虎的故事想必大家都知道。说猫收了老虎做徒弟，老虎向猫学本领。等老虎以为自己所有本领都学会了，为了成为天下第一，就准备把猫吃了。猫吱溜一下上了树。老虎不会爬树，在树下干瞪眼。猫得意地说："我知道你不是什么好东西。好在我留了这一手。"现在留一手的老师和师傅都还是有的，当然不会很多。是不是因此孔子的学生就对老师有怀疑。记得陈亢就问过孔鲤他爸爸是否私下里教了他什么。可见孔子的学生出了肉干之后，的确是好学的。至于隐藏了什么呢？是学问，还是做事？从下句看，是做事的可能性大一点。但做事，也就是学问。这似乎差距不大。我最关注的是"吾无行而不与二三子者，是丘也"这一句。"我孔丘就是这样的人。"什么样的人呢？就是不遮不掩的，不躲不藏。我最喜欢这样的人，最讨厌鬼鬼祟祟的人，耍小手腕，搞小动作。而一个老师和学生这样说，是把学生当成自己的小朋友，这是一般高低、一般见识的话，而不是居高临下。这样的说话姿态，让人开心。我们见到的更多的是要摆出一副不加计较的大度，不加解释，不加理会，实际上都记在心里。后世的老师们、长者，大概都是如此，表现出“天能盖地，大能容小”的风度。风度是有的，但显得生分，距离也就远了，更看不到长者们的真实面貌和心地。今天，我们有些老师也和学生一般见识了，没有了师道尊严，但让人觉得是小气，不同于孔子这样的率真。

下面一章，孔子在学生面前的态度，更加率真得可爱。

子见南子，子路不说。夫子矢之曰：“予所否者，天厌之！天厌之！”［6.28］

大意是：孔子去见南子，子路不高兴。孔子发誓说：“我如果做错了，老天惩罚我！”这是很著名的一章，也是孔子最为可爱的一章。对这一章，见仁见智者很多。司马迁说，孔子并不是要见南子，而是想通过南子这条路子见卫灵公。林语堂先生写了剧本《子见南子》，引起孔氏家族的愤怒，大概丑化了孔子。南怀瑾先生则由此讲出了一番“一般人对人事的批评，要多方面注意人情世故”的道理。我只觉得，孔子这老头真好玩。记得邻居家有位老爷爷，也说过完全一样的话。老头是个癞子，但人缘好，会做生意。我们都叫他四癞爹爹。四癞奶奶是城里姑娘，那时候没有城乡差别，就嫁到我们村

《孔子讲学图》

里来了。但一辈子没有下过地，大概是当初的承诺。有一阵，村里传言四癞爹爹和一个名声不是很好的妇女有染，于是四癞爹爹就向四癞奶奶对天发誓："肯定没有这回事。如果有，就叫我不得好死。天打五雷轰！天打五雷轰！"急得脸色全红了，癞头当然更红。就像一个受了委屈的孩子。孔子面对的是学生，是一个经常被他教训的学生。假如孔子说一套"仁"与"礼"方面的大道理，要镇住子路是不难的，至少是有可能的。但他没说，而是赌咒发誓。说了就不可爱了，至少没有现在这样可爱。

孔子的率真还表现在非常看重和学生们之间的感情，尤其怀念跟着东奔西跑吃了很多苦、受了很多委屈的学生。

子曰："从我于陈、蔡者，皆不及门也。"［11.2］

大意是，孔子说："跟随我在陈国、蔡国之间忍饥挨饿的人，现在都不在我身边了。"

孔子和他的学生从陈国到蔡国去。途中，他们被陈国人包围，好几天都没有饭吃，许多学生饿得不能行走了。当时跟随他的学生有子路、子贡、颜渊等人。孔子回鲁国以后，子路、子贡等先后离开了他，颜渊也死了。所以，孔子时常想念他们。说这句话时的孔子，真不像什么圣人，甚至都不像我们今天的名师大家们，就一个平常的老头。我想，孔子说这句话，"也"字一定拖得很长。那是一种属于过来之人的伤感。我有个邻居老伯是南下干部，每次去他家，他都会不顾大妈的讥笑拿出那本很小很老的相册，翻开一张张照片，指着一个个人物，不厌其烦地向我介绍那些人物的传奇，那些过去岁月的艰辛与光荣，我惊奇于他对那些时间地点的细节都记得那么清楚。最后总是一声惋叹："当初一起……的人，都不在了。在的，也不能走动了。"那脸上写满怀旧，写满对已往生活和昔日朋友的怀念。陈蔡之行，对于孔子来说是难以忘却的。他也常常怀念共过患难的人。恋旧，不仅仅是一种老态，也是一份感情，念旧的人大多率真。

孔子的率真更表现在对名分的在意。

颜渊死，颜路请子之车以为之椁。子曰：“才不才，亦各言其子也。鲤也死，有棺而无椁。吾不徒行以为之椁。以吾从大夫之后，不可徒行也。”［11.8］

大意是：颜渊死了，他的父亲颜路请求孔子卖掉车子，给颜渊买个外椁。孔子说：“虽然颜渊和鲤一个有才一个无才，但总是我们各自的儿子。孔鲤死的时候，也是有棺无椁。我没有卖掉自己的车子给他买椁。因为我做过大夫，是不可以步行的。”

颜渊是孔子的得意门生。颜路，是颜渊的父亲，也是孔子的学生。颜渊老爸这人，或者说孔子这个学生很有趣，儿子死了，居然要老师拿自己的车子去换他儿子的椁。其实并不是每一个人入葬都要椁的，有棺就不错了。可是颜路想要让儿子体面一点。如果你有条件，这也可以理解。可他没有这个能力，就要求老师出力。如果老师有钱，像现在大学里带研究生、博士生的老板，课题经费、项目经费，都在你那儿，为学生置一个椁，也不是不可以。但孔子也没有这个能力。可颜渊这老爸居然明确要求老师卖掉自己的车。孔子显然不高兴了。回答很不客气。“你儿子聪明、有才，是儿子；我儿子，没他聪明，没他有才，但也是儿子。”这话说得有一点太直接，极其真实。或许说到儿子，说到早逝的儿子，他便克制不住，或者他从不想做作，一切出于性情。再看后面的一点理由，更有意思。我大小也是一个大夫吧？怎么能叫我出门连一个车也没有呢？太真实了！太可爱了！我们知道孔子这时候已经不是什么官。只是因为他曾经担任过大夫一级的官员，而大夫必须有自己的车子，不能步行，否则就违背了礼的规定。这告诉我们，孔子对做过大夫一级的官员这段历史多么在意，对这大夫的名分多么在意。

再如下面一章：

陈成子弑简公。孔子沐浴而朝，告于哀公曰：“陈恒弑其君，请讨之。”公曰：“告夫三子。”孔子曰：“以吾从大夫之后，不敢不告也。君曰‘告夫三子’者。”之三子告，不可。孔子曰：“以吾从大夫之后，不敢不告也。”［14.21］

陈成子杀了齐简公。孔子斋戒沐浴以后去朝见鲁哀公，报告说："陈恒把他的君主杀了，请你出兵讨伐他。"哀公说："你去报告季孙、孟孙、叔孙那三位大夫吧。"孔子退下了之后说："因为我曾经做过大夫，所以不敢不来报告，君主却说'你去告诉那三位大夫吧'！"孔子去向那三位大夫报告，但三位大夫不愿派兵讨伐，孔子又说："因为我曾经做过大夫，所以不敢不来报告呀！"

陈成子杀死齐简公，这在孔子看来真是"不可忍"的事情。尽管他已经退官家居了，但他还是郑重其事地把此事告诉了鲁哀公。他的请求遭到哀公的婉拒，所以孔子心里一定是很抱怨，但又无能为力。他又去向季孙、孟孙、叔孙三位报告，受到的还是冷遇。说真的，起初读这一章，很为孔子难过。你这不是自取其辱吗？人家陈成子杀死齐简公与你有什么关系呢？人家鲁哀公的态度不是明摆着吗？让你去找三子，是一种推卸，也可以说是对你多事的不满，甚至可以说是在耍你，是在玩你，你还居然真的去找三子。孔子其实并不傻，这一切都明白，所以他出来才会说："因为我曾经做过大夫，所以不敢不来报告，君主却说'你去告诉那三位大夫吧'！"三子的态度更冷淡，干脆理也不理你。你不是说"不在其位，不谋其政"吗？但后来我还是理解了这位老人。这就是他，一个真实单纯而可爱的人。知其不可而为之，知道别人耍他还是当真。

"因为我曾经做过大夫，所以不敢不来报告呀！"看起来，他太把自己当回事了，其实是太把自己"我曾经做过大夫"这件事当回事了。我们村里就曾经有过一位这样的老太爷。因为在村里辈分高，大家都叫他老太爷。据说他跟着当年的老村长送过信。后来的大队干部们有什么事情不妥，他就要找到大队部杵着拐棍教训一通："你们这些小东西，越来越不像话了！简直无法无天！老太爷不来管管你们，就没有人管你们了！共产党的政策是好的，就被你们这些家伙搞坏了。群众一肚子意见！"老太劝他别管这些闲事，得罪人。他说："我要不是做过几天工作，我才懒得管！"真的让人觉得可爱。好像最近也有过一条新闻，说一个老阿姨教训了几个地方干部，也很可爱。也许有人以为我的那位老太爷和今天的这位老阿姨不谙人情，不谙世事，太把自己当碗菜了。而我由衷喜欢这两位老人。如同孔子一直记着自己的身份，即使别人早就忘记他曾经做过大夫一级的官。

这就是率真。我们今天太缺少这样的率真了。不仅做一点点小官，就城府深不可测，连知识分子中也很难看到率真的人了，更不用说率真得像孔子这样可爱的了。就连孩子们也很早就世事洞明、人情练达得可怕。孔子这老头，真的很真实，真的很可爱。对比自己，我就做不到。相比之下，我们多么鄙俗，多么虚伪。

我们呼唤孔子这样的率真。

《雪滩双鹭图》

孔子

孔子的自信

孔子一生很不得志。《史记·孔子世家》曰：

孔子适郑，与弟子相失，孔子独立郭东门。郑人或谓子贡曰："东门有人，其颡似尧，其项类皋陶，其肩类子产，然自要以下不及禹三寸。累累若丧家之狗。"子贡以实告孔子。孔子欣然笑曰："形状，末也。而谓似丧家之狗，然哉！然哉！"

大意是：有一次孔子到郑国去，与弟子走散了，孔子在城墙东门旁发呆。郑国有人对子贡说："东门边有个人，他的前额像尧，他的脖子像皋陶，他的肩部像子产，不过自腰部以下和大禹差三寸。看他憔悴疲惫的样子就像一条丧家之狗。"子贡把这些话一五一十地告诉了孔子。孔子很坦然地笑着说："把我的外表说成这样，实在是夸过头了。不过说我像条无家可归的狗，确实是这样！确实是这样啊！"

可见孔子当时的落魄，《论语》写孔子失志落魄的章节很多。但不得志的孔子，却一直活得很自信，使我心生无限敬意。

他的自信首先是对自己的好学：

子曰："十室之邑，必有忠信如丘者焉，不如丘之好学也。"［5.28］

大意是，孔子说："即使是十户人家的小村子，也一定有像我这样讲忠信的人，只是不如我这么好学罢了。"

我们有专门一篇写孔子的率真，这一章也可见出他的坦率直爽。他认为自己的忠信并不是最突出的，能赶上的人很多，哪怕一个只有十户人家的小村子里，也有像他这样讲求忠信的人。但他坦言像他这样好学的人不多。很显然，说十户人家的小村子里，就有像他这样讲求忠信的人是衬托手法，是为了说明没有人能像他这样好学。孔子好学固然不错，但自己这样表扬自己好学，不仅显得率真可爱，而且显出孔子的自信。关于孔子好学，《论语》中亦有多章可见，我们也有专门篇章谈论，这些不再多说。

孔子对德的自信就更不是一般人所具有的，也不是一般人能够理解的。

子曰："天生德于予，桓魋其如予何？"［7.23］

大意是，孔子说："上天把如此的美德赋予了我，桓魋又能把我怎么样呢？"《史记·孔子世家》中说：

孔子去曹适宋，与弟子习礼大树下。宋司马桓魋欲杀孔子，拔其树。孔子去。弟子曰："可以速矣。"孔子曰："天生德于予，桓魋其如予何！"

大意是：孔子从卫国去陈国时经过宋国。桓魋听说以后，带兵要去害孔子。当时孔子正与弟子们在大树下演习周礼的仪式，桓魋砍倒大树，而且要杀孔子，孔子连忙在学生保护下，离开了宋国，在逃跑途中，他说了这句话。他认为，自己是有仁德的人，而且是上天把仁德赋予了他，所以桓魋对他是无可奈何的。桓魋，是宋国主管军事行政的官司马，是宋桓公的后代。对这一章，钱穆先生有自己的解读：

其如予何：犹云无奈我何。桓魋纵能杀孔子之身，不能夺孔子之德，德由天生，斯不专在我。桓魋之所恶于孔子，恶孔子之德耳。桓魋不自知其无奈此德何。既无奈于此德，又何奈于孔子。弟子欲孔子速行，孔子告之以此，然亦即微服而去，是避害未尝不深。然避害虽深，其心亦未尝不闲。此乃孔子知命之学之实见于行事处，学者其深玩之。

按此章乃见圣人之处变，其不忧之仁，不惑之智，与不惧之勇。子贡所谓"夫子之言性与天道，不可得而闻"。盖实有非言辞所能传而达，知识所能求而得者。学者当与文王既没章在陈绝粮章参读。

李泽厚先生也有自己的解读：

【记】这章常被后人引为孔子负有某种神秘使命或具有某种神秘“圣性”，自有上天保护，因此不怕。其实这不过一句普通壮胆的话罢了。何必如此刻板解说，把孔子神化？由某种责任感而生的历史使命感，从而设信有某种客观法则规律在，即此种“壮胆的话”的由来，用以自勉自励，即孟子“虽千万人吾往矣”的大无畏气概也。

钱穆先生从中读出“圣人之处变，其不忧之仁，不惑之志，与不惧之勇”，是很有道理的。李泽厚先生的“神化”之说肯定是有所指，但我们不知道具体背景，然而我们是基本同意他的观点的。钱穆先生要我们“深玩之”。我不是学者[①]，本不在钱穆先生的话语对象之内，但还是有一点自己的想法。我以

《孔子讲学图》

① “学者”之意是指学《论语》的人，而不是现代说的“学者”。

为，需要深思的是，孔子这样的“大无畏气概”来自哪里？李泽厚先生认为是来自“由某种责任感而生的历史使命感”。我们以为这样的责任感和历史使命感，是来自一种自信，来自一种天赋予其责任的自信，更是来自自以为代表了正义的自信和信心。

“天生德于予，桓魋其如予何？”你听听这口气。生命受到威胁，不仅毫不慌乱，而且能说出这样一番极度自信的话，让人看到了孔子作为圣人的风度，的确很不容易。我们不能不心生敬畏。孔子的自信有三：一是自信自己是有德之人，用今天的话语，有德似乎可以说是代表了正义。更自信的是自己这样的德不是好学而来的，而是上天赋予的，当然不是随便哪个人都可以有的。这就不是一般的德，而成了上天之德。有了前两个自信，第三个自信就水到渠成：小小的桓魋是不能把我怎么样的。

孔子认为自己承担了上天赋予的重任，这并不是唯一的表达，再如下一章：

子畏于匡。曰：“文王既没，文不在兹乎？天之将丧斯文也，后死者不得与于斯文也；天之未丧斯文也，匡人其如予何？”［9.5］

大意是，孔子被匡地的人所围困，他说：“周文王死了以后，周代的礼乐文化不都体现在我的身上吗？上天如果想要消灭这种文化，那我就不可能掌握这种文化了；上天如果不消灭这种文化，那么匡人又能把我怎么样呢？”

理解这一章，要了解背景。《史记·孔子世家》中说：

将适陈，过匡，颜刻为仆，以其策指之曰：“昔吾入此，由彼缺也。”匡人闻之，以为鲁之阳虎。阳虎尝暴匡人，匡人于是遂止孔子。孔子状类阳虎，拘焉五日……匡人拘孔子益急，弟子惧。孔子曰：“文王既没，文不在兹乎？天之将丧斯文也，后死者不得与于斯文也。天之未丧斯文也，匡人其如予何！”孔子使从者为宁武子臣于卫，然后得去。

孔子从卫国到陈国去经过匡地。匡人曾受到鲁国阳虎的掠夺和残杀。孔子的相貌与阳虎相像，匡人误以为孔子就是阳虎，所以将他围困。孔子外出游说被围困，这不是第一次，当然这一次是因为误会。这一次，孔子更是表现出不同一般的自信。钱穆先生的解读似乎也是如此：

孔子临危，每发信天知命之言。盖孔子自信极深，认为己之道，即天所欲行于世之道。自谦又甚笃，认为己之得明于此道，非由己之知力，乃天意使之明。此乃孔子内心诚感其如此，所谓信道笃而自知明，非于危难之际所能伪为。

正如钱穆先生所言，孔子实在是一个“自信极深”的老头。“文王既没，文不在兹乎？”这是自信“斯文”就在自己。其次是自信“天之未丧斯文”。其实，也就是自信天不亡我。三是自信匡人对自己无可奈何，“匡人其如予何”。三个自信，有着严谨的逻辑。前面两个自信是根本，后一个自信全由此而来；前两个是前提，第三个是结论。这让我想起老父亲。他是生产队里扬场（用板锨把稻谷、麦子抛到高空，借助于风把饱满的稻谷、麦子和干瘪的稻谷、麦子以及草屑分开）和堆草垛的高手。有一次和负责打谷场的干部闹了矛盾，我们担心人家不要他到打谷场干活（打谷场的活比下地干活，要轻巧一点）了。他一点不愁，嗞嗞抽着烟袋说：“他会来找我的。”那语气悠然而平静，却充满自信。我估摸孔子说这话时，也差不多如此。如此自信是要胆识的，也是要实力的。更重要的是，他看到了“天之未丧斯文”，才敢如此放言。我也看到一些专家，在某一方面是一把好手，就以为领导会很在意他，动不动要辞职，结果辞就辞了，领导根本就不当一回事，弄得很不爽。现在还有几位领导在乎你那几下子！

说到底，孔子的自信是来自“天”。老天不撑腰，他也自信不起来的。

孔子的牢骚

孔子

孔子有句名言，非常有影响：

子曰："不患人之不己知，患其不能也。"［14.30］

意思是，不要担心别人不了解自己，只担心自己没有本领。

说是这么说，其实孔子自己也常常因为不被人理解而发发牢骚的。

子曰："莫我知也夫！"子贡曰："何为其莫知子也？"子曰："不怨天，不尤人。下学而上达，知我者其天乎！"［14.35］

大意是，孔子说："没有人了解我啊！"子贡说："为什么说没有人了解您呢？"孔子说："我不埋怨天，也不责备人，下学礼乐而上达天命，了解我的只有天吧！"

对这一章，钱穆先生看到的是孔子的过人之处，强调孔子能于"下学"处用功，最终能够"上达"，这是孔子高于别人的地方。他说：

本章重在"下学"两字。一部《论语》，皆言下学。能下学，自能上达。无怨无尤，亦下学，然即已是上达之征。孔子反己自修，循序渐进，以致其知。知愈深而怨尤自去，循至于无人能知、唯天独知之一境。故圣人于人事能竭其忠，于天命能尽其信。圣人之学，自常人视之，若至高不可攀，然亦本十室之邑所必有之"忠信"而又"好学"以达此境。故下学实自忠信始。不忠不信以为学，终无逃于为小人之下达。至于舍下学而求上达，昧人事而亿天命，亦非孔门之学。深读《论语》者可自得之。

本章孔子自述为学，极平实，又极高远，学者恐不易遽明。能在心中常存此一境，而沉潜反复于《论语》之全书，庶乎有一日可望见其有所卓然之处。

钱穆先生的解读的确是一个角度。而李泽厚先生和李零先生的解读，更贴近我的揣读，对于像我这样的读者也更好理解。

李泽厚先生说：

【记】孔子也有不知道（即不使用）自己的埋怨，与前面所讲岂不矛盾？这正好描述出一个真实的孔子面目。怀才不遇而抑郁感叹，乃人之常情，虽孔子亦何能免。孔子虽然没有怨天尤人，但也确乎满腹牢骚，在《论语》中可以多次看到。足见孔子乃普通人一个，并非宋明理学家所描绘的那种超凡入圣、修养“到家”的“至圣”傀儡。

李零先生说：

孔子认为，他的为人所知或不被人知，是自己决定不了的。他只能尽人事，听天命。

请注意，孔子经常说，别在乎别人知不知道自己，但这段话却透露出，他对自己不为人知还是非常在乎的，而且有点酸酸的无奈。他虽说“不怨天，不尤人”，但还是慨叹，知他者只有老天。

于这一章中，我们读到的就是孔子的牢骚。而且还引起了自己强烈的共鸣。无论从哪个角度，我们都无法和孔子相比，但不被理解的感受可能还是相通的。不被陌生者理解，自是常情；不被亲近者理解，不被认同者理解，不被“理解”者理解，真是难以言说。经常有人夸我，夸得我非常难受。“厚江你……真的不简单，不是一般老师能做到的。”我知道对方是诚信的，但他夸的正是我讨厌的地方。这个时候就很为难，挑破了，没有必要，也没有意思，会让对方难堪，自己也难堪，会破坏了谈话的气氛，甚至会伤害了感情。“黄厚江，这人真不识抬举，我说他好，他还和我矫情！”所以，孔子只能寄希望于天。寄希望于天，实际上就是没有希望。其实孔子一定知道，即使有一天你真的“有能”了，是不是就得到人们的理解了呢？真不一定。甚至越有能，可能会越得不到理解，得到的误解会越多。凡事从积极角度理解，自然是好的；但也不能完全否定另一面。

下面一章，是孔子以另一种形式直接发牢骚。

子曰："予欲无言。"子贡曰："子如不言，则小子何述焉？"子曰："天何言哉？四时行焉，百物生焉，天何言哉？"［17.19］

大意是，孔子说："我想不说话了。"子贡说："你如果不说话，那么我们这些学生还传述什么呢？"孔子说："天何尝说话呢？四季照常运行，百物照样生长。天说了什么呢？"

对这一章的解读，大多数人关注的是"天何言哉？四时行焉，百物生焉，天何言哉？"有的说，"孔子惧学者徒以言语求道，故发此以警之"；有的说，"孔子有见于道之非可以言说为功，不如默而存之，转足以厚德而敦化"；有的说，"孔子以天自比"。（此三说均引自钱穆先生《论语新解》）李泽厚先生则从宗教的角度作了发挥和分析。而众家之说中，我们比较认同李零先生的说法：

孔子生气，说他实在不想说话了。大概他对政治很绝望吧。子贡说，您不说话，我们这些当学生的还有什么用？当学生的就是往下传述老师的道。孔子以天自况，说老天就不会说话，四时照样运转，万物照样生长。

李零先生的见解从平常人着眼，是我们比较容易接受的。读这一章，我们的重心在孔子的第一句话："我想不说话了。"我首先想到的是鲁迅。他在《记念刘和珍君》一文中，一会说"我还有什么话可说呢"，一会儿又说"但是，我还有要说的话"，一会儿又说"呜呼，我说不出话"。鲁迅是个牢骚很盛、火气很大的人。孔子不是鲁迅，但不等于孔子没有牢骚。不平则鸣。鲁迅是不平者。孔子心中平吗？他的处境并不好。尽管他把"人不知而不愠，不亦君子乎？"（1.1）挂在嘴上，但不等于他没有牢骚，也不等于别人就都理解他。他说"人不知而不愠"，他说"不患人之不己知，患其不能也"，并不是说他自己就一定能够做到。人之常情的东西，有时候是最难控制的。

比较直接地发牢骚，这在孔子是不常见的，因为他一直教导学生"不患人之不己知，患其不能也”。但圣人也是人，也许他这样教学生就是因为知道要这样做不容易，是在教导学生，也是在警醒自己，但人有时候也是管不住自己的。于是孔子发牢骚，更多的时候比较含蓄。

子在陈曰："归与？归与！吾党之小子狂简，斐然成章，不知所以裁之。"［5.22］

大意是，孔子在陈国，说："回去吧！回去吧！我的那些学生们狂傲自大，文章大多文采斐然，我不知道该如何教他们。"

钱穆先生对这一章的各句都有较详细的注解。虽然是句解，但全篇的主旨还是得到了揭示。

子在陈：《史记》："鲁使使召冉求，求将行，孔子曰：'鲁人召求，将大用之。'是日，孔子有归与之叹。"

吾党之小子：党，乡党。吾党之小子，指门人在鲁者。《孟子·万章》问曰："孔子在陈，何思鲁之狂士"，是也。孔子周流在外，其志本欲行道，今见道终不行，故欲归而一意于教育后进。鲁之召冉求，将大用之，然冉求未足当大用，故孔子亟欲归而与其门人弟子益加讲明之功，庶他日终有能大用于世者，否则亦以传道于后。

狂简：或说：狂，志大。简，疏略。有大志，而才学尚疏。一说：简，大义。狂简，谓进取有大志。孟子："万章问，孔子在陈，曰：'盍归乎来，吾党之士狂简，进取不忘其初。'"是狂简即谓有志进取。不忘其初者，孔子周游在外，所

《孔子杏坛讲学图》

如不合，而在鲁之门人，初志不衰。时从孔子在外者，皆高第弟子，则孔子此语，亦不专指在鲁之门人，特欲归而益求教育讲明之功耳。

斐然成章，不知所以裁之：斐，文貌。章，文章。如乐章，五声变成文，亦称章。此乃喻辞，谓如布帛，已织成章而未裁剪，则仍无确切之用。不知，或说门人不知自裁，或说孔子不知所以裁之。此语紧承上文，当从前解。或说：斐然成章，谓作篇籍。古无私家著述，孔子作《春秋》，定诗书，亦在归鲁之后。此说不可从。

在解释“子在陈”时他引用《史记》中话说：“‘鲁人召求，将大用之。’是日，孔子有归与之叹。”在解释“吾党之小子”时说：“子周流在外，其志本欲行道，今见道终不行，故欲归而一意于教育后进。”在解释“狂简”时说：“不忘其初者，孔子周游在外，所如不合，而在鲁之门人，初志不衰。”很显然，钱穆先生也认为，孔子急于回去是与自己“道终不行”和自己“所如不合”密切相关。即使因听说冉求被用而回，其实也与自己不被用有着内在联系。就像我们今天很多父母自己没有考上北大、清华一心要让儿子考上一样。

李泽厚先生则说得更为明白：

孔子在陈受困，甚至没有饭吃，于是发此感慨，说还不如回去，回去大有事可干，何必再次受罪？“狂简”在此译解作有远大志向，有干练才能。

综合各方面的材料看，这里的“回去吧！回去吧！”应该是孔子非常失望之后的牢骚语，不仅是对在陈国推行主张不顺利的失望，也是周游各国之后的失望，甚至可以说是对自己的主张不能得到实行的失望。如果还有希望，也只有让他的学生去实现了。我以为，回去教育学生也只是一种表达的方式，并不是真实的理由。应该是对政治的失望，以及失望之后的逃避选择。陶渊明就有“田园将芜胡不归？”的诗句。田园是否荒芜其实和回去没有多大关系，回去也未必就真的要整理荒芜的田园。陶渊明和孔子，其意应该是相通的。

下面一章，也是孔子含蓄的牢骚。

达巷党人曰：“大哉孔子！博学而无所成名。”子闻之，谓门弟子曰：“吾何执？执御乎？执射乎？吾执御矣。”[9.2]

大意是，达巷党有人说："孔子真伟大啊！他学问广博，可惜没有足以树立名声的专长。"孔子听说了，对他的学生说："我要专长于哪个方面呢？驾车呢？还是射箭呢？我还是驾车吧。"

"博学而无所成名"一句有两解：一是理解为不能以某一方面的专长来称赞他，一是理解为没有足以树立名声的专长。前者说他每方面都很了不起，后者说他虽然广博却没有专长。钱穆先生主张前说，李泽厚先生、杨伯峻先生、李零先生都主张后说。从下文孔子的回答看，应该是后者更妥。否则孔子的话就没有来由，人家夸他每一方面都好，都是专家，他忽然来这一句"我要专长于哪个方面呢"，岂不莫名其妙。只有当人家指责他没有专长时，他接过口说"我要专长于哪个方面呢"，才非常自然。那么，"执御乎？执射乎？吾执御矣"三句该如何理解呢？李零先生有一段发挥：

> 这里，达巷党人的话是什么意思，孔子的回答是什么意思，似乎值得重新考虑。过去都说，达巷党人的话是夸孔子，说孔子太博大，六艺都懂，无法以一艺名之，而射、御，御贱于射，孔子谦虚，反而说，如果让他二选一，他宁选更低贱的御（如郑玄、朱熹）。我的理解不一样，我觉得，达巷党人的话，明明是讥刺，他是说，孔子这么博学，却不能以专精成一家之名，岂不是白学了。孔子的回答很巧妙，他拿射、御打比方。古代战车，射手和驭手相互配合，分工不一样，射手是瞄着固定的目标射，盯着的是一个点，御不是这样，他是拉着射箭的人到处跑，只有到处跑，才能找到合适的目标。博和精，最好两全，但博与精，二选一，他宁肯选博。这是替博辩护。
>
> 孔子是通人，而不是蔽于一曲的专家。我喜欢这样的学者。

李零教授的发挥自然有其道理，但我觉得有些牵强。"射手是瞄着固定的目标射，盯着的是一个点，御不是这样，他是拉着射箭的人到处跑，只有到处跑，才能找到合适的目标。"比喻和想象是大胆的，但根据不是很充分。读这一章，我觉得，就如李零先生所说，达巷党人的话是讥刺，而孔子的话也是针锋相对。意思也是明白的：专和博不可两全，或者说真正的博就是专，是在多方面专，你这样的指责毫无道理。像我这样的人，在哪方面专呢？难道让我学习射箭，或者让我学习驾车？好吧好吧，那我就学习驾车吧。这分明是牢骚语。其实，达巷党人的心理是有代表性的。韩愈在《原毁》中就举过这样的例子。我们身边也不缺乏这样的人。我就经常听到类似的话：某某文章不错，上课不行；某某课上得不错，普通话太差；某某长得漂亮，智商一般；某某非常聪明，情商不行；某某很有成就，听说婚姻不幸；某某业务很好，但到现在还是普通教师；某某孩子有出息，但爱人身体不好……我想这达巷党人可能也有这样的心理疾病。凭孔子的聪明，自然心知肚明，所以也作如此巧妙的回答。至于李零先生能读出其中的微言大义，实属不易。

孔子善于借题发挥发牢骚，下面一章是比较典型的：

色斯举矣，翔而后集。曰："山梁雌雉，时哉时哉！"子路共之，三嗅而作。［10.27］

这一章有多种不同翻译。钱穆先生说"此章异解极多"。李泽厚先生说"这章素来难解或无解"。李零先生说"最后这章，莫名其妙"。从通俗易懂的角度，我们选用了杨伯峻先生的翻译：孔子在山谷中行走，看见几只野鸡。孔子的脸色一动，野鸡便飞向天空，盘旋一阵，又都落在一处。孔子道："这些山梁上的雌雉，得其时呀！得其时呀！"子路向它们拱拱手，它们又振一振翅膀飞走了。我取这样的翻译，也与我对孔子内心世界的理解有关系。

在《论语》中，这一章是最有情景性的。钱穆先生说是"千古妙文"。李泽厚先生说："山雉的惊飞，孔子的感叹，乃是一幅上好的图画。无解也许就是可供玩味捉摸的解？"似乎是孔子和子路在游山观景，看到一群野鸡飞来飞去，孔子触景生情，神色为之一动，有感而发，发出了这样的感叹。他看到山谷里的野鸡能够自由飞翔，自由落下，联想到自己东奔西走，却无人响应。说野鸡"得其时"，是说自己的不得其时。

如果我们这样的解读能够成立，就可见孔子的"山梁雌雉，时哉时哉！"完全是牢骚语：人不如野鸡，我孔丘更不如野鸡，一生奔波，却没有能够遇到合适的"时"。

孔子是个不得时的人。不得时的人，难免有几句牢骚。但有人不喜欢发牢骚的人，其实，发几句牢骚，没有什么大不了的。我们不喜欢有什么都藏着，包括牢骚。有牢骚，就发；有牢骚，就让他说几句。

孔子

孔子的小聪明

孔子是个圣人，哪怕不是圣人，也是个大人物，但却经常喜欢玩一点小聪明，让人更加喜欢他。

每读到下面一章，总忍不住笑出声来。这孔夫子真的很逗。

孺悲欲见孔子，孔子辞以疾。将命者出户，取瑟而歌，使之闻之。［17.20］

大意是：孺悲想见见孔子，孔子以有病为由推辞不见。传话的人刚出房门，（孔子）便取来瑟边弹边唱，有意让孺悲听到。

有人说，孺悲是鲁国人，鲁哀公曾派他向孔子学礼。可是既然如此，为什么孔子如此待他呢？钱穆先生说：

将命者出户：将命，传辞者。将孺悲之命来。待其出户，即取瑟而歌，使之闻之，知非真有疾，俾以告孺悲。孔子既拒之，又欲使知之，孺悲殆必有所自绝于孔子。而孔子不欲显其短，使无自新之路，故虽抑之，不彰著；虽拒之，不决绝。亦孟子所谓不屑之教诲。

钱穆先生的说法，也是不少人的意见，认为孔子的态度是一种教育方式，也是一种教育智慧。可是我们总不理解，既然教育他，何不当面指出问题，明确提出希望。难道当面教育，就是“显其短”，就会使他“无自新之路”吗？这样一种几乎佛家说法式的教育，孺悲是否能够明白其中用意呢？倘若不明白，就是白费心机，甚至会有误解的。我们今天的老师绝不敢用这样的办法。李泽厚先生也不很赞同这种“教育方式”的解说：

【记】好些注解如上康注都说，这是告诉孺悲并没生病，只是不愿意接见他，也是一种“教育方式”。真是这样吗？岂不是故意说谎？我想恐另有具体的情况和原因，不可知也矣。

他也不知其中真正的原因。我更不敢强解。

但我觉得这一章的确很好玩，很有戏剧性。一是孔子以有病为由推辞，而不是其他借口，倘若说不在家，后面的故事就不可能发生，看来孔子是预谋好的。二是传话的人刚出房门，孔了就开始弹琴唱歌。有的人翻译为离开门，我以为不好。既然有病，应该是在床上躺着。虽是托病，也要讲究合理，如果在厅堂里，说不定一进门，就碰上了。三是要边弹边唱。只弹不唱，效果就不一样。仅仅凭琴音，并不能断定就是孔子，一开口唱歌就知道是谁了，而且能够唱歌就说明身体很好，心情很好。如果是咳嗽就不行，有病咳嗽是正常的，说不定孺悲还以为孔子病很重呢。四是要保证让孺悲听到。这就要求时机一定要把握得好，稍微早一点，传话的人还没有说完，迟一点，孺悲走远了更不行。其次，还要唱歌有足够的音量，琴音又不能太高。真的难为孔子了。一贯有点迂呆的孔子，心思如此缜密，真让人想不到。大聪明的人，玩小聪明也是高水平。但高水平也有玩得露馅的时候。

阳货欲见孔子，孔子不见，归孔子豚。孔子时其亡也，而往拜之，遇诸涂。谓孔子曰："来！予与尔言。"曰："怀其宝而迷其邦，可谓仁乎？"曰："不可。""好从事而亟失时，可谓知乎？"曰："不可。""日月逝矣，岁不我与。"孔子曰："诺，吾将仕矣。"［17.1］

大意是：阳货想要孔子拜会他，孔子不去，他便送给孔子一只熟小猪，想要孔子去他家拜谢。孔子打听到阳货不在家时，往阳货家拜谢，却在半路上遇见了阳货。阳货对孔子说："来，我有话要跟你说。"孔子走过去。阳货说："把自己的本领藏起来而听任国家迷乱，这可以叫作仁吗？"孔子回答说："不可以。"阳货说："喜欢参与政事而又屡次错过机会，这可以说是智吗？"孔子回答说："不可以。"阳货说："时间一天天过去了，年岁是不等人的。"孔子说："好吧，我将要去做官了。"

这一次孔子遇到了对手，于是故事更为精彩。"欲见孔子，孔子不见"，有人译为"想见孔子，孔子不见"，但杨伯峻先生译为"想要孔子拜会他，孔子不去”。从后面孔子打听到阳货不在家时去拜谢来看，应该是杨伯峻先生的翻译更为妥当。故事的精彩来自一波三折的情节。先是阳货想要孔子拜会他，孔子不去，这是第一波折。孔子不去，阳货便送给孔子一只熟小猪，这是第二波折，而且留下一个悬念。孔子去了，却打听阳货不在家时前往，这是第三波折。可是事情出现意外，两个人在半路上遇见了，这是第四波折。紧接着是两组对话，看上去都是阳货主动发问，孔子被动应答；阳货振振有词，孔子唯唯诺诺，这是第五波折。最后一组对话，阳货咄咄逼人，孔子终于妥协，这是第六波折。故事到此结束，看上去以阳货胜利，孔子投降告终。但事情并非如此简单。我们来看钱穆先生的解说：

孔子曰：此下始是孔子答阳货。阳货欲亲孔子，絮絮语不休，孔子默不出声，最后始作五字答之，谓“我将出仕也”。初若不知阳货所言之用意，亦不加辩说，只言将仕。孔子非不欲仕，特不欲仕于货。其语直而婉，雍容不迫，而拒之已深，此见孔子一言一行无往而不具甚深之妙义。

原来孔子对阳货的一切应答都是虚与委蛇，以柔克刚。心中非常坚决，绝不出仕；即使出仕，也不到你这里出仕。但嘴里唯唯诺诺，最后承诺。不能不让人佩服！高，实在是高！李泽厚先生也是同意这样的理解的，但他看到了更多的内容。

【记】阳货是把持季氏家族实权的人。“不见”是躲避。但按照礼制，必须回拜，大概此人很不好惹，于是趁他不在家的时候去回拜。不巧在路上又碰上了，只好忍受奚落，唯唯诺诺，勉强应对，相当狼狈。孔子这样低声下气，忍气吞声，是为了保身全生，免遭伤害吗？不可知也。也许这就是孔老夫子的“权”（灵活性）？也不可知。在子路，大概就不干。有人硬要为“圣人”辩护，说“愈雍容不迫，而愈刚直不诎，此其所以为时中之妙也”（胡炳文《四书通》），牵强得很。

不管是为了“保身全生，免遭伤害”，还是“为时中之妙”，都足以看出孔子对付阳货这种人的机智。

可惜，《论语》中这样的篇章不多。

孔子的难堪

孔子雕像

孔子在他学生心中，在我们心中，是有着至高无上的地位的。而在当时，很多人并不待见他，很不把他当回事。

说到孔子的困窘和难堪，人们容易想到的是他困在陈蔡的时候。孔子和学生困于陈蔡，饥寒交迫，走投无路，的确很是凄惨。但我想，就内心真正的打击而言，孔子的难堪应该不是在陈蔡，而是被几个怪人奚落。

第一次是楚狂接舆。

楚狂接舆歌而过孔子曰："凤兮！凤兮！何德之衰？往者不可谏，来者犹可追。已而，已而！今之从政者殆而！"孔子下，欲与之言。趋而辟之，不得与之言。［18.5］

大意是：楚国的狂人接舆从孔子的车前经过，唱道："凤凰呀，凤凰呀！你的德行为什么衰败了呢？过去的是无法挽回了，未来的还是可以补救的。算了吧，算了吧！现在当政的那些人危险至极！"孔子下了车，想和他谈谈。他却连忙避开了，孔子没能够和他谈。

接舆，是不是人名，有争议，是楚国的一个狂人，是肯定的。他为什么如此对待孔子呢？钱穆先生认为他是为孔子惋惜：

趋而辟之：接舆急行避孔子，不欲闻孔子之辩白。以下数章，皆见孔子之不忍于避世。接舆诸人，高蹈之风不可及，其所讥于孔子者，亦非谓孔子趋慕荣禄，同于俗情，但以世不可为，而劳劳车马，为孔子惜耳。顾孔子之意，则天下无不可为之时，在我亦有不忍绝之情，有不可逃之义。孔子与诸人旨趣不相投，然孔子终惓惓于此诸人，欲与之语，期以广大其心志，此亦孔子深厚仁心之一种流露。

钱穆先生是衷心拥戴孔子的，他总是用心良苦地为他着想，为他开脱。就连这样的情形，他也能分析出孔子的高大境界。李泽厚先生认为接舆的用意是劝孔子归隐：

“接舆”也有解说并非人名，而是接过孔子的车子。总之歌词意思是说事不可为，政治危险，还是退隐，不必为此栖栖皇皇，四处奔走了。可见道家早于孔子，早有隐者了。

可是，既然接舆的用意是劝孔子归隐，他为什么不愿意和孔子好好交谈呢？似乎还是李零先生的分析更为切合情理：

疯子被排斥在正常社会之外。佯狂也是一种避世之法。

“接舆”，是楚国有名的狂人，很多古书提到他。古代佯狂，有把身体涂上漆，假装麻风病患者的，也有披头散发或把头发剃光好像犯人的。据说，他就是这种形象（《战国策·秦策三》、《楚辞·九歌》）。

接舆也见于《庄子》的《逍遥游》和《人间世》。后者作“孔子适楚狂，接舆游其门曰：‘凤兮凤兮，何如德之衰也！来世不可待，往世不可追也。天下有道，圣人成焉；天下无道，圣人生焉。方今之时，仅免刑焉。福轻乎羽，莫之知载；祸重乎地，莫之知避。已乎已乎，临人以德！殆乎殆乎，画地而趋！迷阳迷阳，无伤吾行！吾行曲，无伤吾足’”。歌词比这里更详细。

“凤兮凤兮”，凤鸟见，是古代的祥瑞。孔注说，接舆“比孔子以凤”，是因为“凤鸟待圣君乃见”。接舆认为，当时的政治已坏到极点，无可救药。他说，你孔丘怎么这样丢人现眼！过去的错就随它去吧，将来的事还来得及。算了吧，算了吧！现在的从政者都很危险，你还理他们干吗？

这类隐者对时政的批判，孔子很欣赏。照理说，两者应该有共同语言，但他想和接舆谈话，接舆却不想和他谈话，扭头就走了。

《人间世》说孔子是在楚国见到这位狂人。如此说可靠，则事在489年。

李白《庐山谣寄卢侍御虚舟》：“我本楚狂人，凤歌笑孔丘。”他是有名的大诗人，居然以接舆自况，对孔子直呼其名，“凤歌”就是指接舆的歌。

看来狂人并不是要超度接引孔子，就是为了刺激他一下而已。只有这样理解，孔子下车而他急忙避开才比较好解释。然而，站在孔子的立场，那情形是十分难堪的。可以说孔子的态度做到了极其“温良恭俭让”。听到他的歌声，就赶快下车。可这狂徒，也真够狂的，居然理也不理。要知道，孔子好歹也是一个有身份的名人，而且身边还有一群学生。有没有其他人，我们不得而知。估计应该是有的。好在孔子平时和学生的关系还好，而且带在身边的也都是些比较亲近的。否则，岂不脸丢大了。如果是我，真的难以承受。就我自己一个人，受点委屈，难堪一点，也就罢了；如果有其他人在场，我就难以忍受，我曾经为此和行业里的某位上司红了脸。倘若是在学生面前，那简直是致命的打击，一个做教师的，不就是在学生面前有点尊严吗？替孔子想，真的难堪，也真的不容易。但遇到这样的人，除了忍着，又能怎么办呢？

第二次是长沮、桀溺。

长沮、桀溺耦而耕，孔子过之，使子路问津焉。长沮曰：“夫执舆者为谁？”子路曰：“为孔丘。”曰：“是鲁孔丘与？”曰：“是也。”曰：“是知津矣。”问于桀溺。桀溺曰：“子为谁？”曰：“为仲由。”曰：“是鲁孔丘之徒与？”对曰：“然。”曰：“滔滔者天下皆是也，而谁以易之？且而与其从辟人之士也，岂若从辟世之士哉？”耰而不辍。子路行以告。夫子怃然曰：“鸟兽不可与同群，吾非斯人之徒与而谁与？天下有道，丘不与易也。”［18.6］

大意是：长沮、桀溺两个人一块耕田，孔子从旁边经过，让子路去询问渡口。长沮问子路说：“驾车的那个人是谁？”子路说：“是孔丘。”长沮说：“是鲁国的孔丘吗？”子路说：“是的。”长沮说：“他早该知道渡口在哪儿了。”子路又去问桀溺。桀溺说：“你是谁？”子路说：“是仲由。”桀溺说：“你是鲁国孔丘的学生吗？”子路回答说：“是的。”桀溺说：“天下已乱，好像滔滔的洪水，到处都是这样，谁能改变得了呢？你与其跟着孔丘那种躲避坏人的人，还不如跟着我们这些避世隐居的人呢？”说完，就不停地干着活。子路回来把这些告诉孔子。孔子失望地叹息说：“我们既然无法跟鸟兽待在一起，若不跟天下人待在一起又能跟谁在一起呢？天下如果太平，我就不会和你们一起来从事改变现实的工作了。”

这一次情形似乎好一点。因为孔子没有直接和长沮、桀溺对话，而是由子路代他承受了难堪。其实也真够难为子路了。长沮问：“驾车子的那个人是谁？”子路说：“是孔丘。”——请注意是直接称名，他没有敢说是孔子，也没有敢干脆告诉他是自己的老师。长沮说：“他早该知道渡口在哪儿了。”这其实是讥讽孔子不知以为知，好像天下的事无所不知。子路讨了没趣，又去问桀溺。桀溺滔滔不绝地说了一段之后埋头干活，根本不理子路。我想子路一定是进退不得地呆站了一会儿之后才回来向孔子汇报。我们可以设想，站在那里看着桀溺干活的滋味一定很不好受。而这一切都是替孔子承受的。听了子路的回报，孔子还发挥了一段，申明了自己这样做的理由。我估计长沮、桀溺两个人是听不到的，而且孔子也不想让他们听到。这样孔子的难堪就减缓多了。但不管怎么说，碰壁的感觉都不爽。

第三次是荷蓧丈人。

子路从而后，遇丈人，以杖荷蓧。子路问曰：“子见夫子乎？”丈人曰：“四体不勤，五谷不分，孰为夫子？”植其杖而芸。子路拱而立。止子路宿，杀鸡为黍而食之，见其二子焉。明日，子路行以告。子曰：“隐者也。”使子路反见之。至，则行矣。子路曰：“不仕无义，长幼之节不可废也；君臣之义，如之何其废之？欲洁其身，而乱大伦。君子之仕也，行其义也。道之不行，已知之矣。”［18.7］

大意是：子路跟随着孔子，落在了后面，碰见一个老人，用拐杖挑着锄草的工具。子路问道：“您看见我的老师了吗？”老人说：“四体不勤，五谷不分，我知道你的老师是谁？”说完，就把拐杖插在一旁锄草。子路拱着手恭敬地站在那里。老人留子路在他家住宿，杀鸡做饭给子路吃，并让他的两个儿子出来和子路相见。第二天子路赶上了孔子，把这件事告诉了他。孔子说：“这是个隐士。”叫子路再回去看看他。子路到了那里，老人却已经走了。子路说："不出来做官是不合乎义的。长幼之间的礼节尚且是不可废弃的，君臣之间的大义又怎么能够废弃呢？你只想隐居求得自身的洁白，却不知道这样做便是乱了君臣之间大的伦理关系。君子出来做官，是为了实行君臣之义。至于我们的主张行不通，则是早已知道的了。"

这一次，看上去，子路成了主角。其实核心的人物还是孔子。子路受到冷遇的原因是什么呢？是因为"四体不勤，五谷不分"的老师。荷蓧丈人说："四体不勤，五谷不分，我知道你的老师是谁？"虽是问句，其实判断是明确隐含其中的。荷蓧丈人完全知道子路是孔子的学生，而且明确指责孔子"四体不勤，五谷不分"。所以就把拐杖插在一旁锄草，不再理子路。冷落的看起来是子路，其实是孔子。子路后来受到荷蓧丈人的热情招待正说明这冷落不是冲子路而来的。子路再去找荷蓧丈人，荷蓧丈人隐而不见，显然是知道孔子会叫子路再回去找他，躲子路，其实是躲孔子。子路最后一段话，其实也是代孔子发言，句句说的都是孔子要说的话。

对前面这三章，李泽厚先生有一段总结性的分析：

【记】这三章非常著名，都是不同意孔子"知其不可而为之"精神的隐者的评论和孔子的回应。孔子很尊敬这些人：避世隐居，洁身自好。同时也说明自己积极入世的理由："吾非斯人之徒而谁与"。应该说，这是情真意深的。"知其不可"是认识，"而为之"则是偏偏不计较成败、因果而去做，正显示伦理"本体"高于现象界的认识，显示了人的尊严，不屈从于因果的自由。

显然，李泽厚先生对孔子的知其不可而为之是肯定的。但当时很多人是不认可的，就连看城门的人都直接予以否定。

子路宿于石门。晨门曰："奚自？"子路曰："自孔氏。"曰："是知其不可而为之者与？"［14.38］

大意是：子路夜里住在石门，看门的人问："从哪里来？"子路说："从孔子那里来。"看门的人说："就是那个明知做不到却还要去做的人吗？"

"知其不可而为之"，是一种积极生活、乐观向上的精神态度。我们今天的人大多有这种精神。事实上，也是需要这种精神的。不这样，简直没法活。

世上十拿九稳会成功的事很少。我们老家有句话：前面的路是黑的。是黑的，就是谁也看不清楚；是黑的，就充满各种危险和可能。但路总是要走的。当然，孔子“知其不可而为之”，孜孜以求的是大事情，而我们孜孜以求的是小事情。但这位看门人对孔子的精神是如何评价的呢？我从语气中听出来的是否定，是讥讽。钱穆先生也认为如此：

本章当是孔子周流在外，使子路归视其家。甫抵城，已薄暮，门闭，遂宿郭门外。晨兴而入，门者讶其早，故问从何来。子路答自孔氏。盖孔子鲁人，人尽知之，不烦举名以告。晨门曰“是知其不可而为之者”，正见孔子时必在外。若已息驾于洙泗之上，则门者不复作此言。此门者盖一隐士，知世之不可为，而以讥孔子，不知孔子之知其不可为而为，正是一种知命之学。世不可为是天意，而我之不可不为则仍是天意。道之行不行属命，而人之无行而不可不于道亦是命。孔子下学上达，下学，即行道。上达，斯知命矣。然晨门一言而圣心一生若揭，封人一言而天心千古不爽，斯其知皆不可及。

钱穆先生这一说就比较明白了。原来看城门的人也是个隐士。或许还是个大隐。看来孔子很不得这些人的心，他们一有机会就要或明或暗，或当面指责，或旁敲侧击，必给孔子一个难堪而后快。

好在孔子的胸怀和修养还是很不错的。他很想和他们好好交流一下，但没有机会他也不勉强解释，也不愤怒，甚至也看不出生气。有机会了，就说两句，听与不听，信与不信，全由对方。

微生亩谓孔子曰：“丘，何为是栖栖者与？无乃为佞乎？”孔子曰：“非敢为佞也，疾固也。”［14.34］

大意是，微生亩对孔子说：“孔丘，你为什么这样四处奔波游说呢？你不就是要显示自己的口才吗？”孔子说：“我不是显示自己的口才，只是痛恨那些顽固不化的人。”

我不知道微生亩是个什么角色，这次孔子似乎有点生气。对这个人，钱穆先生是这样介绍的：

微生氏，亩名。或作尾生亩，又说即微生高。观其直呼孔子之名而辞甚倨，盖以齿尊。

钱穆先生的意思是，大概他年纪比孔子要大，所以如此口气。李泽厚先生也说：

从口气看，微生亩大概是个老顽固的前辈，但孔子仍针锋相对地回答了他。

我存疑的是其他人奚落讥讽，孔子都不反唇相讥，而这样一位长者说了不中听的话，孔子为什么要用如此严厉的口气予以回敬呢？“我不是显示自己的口才”是解释自己的行为，“只是痛恨那些顽固不化的人”其实就是在否定对方的行为。一个“疾”字，足见态度坚决而强硬。对此，钱穆先生也是同意的：

疾固也：疾，憾义。固字有两解。一说：固执，执一而不通。孔子言我之席不暇煖，非务欲以辩取信。若知道不行而决意弃世绝物，则是己之固执，不肯多方以求道之行，我所疾在此。一说：孔子言，我之栖栖皇皇，特病世之固陋，欲行道以化之。或疑如前说，似孔子斥微生为执一，有反唇相讥之嫌。然依后说，似孔子脱口自负，语气亦多纡回，不如前说之直而婉，谦而不失其分。今从前说。

经常受到奚落的孔子终于反击了，而且出手很快也很狠。如果知道他和微生亩之间的确切关系，故事一定更有意思。因为这一次孔子的态度实在是反常的。参照下面一章，更能看出这一点：

子击磬于卫，有荷蒉而过孔氏之门者，曰：“有心哉，击磬乎！”既而曰：“鄙哉！硁硁乎！莫己知也，斯己而已矣。深则厉，浅则揭。”子曰：“果哉！末之难矣。”[14.39]

大意是：孔子在卫国，一次正在敲着磬，有一位背扛草筐的人从门前走过，说：“这个击磬的人有心思啊！”一会儿又说：“声音硁硁的，真可鄙呀！没有人了解自己，就只为自己就是了。好像涉水一样，水深就穿着衣服趟过去，水浅就撩起衣服趟过去。”孔子说：“好坚决，我没有办法说服他了。”

最后一句“果哉！末之难矣。”有不同翻译，杨伯峻翻译为“好坚决，我没有办法说服他了”，钱穆翻译为“这人太坚决了，我没有话可驳难他”，李泽厚翻译为“真坚决，我可没话反驳他了”，也有人翻译为“说得很坚决，我没有什么可以责问他了”。我取杨伯峻的译法。从前句“坚决”来看，隐含的意思是很难改变，而不是一般意义上和对方进行辩说；而且，我觉得这样更贴近孔子的内心想法。孔子的意图，不应该是要驳难对方，证明对方的认识是错的，而是要阐述自己的主张，说明自己的做法是对的。当然看到对方如此坚决，无法改变，也就无话可说了。不过，不说就不说，孔子倒也没有生气。秀才不是遇到兵才说不清，遇到秀才也常常说不清。或者这世上的事就说不清。说不清，就不说。说不清楚，还要说，会更说不清楚。

孔子面对难堪的态度是值得我们学习的。

《孔子讲学图》

孔子骂人

孔子行教像

以前的印象，孔子是一个非常“温良恭俭让”的人，平时一脸的严肃，待学生又极其和蔼。可是读《论语》，却觉得孔子是一个很爱骂人的人。

经常挨骂的，宰我当然是一个，被骂为“朽木不可雕也，粪土之墙不可圬也”，是大家都知道的。而子路应该是挨骂最多的一个。不同的是，宰我挨骂，大多自己的确有问题，甚至是主动挑衅老师，自己找骂。但子路挨骂，则大多有点委屈。

比如这一次：

子疾病，子路使门人为臣。病间，曰：“久矣哉，由之行诈也。无臣而为有臣。吾谁欺？欺天乎？且予与其死于臣之手也，无宁死于二三子之手乎？且予纵不得大葬，予死于道路乎？”［9.12］

大意是：孔子患了重病，子路派了孔子的门徒去做孔子的家臣，负责料理后事（似乎是成立治丧委员会一类）。后来，孔子的病好了一些，他说：“仲由很久以来就干这种欺骗人的事情。我明明没有家臣，却偏偏要装作有家臣。我骗谁呢？我骗上天吗？与其在家臣的侍候下死去，我宁可在你们这些学生的侍候下死去，这样不是更好吗？而且，即使我不能以大夫之礼来安葬，难道就会被丢在路边没人埋吗？”

孔子病得很重，子路觉得老师熬不过去了，于是赶快筹备丧事，让孔子的门徒去做孔子的家臣。这就是挨骂的根源。因为儒家对于葬礼十分重视，尤其重视葬礼的等级规定。对于死去的人，要严格按照周礼的有关规定埋葬。不同等级的人，有不同的安葬仪式；违反了这种规定，就是大逆不道。杨伯峻先生说：“古代，诸侯之死才能有‘臣’，孔子当时，可能有许多卿大夫也‘僭’

行此礼。”孔子不满子路按大夫之礼为他办理丧事，于是发火了：“仲由很久以来就干这种欺骗人的事情。”

平心而论，孔子发火是有点道理的。但为什么说是子路一直欺骗人呢？似乎找不到根据，只能说明孔子实在是光火，口不择词。不过话真的很重，等于说：子路一贯就不老实，一贯骗人。批评学生是常事，过分夸大其词，尤其是上纲上线，性质就变了。一般学生都接受不了。

如果说这一次挨骂，子路是好心办了坏事，那么后面一次挨骂，就一点来由也没有。

闵子侍侧，訚訚如也；子路，行行如也；冉有、子贡，侃侃如也。子乐。“若由也，不得其死然。”［11.13］

大意是：闵子骞侍立在孔子身旁，一副恭顺的样子；子路是一副刚强的样子；冉有、子贡是温和快乐的样子。孔子高兴了。不过，孔子又说：“像仲由这样，只怕不得善终吧！”

这本来应该是一派师生相得、其乐融融的情景。李泽厚先生说：

【记】这也就是孟子讲的“得天下英才而教育之，三乐也”。在《论语》中，这些著名学生，以及师生间的对话相处，都描绘出不同的经历、个性、特征，颇为形象。其他著名经书、子籍，或以道理（包括孟、荀），或以想象（如庄子），或以故事（如韩非子）胜，却缺乏更可感触的现实氛围。

可为什么孔子突然变了脸，要骂子路不得好死呢？李零先生是这样解说的：

“子乐”，含有讥笑之义。他乐什么？乐子路愣头愣脑，既不严肃，也不轻松，北京话，牛牛的，劲劲儿的。他说，像他这副模样，恐怕会“不得其死”，即活不到寿限。古人说，“故强梁者不得其死”（《老子》第四十二章）。后来，子路果然死于卫，被人砍成肉泥，孔子难过，把肉酱都倒了（《礼记·檀弓上》）。这段话，当在孔子去鲁适卫，收子贡为徒之后，即孔子55岁以后。

李零先生的意思，孔子的“乐”主要是讥笑子路。似乎不太像。应该是一方面满意于闵子、冉有、子贡三个人的表现，一方面又对子路的神情刚强表示不满。我们以为，孔子不满于子路的深层原因，可能是子路总不能理解孔子的很多思想，很多时候也不能很好地按老师的要求去做。对于自己的言行举止，孔子是主张要根据具体的环境而变化，在不同场合要有不同的表现，该严肃要严肃，该放松要放松，而子路刚而不柔，总是一副过分严肃的面孔。估计，孔子肯定提出过批评，而子路又总是改变不了。所以孔子对比子路和其他几个人的表现，才会说像子路这样子，怕不得善终。动机是好的，但说得很重，也没有道理。在我们今天没有这样的老师。

当然，子路挨骂，也不全是没有来由的。下面两次挨骂，他都是自找的。

子路曰："卫君待子为政，子将奚先？"子曰："必也正名乎？"子路曰："有是哉，子之迂也！奚其正？"子曰："野哉，由也！君子于其所不知，盖阙如也。名不正则言不顺，言不顺则事不成，事不成则礼乐不兴，礼乐不兴则刑罚不中，刑罚不中，则民无所措手足。故君子名之必可言也，言之必可行也。君子于其言，无所苟而已矣。"［13.3］

大意是，子路说："卫国国君要您去治理国家，您打算先从哪些事情做起呢？"孔子说："首先必须正名分吧。"子路说："有你这样做的吗？您太迂腐了吧。干什么要正名分呢？"孔子说："仲由，真粗鲁啊。君子对于他所不知道的事情，总是采取存疑的态度。名分不正，说起话来就不顺当合理；说话不顺当合理，事情就办不成；事情办不成，礼乐也就不能兴盛；礼乐不能兴盛，刑罚的执行就不会得当；刑罚不得当，百姓就不知怎么办好。所以，君子一定要定下一个名分，必须能够说得明白，说出来一定能够行得通。君子对于自己的言行，是从不马马虎虎对待的。"

这次子路挨骂，是他先骂了老师。那么他骂老师有没有道理呢？"有是哉，子之迂也！奚其正？"孔子是不是真的很"迂"呢？"正名"是孔子"礼"的思想的重要组成部分。正名的具体内容就是"君君、臣臣、父父、子子"，只有"名正"才可以做到"言顺"，接下来的事情就迎刃而解了。李泽厚先生说：

如此重“正名”，即后来法家“以名责实，循名求实”的政治统治张本，在一定意义上，法家也从孔学发展而来，孔子不说“君君臣臣父父子子”吗？这就是名实——正名问题。“名”是社会秩序、规范，礼制的具体法则，谨守不失，即可“无为”而治。儒、道、法均讲“无为而治”，均讲“名”，此“名”非语言、逻辑，乃实用政治。……谭嗣同猛烈抨击“名教”（礼教）“以名为教”，此“名”即确定社会等差级别之秩序所在，关系乎维系传统之伦理——政治。孔子要求“正名”，“君君臣臣父父子子”，即在于这样才能指导人们去正确行动（实践），此即儒家之认识论。

看来不是孔子迂腐，而的确是子路粗鲁，既没有政治高度，也不理解老师的思想体系，而且不知还以为知地批评老师，挨老师一顿训是活该。他应该有点长进。

下面一章与前一章相似，也是子路找骂，但情形有所不同。

在陈绝粮，从者病，莫能兴。子路愠见曰：“君子亦有穷乎？”子曰：“君子固穷，小人穷斯滥矣。”［15.2］

大意是：孔子一行在陈国断了粮食，跟随的人都饿病了，爬不起来。子路很不高兴地来见孔子，说道：“君子也有穷得毫无办法的时候吗？”孔子说：“君子虽然穷困，但还是坚持着；小人一遇穷困就无所不为了。”

这一次，子路真的很不知趣。当时孔子和大家都处在困境之中，需要的是共同对付难关，作为“三大弟子”之一的子路，应该主动替老师分忧才对。可是他居然气冲冲地来责问老师：“君子亦有穷乎？”听上去有点像趁着为难讥讽孔子的味道。当然子路绝不会这样想，但客观上给人的感觉就是这样。这一次孔子的话还算比较客气，只是委婉地说小人是经受不住困境的。意思当然说子路，但并没有直接指名。如果是我，话一定比孔子还要重。李零先生的一段分析，见解要比我深刻多了：

这里，同是“君子”，理解不一样。

子路认为，君子是体面人，不但一定有饭吃，而且还吃得很好，就像有些怀旧者说，过去当教授的，即使乱离之世，也有四菜一汤。他说的是“身份君子”。“身份君子”是贵族。

孔子说的君子不是这种君子。他说的是“道德君子”。“道德君子”，有君子风度，但不一定有钱有势，弄得不好，难免饿肚子。君子穷，也要穷得有风度。他在上一篇说过，“贫而无怨难，富而无骄易”（《宪问》14.10），小人的特点就是受不了穷，穷了就会发牢骚，甚至大发脾气。孔子的意思是，像你这样，就是属于“穷斯滥矣”。

孔子除了骂学生也骂其他人。

原壤夷俟。子曰：“幼而不孙弟，长而无述焉，老而不死，是为贼。”以杖叩其胫。[14.43]

大意是：原壤叉开双腿蹲踞着等待孔子。孔子骂他说：“年幼的时候，你不讲孝悌，长大了又没有什么可说的成就，老而不死，真是害人精。”说着，用手杖敲他的小腿。

据说，原壤是孔子的旧友。就因为老朋友就可以这样骂他吗？或许孔子是对他叉开双腿坐着的姿势不满。李泽厚先生似乎就是这样理解的：

孔子讲学

【记】原壤据说是孔子的老朋友，对孔子不很礼貌，孔子对他也不客气，但因熟悉，故开玩笑，声貌如见。

他的根据是《朱注》：

《朱注》：夷，蹲踞也。……孔子既责之，而因以所曳之杖，微击其胫，若使勿蹲踞然。

但既然如此，用拐杖敲一下是应该的。但何以要骂呢？而且还要从小时候开始骂起，骂到中年没有作为，再骂老了不死，白吃饭。好像骂得远了一点，似乎不应该。杨伯峻先生在注释中引用了《礼记·檀弓》中的一段话：

《礼记·檀弓》记载他一段故事，说他母亲死了，孔子去帮助他治丧，他却站在棺材上唱起歌来了，孔子也只好装作没听见。大概是一位另有主张而立意反对孔子的人。

看来两个人虽然是朋友，但矛盾很大，也可以说是结怨已久。你看，小时候不讲孝悌，长大无所作为，母亲死了还大声歌唱，老了还不死，再加上坐的姿势很不懂得礼节。这样的人恐怕没有人喜欢，更不用说处处用礼来约束自己的孔子了。但钱穆先生的解说认为两个人的矛盾没有这么严重：

老而不死：此等人，无益于世，老而不死，则是偷生。相传原壤习为吐故纳新之术，从事于延年养生之道，恐因《论语》此言而附益之。

是为贼：贼，偷生义。

叩其胫：膝上曰股，膝下曰胫。以其踞蹲，故所叩当其胫。此乃相亲狎，非挞之。

今按：礼度详密，仪文繁缛，积久人厌，原壤之流乘衰而起。即在孔门，琴张、曾皙、牧皮，皆称狂士。若非孔门讲学，恐王、何、嵇、阮，即出于春秋之末矣。庄周、老聃之徒，终于踵生不绝。然谓原壤乃老氏之流，则非。

钱穆先生的意思很清楚，骂其为“贼”，不是说他害人，只是说其“偷生”。

“偷生”就是无所作为。而且原壤好像还在练气功以求长生不老，所以孔子很不喜欢。“以杖叩其胫”，也不是真的打，只是一个亲昵的动作，至多是半真半假。这我相信，我在农村经常看到这样的动作，男女老少之间都有，关系亲近，就喜欢动手动脚，甚至用打打闹闹表示关系很近。这样的情形，城里似乎不多见。孔子和原壤是发小，这样的动作很自然，也很亲热。前面骂了，这里缓和一下气氛。孔子还是很聪明。不过，钱穆先生还是将两个人的矛盾上升到一个思想的高度，认为原壤之流是乘“仪文”之衰而攻击之。但又不认为“原壤乃老氏之流”。这让人理解有点困难。看来孔子骂原壤，原因既简单，又复杂，既有直接原因，又有深层原因。

孔子骂人，除了骂具体的对象，也会骂一类人。

子曰：“色厉而内荏，譬诸小人，其犹穿窬之盗也与？”［17.12］

大意是，孔子说：“外表严厉而内心软弱，若以小人做比喻，就像是挖墙洞行窃的小偷吧？”

子曰：“乡愿，德之贼也。”［17.13］

大意是，孔子说：“没有是非的好好先生，就是破坏道德的人。”

前一句骂那些色厉内荏的人。但“色厉内荏”的意思和我们今天有差别。我们今天之“厉”主要说“凶恶”，孔子这里主要说“威严”。在孔子眼中，“色厉内荏”者，指的是表里不一的人。这样的人在人前伪装成严峻守义之士，窃取别人的尊敬，但内心邪恶软弱，令人不齿，就好像挖墙穿洞的小偷一样。

孔子这样的比喻是有现实针对性的。春秋末期的一些掌权者，外表道貌岸然，威严异常，人模人样，而内心则怯懦无比，脆弱至极。这类人常常装腔作势、欺世盗名、表里不一、口是心非、以权谋私、作奸犯科，于人前伪作仁义之士，窃取他人虔敬，而内心唯恐为人说破，终日提心吊胆、担惊受怕。其罪未被揭发，呼风唤雨，威风无比，一旦东窗事发，觳觫战栗，逃之夭夭。故孔子把他们比作钻墙打洞、偷鸡摸狗之宵小，实在绝妙。看来孔子骂人，也是一把好手。

李泽厚先生由孔子所骂的人，联想到文化圈中的一些人。他说：

【记】很好的比喻。外表写皇皇大文，煞有介事地批判别人，内心却惊惶恐惧如小偷者，今日不大有人在么？

其实，如果对号入座，我们身边这样的人何尝少见？

后一章，骂的是好好先生。说真的，我本来对好好先生印象并不是太坏。但孔子显然深恶痛绝。这其中一定有原因。《孟子·尽心下》中有一段和这一章相关的内容：

孔子曰："过我门而不入我室，我不憾焉者，其惟乡原乎！乡原，德之贼也。"

曰："何如斯可谓之乡原矣？"

曰："'何以是嘐嘐也？言不顾行，行不顾言，则曰，古之人，古之人。行何为踽踽凉凉？生斯世也，为斯世也，善斯可矣。'阉然媚于世也者，是乡原也。"

万子曰："一乡皆称原人焉，无所往而不为原人，孔子以为德之贼，何哉？"

曰："非之无举也，刺之无刺也，同乎流俗，合乎污世，居之似忠信，行之似廉洁，众皆悦之，自以为是，而不可与入尧舜之道，故曰'德之贼'也。"

大意是，孔子说："从我家门口经过却不进到我的屋里来，而我并不遗憾的，就只有好好先生了吧！好好先生是使道德败坏的人。"

万章问："什么样的人可以称为好好先生呢？"

孟子说："好好先生批评狂者说：'为什么这样志大言大呢？言语不能够和行为相照应，行为不能够和言语相照应，就只说古人呀！古人呀！'又批评狷者说：'为什么这样落落寡合呢？生在这个世界上，为这个世界做事，只要好就行了。'像宦官那样八面玲珑，四处讨好的人，就是好好先生。"

万章说："一乡的人都说他是老好人，他也到处都表现得像个老好人，孔子却认为他是使道德败坏的人，这是为什么呢？"

孟子说："是啊，这种人，你要说他有什么不对，又举不出例证来；你要指责他却又好像无可指责。他只是同流合污，为人好像忠诚老实，行为好像清正廉洁，大家都很喜欢他，他自己也以为很不错，但实际上，他的所作所为却并不合于尧舜之道，所以说他是‘败坏道德的人’。”

这是孟子和万章对话中的一段。通过狂者、狷者和乡愿的比较说明乡愿好好先生的特点。读了这一段，我明白了孔子痛恨乡愿的原因。如果从生活中普通人的角度看，乡愿并没有什么不好，至少不会制造多少矛盾和冲突。但若要从尧舜之道的角度看，乡愿确实很可怕，混淆了是非，滋长了邪恶，挫伤了善良。如果是一个执政者，乡愿则实在可恶。因为他承担着惩恶扬善的责任，如果没有是非，势必使整个世道的道德受到破坏。我就遇到过这样的领导，怕承担责任，怕形成矛盾，怕得罪人，总是和稀泥，于是单位一盘散沙，没有了正气。原来孔子是站在挽救世道道德沦落的角度考虑问题的。所以他如此痛恨乡愿，骂他们是贼。

把这两章联系在一起，忽然觉得最可怕的是那些色厉内荏的乡愿。生活中这样的人也不少。《论语》将这两章并列在一起不知是否有这样的意思。那些看起来人模人样、派头十足、很有身份，但又表里不一、言行不一、什么也不干、欺世盗名的乡愿，不仅孔子深恶痛绝，连我都恨之入骨了。世风渐坏，这些人是要承担很大责任的。

看来，孔子爱骂人，不是没有道理的。骂人多，是因为爱憎分明。骂喜欢的人，是因为爱之深；骂厌恶的人，是因为恨之深。

《松下闲吟图》

孔子择婿

孔子

《论语》中孔子找了两个女婿，一个嫁的是亲闺女，一个嫁的是侄女。

第一次嫁的是闺女：

子谓公冶长：“可妻也。虽在缧绁之中，非其罪也。”以其子妻之。［5.1］

大意是，孔子说公冶长：“可以把女儿嫁给他，他虽然曾被关在牢狱里，但这并不是他的罪过呀。”于是，孔子就把自己的女儿嫁给了他。

对孔子将女儿嫁给公冶长，大家都是肯定的：

《朱注》：夫有罪无罪，在我而已，岂以自外至者为荣辱者。

意思是别人以为他有罪无所谓，只要我自己以为他没有罪就可以。

李泽厚说：

孔子不以一时之荣辱取人，虽在今日，亦属不易。

意思是孔子取人不看当下，着眼长远；给人的感觉是孔子知道公冶长日后必然发达，所以将女儿嫁给他。

也有人推测：作为公冶长的老师，孔子对他有全面了解。孔子能把女儿嫁给他，那么公冶长至少应具备仁德。意思是孔子因为知道公冶长这学生不错，所以就将女儿嫁给了他。

对这一章，李零先生有一段很长的发挥：

女儿是最高奖赏。谁肯把亲生闺女嫁给劳改犯？孔子。

公冶长，孔门弟子，生卒不详。“公冶”是复姓，即两个字的家族姓名，严格讲，其实是氏，而不是姓。他可能是以官为氏。战国工官，常以“公”字表示官营，并称负责铸造铜器或铁器的官员为“冶师”或“冶”。司马迁说他名长，字子长，名、字相同，有点怪。《孔子家语》略有不同，是名苌，字子长。其名，范宁引《家语》讹为芝，《释文》则字子张。他的名到底是什么，有很多不同记载，但对比下面几章，这里的“公冶长”是以字称，没问题。他的字应该是子长，这里省掉子。

“妻”音 qì，是动词，指孔子嫁女于公冶长。公冶长蹲大狱，他怎结婚？古代士婚礼，有所谓六礼：纳彩、问名、纳吉、纳徵、请期、亲迎。《礼记·内则》说，“聘则为妻”，聘是下聘礼，只到第四步，就可以叫妻。我估计，他只是订婚，还没完婚。孔子把女儿嫁给公冶长，了不起。当然公冶长是他的学生，孔子知道他没罪。

孔门弟子，有很多是复姓，如《论语》提到的漆雕启（字子开）、公西赤（字子华）、巫马施（字子期）、端木赐（字子贡）、澹台灭明（字子羽）、司马耕（字子牛）、南宫适（字子容），都是复姓。《论语》中的对话，弟子称师长，多称字，或尊称某子，孔子称弟子，则直呼其名。这里的“子谓公冶长”和下文的“子谓南容”（下 5.2）、“子谓子贱”（下 5.3）、“子谓子贡”（下 5.9）、“子谓子产”（下 5.16）一样，都是称字，但不同点是，他的字前不带“子”，加了复姓。下文和后面的“漆雕开”（5.6）、“巫马期”（《述而》7.31）、“公西华”（《先进》7.34 和 11.22、11.26、11.34）、“司马牛”（《颜渊》12.3、12.5）都这么叫。

“缧绁”，音 léi xiè，捆犯人的绳子。“绁”，今本作絏，古本作绁，是唐代避唐太宗（李世民）讳造的新字。“缧绁之中”，指关在牢狱之中。

“子”，古代的子有所谓女子子，女子子是女儿。孔子的女儿叫什么，不知道。

公冶长为什么被抓？孔子为什么说他无辜？不知道。反正孔子喜欢他，不然不会把女儿嫁给他。

中国的师生关系是仿父子关系，老师欣赏学生，会把女儿嫁给他，这是咱们的老传统。

老师选优秀学生当乘龙快婿，或许是好事。但如果不问学生愿意不愿意，女儿愿意不愿意，就成了包办婚姻。“五四”以来，新女性逃婚，往哪儿逃？只有两个去处，一是窑子，二是学校。窑子不能去，只能上学校。过去，才子配佳人，是中国文人特有的幻想（与科学幻想区别，我叫人文幻想），只有妓院，可以圆他们的梦。难怪守旧的老先生要痛骂学校是妓院。新学堂，老师和学生，学生和学生，志同道合，情投意合，乃天作之配，故师生恋和同学恋蔚然成风，很多大文豪和大艺术家（如鲁迅、徐悲鸿）由此结为百年之好，可惜孔子不及见。他老人家不收女学生，一个女儿，一个侄女，嫁完就完了，一点富余都没有。

李零先生的学识是很丰富的，让我们知道了很多以前不知道的东西。但恕直言，有点不着边际。对于孔子为什么将女儿嫁给公冶长这个核心问题几乎没有涉及。

就我的感觉，几位大家对这个问题可能都不太感兴趣，只是随口谈一点感觉而已。在我看来，几位大家的解读都没有立足孔子原话。“可妻也。虽在缧绁之中，非其罪也。”很显然，这是个因果复句。“可妻也”是果，“虽在缧绁之中，非其罪也”是因。至少从这句话，看不出孔子嫁女给公冶长，和罪与非罪、荣与辱或者公冶长的表现有什么关系。原因只能有一个：因为公冶长“无罪”而身陷“在缧绁之中”。“在缧绁之中”就是坐牢。无罪为什么会坐牢呢？肯定是受冤，肯定是社会无道。因为社会无道而冤屈坐牢，是他为社会付出了代价，也是为社会上所有人付出的代价。如此推导，公冶长是为社会做出贡献的人。孔子将女儿嫁他，是对他的一种安慰、一种肯定，也是一种鼓励。我们这样说也不是全无根据。《论语》中有这样一章：

子曰：“志士仁人，无求生以害仁，有杀身以成仁。”［15.9］

大意是，孔子说：“志士仁人，没有贪生怕死而损害仁的，只有牺牲自己的性命来成全仁的。”

“杀身成仁”后来有一段时间很盛行，今天似乎已经有了一点贬义色彩。其实，孔子就是告诉人们：生命对每个人来讲都是十分宝贵的，但“仁”比生命更宝贵。“杀身成仁”，就是要人们在生死关头宁可舍弃自己的生命也要保全“仁”。自古以来，它激励着多少仁人志士在国家和民族的生死存亡之际抛头颅洒热血，谱写了一首首可歌可泣的壮丽诗篇。在孔子眼中，公冶长虽然没有“杀身成仁”，但为仁而坐牢其性质也是一样的。像张志新，如果今天还活着，一定会受人尊敬。倘是个小伙子，哪位领导看中了，将女儿嫁给他也没有什么不可以。《康注》的一段话从一定程度上能够证明我的观点：

公冶长以才高好奇取祸，南宫以言行修谨保家，二子性行不同，孔子皆取之。

嫁侄女的情形和嫁女儿有所不同，但也可以从一个侧面证明我们以上的推测。

子谓南容：“邦有道，不废；邦无道，免于刑戮。”以其兄之子妻之。［5.2］

大意是，孔子评论南容说：“国家有道时，他有官做；国家无道时，他也可以避免刑戮。”于是把自己的侄女嫁给了他。

相关的内容还有一章：

南容三复白圭，孔子以其兄之子妻之。［11.6］

白圭出自《诗经·大雅·抑》的诗句：“白圭之玷，尚可磨也，斯言之玷，不可为也。”意思是白玉上的污点还可以磨掉，我们言论中有错，就无法挽回了。这告诫人们要谨慎自己的言语。这一章的意思是，南容反复诵读“白圭之玷，尚可磨也；斯言之玷，不可为也”这句诗，孔子把侄女嫁给了他。这嫁侄女的原因很明白，但似乎简单了一些。把两章联系起来看，更重要的原因是南宫的行为完全符合孔子的用事态度。“邦有道，不废；邦无道，免于刑戮。”这样的思想孔子是经常表达的。如：

子谓颜渊曰：“用之则行，舍之则藏，惟我与尔有是夫！”子路曰：“子行三军，则谁与？”子曰：“暴虎冯河，死而无悔者，吾不与也。必也临事而惧，好谋而成者也。”［7.11］

大意是，孔子对颜渊说：“用我我就干，不用我我就闲着，只有我和你才能做到吧！”子路问孔子说：“老师您如果统率三军，您愿与谁一起共事？”孔子说：“只有匹夫之勇的人，我是不会和他共事的。我只和遇事能谨慎，善于谋划而成事的人共事。”

再如：

子曰：“笃信好学，守死善道。危邦不入，乱邦不居。天下有道则见，无道则隐。邦有道，贫且贱焉，耻也；邦无道，富且贵焉，耻也。”［8.13］

大意是，孔子说：“坚定地相信我们的道，努力学习它，誓死保全它。不去政局动荡的国家，不居住在动乱的国家。天下有道就出来做官，天下无道就隐居不出。国家兴旺，自身贫贱，是耻辱；国事衰败，自己富贵，也是耻辱。”

又如：

宪问耻。子曰：“邦有道，谷；邦无道，谷，耻也。”“克、伐、怨、欲不行焉，可以为仁矣？”子曰：“可以为难矣，仁则吾不知也。”［14.1］

大意是：原宪问孔子什么是可耻。孔子说：“国家有道，做官拿俸禄；国家无道，还做官拿俸禄，这就是可耻。”原宪又问：“好胜、自夸、怨恨、贪欲都没有的人，可以算做到仁了吧？”孔子说：“这可以说是很难得的，但至于是不是做到了仁，那我就不知道了。”

很显然，“天下有道则见，无道则隐”，“用之则行，舍之则藏”，“邦有道，谷；邦无道，谷，耻也”，是孔子为官处世的重要原则。这些思想孔子不仅仅是给弟子们传授为官之道，还强调应当把个人的贫贱荣辱与国家的兴衰存亡联系在一起。不能不说，这些都是孔子嫁女的重要思想基础。立足于此，对孔子选择公冶长和南宫为婿就能够理解了。

李零先生对 14.1 章的解说可以参考：

原宪有两个问题，一问耻，二问仁。问耻，孔子的回答是，不问世道好坏，光知道当官拿俸禄，可耻。

孔子的处世之道是，能当官，一定要当官，不能当官，才退隐。机会不能丢，原则不能丢，老命也不能丢。失节不行，饿死不行，蹲监狱也不行。他认为，世道好，出来做官，拿俸禄，理所当然；不好，和当权者合作，也拿俸禄，可耻。他老人家一点都不傻，世道好不好，先得试试，只要有从政的机会，绝不放弃。试过，感觉不对，也别豁出命来硬拼，而是不抛头，不露面，说话小心，把自己保护得好好的。如谨小慎微的南容，背“白圭之玷”，“邦有道，不废；邦无道，免于刑戮”，孔子就很欣赏，把他哥哥的女儿嫁给了他（《公冶长》5.2）。

孔子将女儿嫁给公冶长，将侄女嫁给南容，看似原因不同，其实本质一样，都关于“仁”和“道”。

《对月图》

孔子赌气

孔子行教像

孔子是心里装着天下和兆民的人。但有时候就像小孩子，经常爱使一点小性子。

卫灵公问陈于孔子。孔子对曰："俎豆之事，则尝闻之矣；军旅之事，未之学也。"明日遂行。［15.1］

大意是：卫灵公向孔子问军队列阵之法。孔子回答说："礼仪方面的事情，我还听说过；用兵打仗的事，从来没有学过。"第二天，孔子便离开了卫国。

值得关注的问题是，孔子为什么要离开。有人认为，卫灵公向孔子询问有关军事方面的问题，孔子对此很不感兴趣。孔子主张以礼治国，礼让为国，反对用战争的方式解决国与国之间的争端，所以离开了卫国。总觉得"不感兴趣"这样的理解有点隔靴搔痒。钱穆先生认为："卫灵公无道，而复有志于战伐之事，故孔子去之。"李泽厚先生一段话申发得很远，也很有意思：

孔子说过"以不教民战，是谓弃之"等（13.29、13.30），所以这里并不是不重视军事，之所以采取这种态度，当有具体原因。也许前一方面只是为了防备，后一方面表现反对侵略？后世除某些腐儒外，一般士大夫总是既反对对外用兵又坚持抗战到底。岳飞、文天祥，总是英雄，"开边无已"则遭谴责。也许这就是"忠孝仁爱信义和平"那最后两字?！一般说中国人爱好和平，只毛泽东说否。但毛也未主动侵略他国。自汉代董仲舒建制起，儒法互用极为明显，文臣地位高于武将，而宰相、御史又相互牵制，并以荐举、学校作为"进贤"制度；既不复是穷兵黩武、只重耕战的先秦法家，也不再是亲亲尊尊、纯讲仁义的原典儒学。

但李泽厚先生只说“当有具体原因”。但具体原因是什么呢？却没有道明。我也是一个度量不大，容易赌气的人。小时候尤其如此，现在度量也不够大。以我的经验，爱赌气的人，大多爱面子，未必是为了什么大事。因为爱赌气本身就不是一种理性的行为，大多是“一冲动”就做出来的，事后大多还有点后悔。当然这样说孔子是不妥当的。但从“明日遂行”还是可以看出孔子的决定是有点情绪化的，甚至也是一种冲动。而我是赞同孔子这样的冲动的，因为这卫灵公真不是什么好人。我当然不是因为他喜欢战伐而不喜欢他，那时候的君王有几个不爱战伐的呢？孔子也不是一概反对所有战伐。以我小人之心，孔子生气是因为这卫灵公很不诚恳，而且是存心为难，让他难堪。按说，孔子当时的名声，绝不至于连卫灵公都不知道他不会打仗；倘若如此，就不必让他进门。但他却不问礼，不问“政”，却要问“陈”。这实在是故意羞辱，已经不是刁难。比之于“不问苍生问鬼神”的汉文帝要混蛋得多，因为汉文帝虽很愚昧但至少是一种诚心的讨教。比如我到某学校去应聘语文教师，校长问我高考数学试卷你能做多少分，我或许会把试卷扔在他脸上，转身就走。孔子的“明日遂行”应该是相当于转身就走。本来，即使离开，隔一两天也不是不可以。甚至说不定，还能找到开导开导卫灵公的机会。然而，孔子的离开是决绝的。“明日遂行”，虽然是使性子，但让人痛快！

李零先生的解读，和我比较接近，他说：

孔子以知礼著称，认为知礼才配谈兵，灵公无道，不配。苏辙说，夹谷之会，齐臣犁弥言于齐侯曰“孔丘知礼而无勇，若使莱人以兵劫鲁侯，必得志焉”（《左传》定公十年）。卫灵公对孔子也有这种印象，他认为孔子擅长的是礼，不是军事，问陈是故意刁难孔子，孔子明白他的用意，所以第二天离开了卫国（《古史》）。这种猜测不一定对。

孔子仕卫灵公，是卫灵公在位的最后两年，即前495—前493年。他离开卫国是前493年。这里所记是孔子离开卫国的前一天，可以精确到天。

尽管李零先生说猜测不一定对。但我深有同感：那卫灵公就是存心刁难孔子。

如果说卫灵公很不厚道，齐景公的心理则更为阴暗。

齐景公待孔子曰："若季氏，则吾不能；以季孟之间待之。"曰："吾老矣，不能用也。"孔子行。［18.3］

大意是，齐景公讲到接待孔子的礼节时说："如果要像鲁君对待季氏那样，我是不能够的；我只能用低于季氏而高于孟氏的适中礼节来对待他。"后来又说："我老了，不能任用他了。"孔子便离开了齐国。

读这一章，很想骂人，实在为孔子感到难过。如果齐景公在面前，我一定会说：你是个坏东西！遇到过一位领导，看上去很老实，但做了很多坏事。我一直想对他说：你是个坏东西！现在看来，和齐景公比，那位领导还是个好人。后来读了钱穆先生的解说，我的气平和了很多。他说：

鲁三卿，季氏最贵，齐景公谓我不能如鲁君之待季氏者待孔子，遂以季氏、孟氏之间待之，其礼亦甚隆矣。然又曰："吾老矣，不能用也。"此非面语孔子，盖以私告其臣，而孔子闻之。孔子以齐君不能用而去，则齐君之礼待，不足以安圣人。

又按：孔子在齐止一次，以昭二十五年鲁乱去，两年而返，公盖年近六十。

按钱穆先生的意思，原来齐景公给孔子的待遇已经不差，只是还不够规格，而孔子也太注重这种虚头的待遇。于是本来有可能发生的君臣美谈就此消散。看来，今天知识分子都还有的坏毛病，孔老祖宗就有。但"待价而沽"的孔子是应该卖个好价钱的。李泽厚先生也说："孔子也要讲价钱和身份的。'美玉'宜有善价。"我总觉得这背后还有故事。对此李零先生的说法，可以一听：

孔子到底为什么不受重用？据说是受晏婴排挤，晏婴好像白衣秀士王伦。比如《墨子·非儒下》就有这种讲法。他说，齐景公问，孔子为人如何？晏婴不答，再问，则说孔子参与白公之乱，和白公是一路货色。齐景公封孔子于尼溪，他也反对。但这只是故事。孔子适齐在前 517 年，齐景公之卒在前 490 年，晏婴之卒在前 506 年前，孔子适楚在前 489 年，白公之乱在前 479 年，孔子不可能参与白公之乱，齐景公也不可能听晏婴讲这一事件。

孔子离开齐国，是在齐景公三十一年，当是前 517 年，当时孔子才 35 岁，不能说老，景公比他大 20 多岁，说老的只能是景公。景公 55 岁，按古代的标准可以说老，但景公老不老，工资高不高，都是借口。

看来事情比我们想象的要复杂一些。李零先生的意思是明白的，即问题还出在齐景公本身，一切都是借口，关键是他不想用孔子。这样的事情，今天仍然不少。领导想不用谁，都有理由；领导想用谁，也都有理由。但不管怎么说，齐景公这样的表达方式，是一般人无法忍受的，哪怕不是当面所说。

孔子赌气，也不全是为了自己的待遇，也不全都是到了非走不可的地步。

齐人归女乐，季桓子受之，三日不朝，孔子行。［18.4］

大意是，齐国送给鲁国许多唱歌跳舞的美女，季桓子接受了，多日不上朝理事，孔子便离开了鲁国。

关于这件事，《史记》有一段记载：

定公十四年，孔子年五十六，由大司寇行摄相事……于是诛鲁大夫乱政者少正卯。与闻国政三月，粥羔豚者弗饰贾；男女行者别于涂；涂不拾遗；四方之客至乎邑者不求有司，皆予之以归。

齐人闻而惧，曰："孔子为政必霸，霸则吾地近焉，我之为先并矣。盍致地焉？"黎鉏曰："请先尝沮之；沮之而不可则致地，庸迟乎！"于是选齐国中女子好者八十人，皆衣文衣而舞康乐，文马三十驷，遗鲁君。陈女乐文马于鲁城南高门外，季桓子微服往观再三，将受，乃语鲁君为周道游，往观终日，怠于政事。子路曰："夫子可以行矣。"孔子曰："鲁今且郊，如致膰乎大夫，则吾犹可以止。"桓子卒受齐女乐，三日不听政；郊，又不致膰俎于大夫。孔子遂行，宿乎屯。

大意是：定公十四年，孔子五十六岁，他由大司寇代理相国职务……于是就把扰乱政治的鲁国大夫少正卯杀了。孔子参与国政三个月，贩卖猪、羊的商人不敢哄抬物价；男女有别，在路上各走一边；掉在路上的东西没有人捡拾；四方的旅客来到鲁国的都邑，不必向管事的官吏求情送礼，都能给予他们接待和照顾，直到他们满意而归。齐国听到这个消息感到害怕，有人说：“孔子主持政治，鲁国一定会称霸，一旦称霸，我国离它最近，我们会先被吞并。何不先送给它一些土地呢？”黎鉏说：“请先试着阻止它强大，如果阻止不成，再送给它土地，难道算迟吗？”于是从齐国挑选了八十名漂亮的少女，都穿着华美的衣服，能随着康乐而舞，又挑选一百二十四匹毛色光鲜的马，一并送给鲁君。这些女乐文马陈列在鲁国都城南面高门这个地方。季桓子再三微服前往观看，打算接受，就对鲁国的国君说要周游视察，整日前去观看，对国事就懈怠了。子路说：“先生可以离开鲁国了。”孔子说：“鲁国即将举行郊祀，如果鲁国的国君能把烤肉分给大夫，那么我还可以留在这儿。”季桓子最终接受了齐国的美女，三日不理朝政；到了郊祀也不把烤肉分给大夫（这里指忘记了礼数）。孔子于是离开鲁国，住在叫屯的地方。

也许孔子不知道这背后的阴谋。所以他一生气就走了。如果说三次赌气，有哪一次是可以避免的，我想这一次孔子是可以不赌气的。一来鲁定公对他还是真不错的，给了他大司寇的位置，让他以大司寇的身份代理相国的职务。——这也是孔子正儿八经的一次做官经历。二来对他的工作也很支持，否则他也不可能杀了大夫少正卯。三来孔子应该看得出这是齐国人的阴谋。当然，从孔子的角度讲，他已经很克制。在子路建议他离开的时候，他还是想“挽救”一下定公，争取机会改变一下事态。但那个季桓子蒙蔽了国君，于是一切无可挽回，绝望的孔子就走了。其实，孔子是不应该绝望的。从历史经验看，国君和大夫沉湎于美色，未必就不能治理好国家。反过来说，历代国君有几个不喜欢美色呢？不是也出了很多圣明的君主吗？孔子不是也说“吾未见好德如好色者也”吗？再换一个角度看，孔子离开鲁国之后，也没有寻找到新的希望。说到底，孔老先生还是书生气，还是比较简单。当然，也有一种可能，由于政绩显著，孔子可能有点自我膨胀，连国君的私生活也要干预。其实，这对于国君来说，算得了什么问题呢？

说真的，孔子这一次是可以不赌气的。倘若孔子不离开鲁国，历史可能会是另一番精彩，孔子也可能是另一个孔子。当然，历史是没有假如的。

孔子认错

孔子、颜回、曾参

孔子的可爱，在于他和我们一样会犯错误，更可爱的是他犯错误以后的认错。

最典型的是下面一章：

子之武城，闻弦歌之声。夫子莞尔而笑，曰："割鸡焉用牛刀？"子游对曰："昔者偃也闻诸夫子曰：'君子学道则爱人，小人学道则易使也。'"子曰："二三子！偃之言是也。前言戏之耳。"［17.4］

大意是，孔子带着几个学生来到武城，听到了处处有弦歌之声，于是微笑着对迎接他的言偃说："割鸡焉用牛刀？"意思是治理这个小地方还用得着以礼乐来教育吗。言偃恭敬地回答说："以前老师曾教导我们，做官的学习了礼乐就会有仁爱之心，老百姓学习了礼乐就容易听使唤。"孔子对随同他一起来的学生说："言偃的话是正确的，我刚才那话不过是与他开个玩笑罢了。"

《论语》中几乎见不到孔子和学生开玩笑，一贯是一本正经。因为他心中的君子形象是不苟言笑的。而这一次气氛相当宽松，孔老师和学生开起了玩笑。但细细一想，孔子真是开玩笑吗？我们以为不是。这里的开玩笑，是一种认错的方法。当孔子听到了武城中处处有弦歌之声时，孔子的直接感觉是这子游是小题大做了。听了子游的回答，发现自己批评错了。于是开了一句玩笑。既认了错，又不失为师的尊严，可谓是恰到好处的。做教师的大概都有这样的时候，或者是口误，或者是一时疏忽，或者是自己认知上的一个盲点，自己经常强调学生要注意的东西，自己反而弄错了。自从高考考了字形字音，在和学生反复训练反复强调什么是对的什么是容易错的过程中，我自己反而乱了，原来不错的也开始错了，原来有把握的也开始拿不准了。孔子看来也有这样的时候。不过我们不能不承认他是高明的认错。没有破坏气氛，自己的态度也很诚恳。如果强词夺理或迁怒于人，不但会欲盖弥彰，而且都显得很失为师的风度，也坏了自己的形象。我特别喜欢的是，孔子这里不是以自己为例告诫弟子们说话不可不慎，来一番做人做学问的说教，虽然这样既可显示其智慧，态度自然也很可敬，但却缺少鲜活的人气。以孔子的身份这样做也是可以的，可他没有这样做，而是“开个玩笑”，这是小聪明，但很“平民化”，很好玩，很可亲。

孔子认错，有时候藏着很多玄机。

陈司败问：“昭公知礼乎？”孔子曰：“知礼。”孔子退，揖巫马期而进之，曰：“吾闻君子不党，君子亦党乎？君取于吴，为同姓，谓之吴孟子。君而知礼，孰不知礼？”巫马期以告。子曰：“丘也幸，苟有过，人必知之。”［7.31］

大意是，陈司败问：“鲁昭公懂礼吗？”孔子说：“懂礼。”孔子出来后，陈司败向巫马期做了个揖，请他走近自己，对他说：“我听说，君子是没有偏私的，难道君子还包庇别人吗？鲁君在吴国娶了一个女子做夫人，鲁和吴是同姓的国家，（不便叫她吴姬）于是称她为吴孟子。如果鲁君算是知礼，还有谁不知礼呢？”巫马期把这些话告诉了孔子。孔子说：“我真是幸运，如果有错，一定会有人及时指出。”

看上去，孔子认错很直接，也是很诚恳的。但问题并不是这样简单。

春秋时代，国君夫人的称号一般是所生长之国的国名加她的本姓。吴为太伯之后，是姬姓。鲁娶于吴，这位夫人应称为吴姬。但“同姓不婚”是周朝的礼法。鲁为周公之后，也是姬姓。鲁君夫人的称号把“姬”字标明出来，是很显明地表示出鲁君违背了“同姓不婚”的礼制，因此改称为“吴孟子”。杨伯峻先生认为，“孟子”可能是这位夫人的字。鲁昭公娶同姓女为夫人，违反了礼的规定，而孔子却说他懂礼。这表明孔子的确在袒护鲁昭公，即“为尊者讳”。孔子以维护当时的宗法等级制度为最高原则，所以他自身出现了矛盾。在这种情况下，被陈司败指出，孔子不得不说：“丘也幸，苟有过，人必知之。”

关于孔子的这一次认错，各家的解读很有意思。杨伯峻先生认为："孔子对鲁昭公所谓不合礼的行为不是不知，而是不说，最后只得归过于自己。"意思是，孔子为了"为尊者讳"，所以自己承担过错。就像今天我们的一些下属替领导顶雷，承担罪过，有的是主动的，也有被动的。孔子是主动的。李零先生的意思是，孔子的"狡猾"在于"揣着明白装糊涂"，是知错而错，是明知故犯。他说：

这里，我们要知道，孔子认为的礼，其中有一条，就是子为父讳，臣为君讳。这里就是臣为君讳。孔子是故意如此。巫马期把陈司败的批评告诉孔子，孔子也承认，陈司败的批评是对的，自己的话有错误。但在公开场合他必须这么讲。这是揣着明白装糊涂。

钱穆先生的解读则更为丰富，他在解释"苟有过，人必知之"时说了下面一段话：

苟有过，人必知之：昭公习于威仪之节，有知礼称。陈司败先不显举其娶于吴之事，而仅问其知礼乎，鲁乃孔子父母之邦，昭公乃鲁之先君，孔子自无特援此事评昭公为不知礼之必要，故直对曰知礼，此本无所谓偏私。及巫马期以陈司败言告孔子，孔子不欲为昭公曲辩，亦不欲自白其为国君讳。且陈司败之问，其存心已无礼，故孔子不论鲁昭公而自承己过。然亦不正言，只说有人说他错，这是他幸运。此种对答，微婉而严正，陈司败闻之，亦当自愧其鲁莽无礼。而孔子之心地光明，涵容广大，亦可见。

钱穆先生的意思有这样几点：1. 昭公是知礼的。2. 陈司败的提问必有用心，而且设了陷阱，其行为也属无礼。3. 孔子知道昭公"同姓而婚"这件事是不合礼法的，但并不认为因此就整体上否定昭公知礼。4. 孔子不正言自己是错的，只说有人说他错，这是他的幸运，是有保留的认错，言辞委婉，而态度严正。

对钱穆先生的分析，我是大体认同的。陈司败的用心不良非常清楚。突然问我们一个人怎么样，我们只能从一般印象回答，只能从整体上回答。比如你问我某位同事，某位领导是好人吗，我当然会说是好人。然后你举出他做过的一件不好的事情来说我说的话是错的，我又能说什么呢？尽管昭公“同姓而婚”是不合礼法的，但对于一个国君来说，这又算什么呢？所以我倒觉得这陈司败不是冲着鲁昭公“同姓而婚”发难，而是冲着孔子来找茬的。孔子自然心知肚明，但又知道自己的确有错，于是就这样既承认了错误，又不失身份地做了应对。陈司败是否会自愧不得而知，但至少也无话可说了。

李泽厚先生则没有把问题看得那么严肃。他说：

【记】古同姓不婚。昭公大失礼，孔子自然知道。朱注解说最妙，表明孔子很会说话，也很“狡猾”，始终不直说君主不知礼，形象生动。

他的理解仍然在于“为尊者讳”，但极其肯定了孔子的回答生动巧妙，并引朱子之注认为孔子很是“狡猾”。朱子之注为：

《朱注》：孔子不可自谓讳君之恶，又不可以娶同姓为知礼，故受以为过而不辞。……然其受以为过也，亦不正言其所以过，初若不知孟子之事者，可以为万世之法矣。

似乎是，孔子的“狡猾”在于承认错，却绝不说错，承认自己错，却不说昭公错。

也有时候，孔子心里知道自己错，嘴里却是死活不肯认错。下面一章可以算是这方面的例子。

公山弗扰以费畔，召，子欲往。子路不悦，曰：“末之也已，何必公山氏之之也。”子曰：“夫召我者，而岂徒哉？如有用我者，吾其为东周乎？”［17.5］

大意是：公山弗扰据费邑反叛，来召孔子，孔子准备前去。子路很不高兴地说：“没有地方去就算了，为什么一定要去公山弗扰那里呢？”孔子说：“他来召我，难道只是一句空话吗？如果有人用我，或许我就能在东方复兴周礼吧？”

这次是孔子想到公山弗扰那儿混个差事，子路坚决反对，认为这样做不妥。“公山弗扰以费畔”这件事情比较复杂，我们要知道背景才行。对这一句，钱穆先生有比较详细的说明：

公山弗扰以费畔：公山弗扰即公山不狃，季氏家臣。以费畔，畔季氏也。语详《左传》。或曰：其事在鲁定公十二年，孔子方为鲁司寇听政，主堕三都，弗扰不肯堕，遂畔，宁有召孔子而孔子欲往之理？《论语》乃经后儒讨论编集成书，其取舍间未必不无一二滥收，不当以其载在《论语》而必信以为实。或曰：弗扰之召当在定公八年。阳货入讙阳关以叛，其时不狃已为费宰，阴观成败，虽叛形未露，然据费而遥为阳货之声援，即叛也。故《论语》以叛书。时孔子尚未仕，不狃为人与阳货有不同，即见于《左传》者可证。其召孔子，当有一番说辞，或孔子认为事有可为，故有欲往之意。或曰：孔子之不助畔，天下人所知，而不狃召孔子，其志不在于恶矣。天下未至于不可为，而先以不可为引身自退，而绝志于斯世，此非孔子知其不可为而为之精神。则孔子有欲往之意，何足深疑。

钱穆先生交代了对这一事件的三种说法。奇怪的是，钱穆先生没有说明自己认为哪一说比较可靠。这在钱先生的《论语新解》中是不多的。第一说

孔子雕像

认为是《论语》滥收，本来就没有这么件事。第二说认为孔子可能是被公山弗扰的说辞所动，或者是认为公山弗扰的反叛还有回旋机会，所以愿意前往。第三说人人知道孔子不会帮助叛臣，公山弗扰当然也应该知道，所以他召孔子去不会有不好的目的，事情并没有到不可为的地步。分析后两说，似乎孔子是为了阻止公山弗扰的反叛而十分乐意前往的。

而李泽厚先生并不这样认为：

【记】本章及17.7章又一次展开“经”（原则性）与“权”（灵活性）的矛盾。孔子教人以“经”，自己却行“权”不已。难怪子路不高兴。到底如何掌握“经”与“权”，大有文章。结合上下几章，孔子讲去的理由是（一）可以入淤泥而不染，不怕脏乱；（二）一生不能白过，总希望找机会干大事。这几章描述具体，相当真实，足见孔子亦常人：说了真话，经不住问，只好说开玩笑。想做官干事，经不住问，只好勉强说些道理。

李泽厚先生这段“记”是很有意思的。它不仅告诉我们孔子经常在“经”与“权”之间游走，甚至有双重标准的嫌疑。而且明确说明孔子是急于做官，一时忘记了自己的大义，被子路说穿之后“只好勉强说些道理”。

我反复揣读原文，觉得李泽厚先生的说法可能更接近原意。一是从子路“末之也已，何必公山氏之之也”这句话中形成的认识。“末之也已”——没有地方做官就算了呗，我们一定非做官不可吗？其次是根据孔子回答的“如有用我者，吾其为东周乎？”这句话。“如有用我者”——如果有人让我当官。我们都知道，孔子想当官是非常急切的，是为了自己也好，是为了“东周”也好。《论语》中证明这一点的正反两方面的依据很多。“如有用我者”就是一种急切想当官的表达。孔子对于公山弗扰的情况也是非常清楚的，对公山弗扰召他的目的也应该是非常清楚的。一个“用”字表明孔子去是当官而绝不是去在劝说甚至改变公山弗扰反叛的事情上有所为。如果上句是说孔子为了阻止公山弗扰的反叛而前往的，下一句的意思无论如何也接不上。只有上句说如果有人给自己一个适当的位置，下句说在东方复兴周礼才自然合理。我的意思是，孔子不是为了阻止公山弗扰的反叛而前往的，是急于做官有所作为才答应公山弗扰的，他也知道公山弗扰早有反叛之心，自己答应为他做事是不对的。当子路指出这一点之后，他也肯定知道自己的做法是不对的。但他却坚决不愿意承认错误。

下面一章和前面一章非常相似：

佛肸召，子欲往。子路曰："昔者由也闻诸夫子曰：'亲于其身为不善者，君子不入也。'佛肸以中牟畔，子之往也，如之何？"子曰："然，有是言也。不曰坚乎，磨而不磷；不曰白乎，涅而不缁。吾岂匏瓜也哉？焉能系而不食？"［17.7］

大意是：佛肸召孔子去，孔子打算前往。子路说："从前我听先生说过：'亲自做坏事的人那里，君子是不去的。'现在佛肸盘踞中牟反叛，你却要去，这如何解释呢？"孔子说："是的，我说过这样的话。但不是说坚硬的东西磨也磨不坏吗？不是说洁白的东西染也染不黑吗？我难道是个苦味的葫芦吗？怎么能只挂在那里而不给人吃呢？"

李泽厚先生提醒我们联系这一章来理解前一章是很有道理的。这两章非常相似。首先是情形相似：也是一个陪臣反叛，也是召孔子，也是孔子想去，也是子路反对，也是孔子解释。其次孔子是相似的态度。但这一次孔子的话说得更为明白。"吾岂匏瓜也哉？焉能系而不食？"把孔子想做官，想有所为的急切心态表现得非常清楚。而"不曰坚乎，磨而不磷；不曰白乎，涅而不缁"这一句强词夺理的色彩更为鲜明。我们不难从《论语》中找到和它相矛盾的话。

那么为什么孔子不承认错误呢？为什么不再开个玩笑呢？我们以为，孔子这些话与其说是在对子路说，不如说是借题发挥说给那些能给他官位的人听的；或者说，就是发发牢骚，宣泄不满。——孔子太想当官了。这在《论语》中随处可见。他不承认错误，也不再开玩笑，借此宣泄一下，表达一下内心的想法，也是合乎常情的。

第二辑　十哲风德

孔门弟子，十哲无疑是最杰出的代表。

虽然孔子将他们分为德行、言语、政事、文学四科，但他们无不各具其长而又修行全面，绝没有一个是单向的特长发展。风范德行，冠绝一时。他们是孔子忠实的追随者。无论是在鲁国出仕担任司空、司寇，还是周游列国受困于陈蔡之间，孔子的身边都有他们的身影。但他们每一个又都是风标独立的个体，唐代杨炯《和刘长史答十九兄》的诗句“风标自落落，文质且彬彬”堪称他们的写照。

颜回——孔门“三好生”

颜回

颜渊，名回，渊是字。很多人都以为，颜渊是孔子最喜欢的学生。这一点，我并不认同。我认为孔子内心深处最喜欢的一定是子路。但颜渊品行端正，行为规范，学习用功，生活俭朴，经常得到孔子的表扬，这是肯定的。

在我看来，参照流行的学生评价方式和评价标准，颜渊应是孔门弟子中“三好生”的杰出代表。当然，这个“三好”，并不是生套毛泽东同志提出的“德、智、体全面发展”的标准。事实上，我们今天各个学校评出的三好生，真正德、智、体三方面都好的也并不多，大多数只是学习好，品德还可以，体育等等就未必好了。我的意思是，在孔子的三千弟子中，在七十二贤之中，甚至在十哲之中，颜渊肯定是最优秀的，至少在孔子看来是如此。甚至可以说，颜渊是孔老师精心打造的优秀学生代表，是孔子为所有学生树立的一个榜样，一个模范。

一、颜渊的德行好在哪里

颜渊德行好。这应该是没有争议的。《论语》中明确下了定语，并排了座次：

德行：颜渊、闵子骞、冉伯牛、仲弓。言语：宰我、子贡。政事：冉有、季路。文学：子游、子夏。［11.3］

颜渊，排在“德行”第一。他名列七十二贤之首，十哲之首，儒家五圣之一。被后世尊称为“复圣”，意思是孔子之外的又一个圣人。这评价很高，连孟子也只是“亚圣”。司马迁的《史记·仲尼弟子列传》把他排在众弟子的第一。

颜渊的德行好在哪里呢？李零先生认为颜渊的优秀德行主要表现在“安贫乐道，沉默寡言，埋头苦干，而且是大孝子”。也有人认为颜渊的优秀德行是指能忠实实行孝悌、忠恕等道德。那么，颜渊的优秀德行到底有哪些具体表现呢？

下面我们从具体的章节看：

颜渊、季路侍。子曰：“盍各言尔志？”子路曰：“愿车马，衣轻裘，与朋友共，敝之而无憾。”颜渊曰：“愿无伐善，无施劳。”子路曰：“愿闻子之志。”子曰：“老者安之，朋友信之，少者怀之。”［5.26］

孔子让颜渊、季路说说各自的志向。子路说：“我愿意把自己的车马、皮衣拿出来和朋友们一起使用，即使用坏了，也没有什么遗憾。”颜渊说：“我不愿意夸耀自己的善德，不希望表彰自己的功劳。”子路对孔子说：“我们也想听听老师您的志向。”孔子说：“我的志向是让老人安康，朋友信任，后人怀念。”

同样一个问题，颜渊的回答和子路的回答大相径庭。子路的回答充满重然诺、讲义气、仗义疏财、有福同享的侠义精神和江湖味道；颜渊的回答，谦虚、谨慎，十分低调，充满道德意味，很有境界，很有高度。两者对比鲜明，各显个性。而孔子“老者安之，朋友信之，少者怀之”的追求则是他仁的思想的一贯体现。由这里我们可见，颜渊的德行好，首先表现在道德修养和思想境界上，和孔子“仁”的思想十分契合。孔子很不喜欢张扬跋扈，而喜欢沉默寡言。他常说：“君子欲讷于言而敏于行。”（《论语·里仁》）还说：“刚、毅、木、讷，近仁。”（《论语·子路》）而颜渊把这样的修养，完全内化为一种精神，难怪深得老师欣赏，常常受到老师表扬，让同学们向他学习。

颜渊不仅具备仁德而不张扬，心怀仁德而不外显的美德，而且能够长期坚持，始终如一。我们看下面一章：

子曰：“回也，其心三月不违仁，其余则日月至焉而已矣。”［6.7］

这一章也是通过对比说明颜渊的“仁”心。意思是，颜渊这个人，他的心长期不离开仁德，其他人只是偶然想起一下罢了。这是对颜渊德行的极高评价。孔子很喜欢通过比较和对比赞扬颜渊，甚至不惜以自己做陪衬。这里的其他人，也没有排除自己。尽管有些人翻译为其他学生，但从表述上看其实是包括他自己的。不过，老实说，能做到颜渊这样真的不容易。说是“三月不违仁”，“三月”是虚数，其实也就是时时刻刻“不违仁”了。毛泽东曾经说过一段名言：一个人做好事并不难，难的是一辈子做好事。颜渊这是典型的“宅仁”，以仁为心之宅，境界的确非常高。一般人能不做坏事，就算好人了；如果再偶尔做一两件好事，那就是先进人物。孟子认为一个人能知耻，就是“不失本心”了。按照我们党员的标准，颜渊这是真正从思想上入党。这一章告诉我们，颜渊的德行好在能始终心中有仁，是把仁刻在心坎上，融化在血液中，没有一点点私心杂念。真了不起！

子曰：“贤哉，回也！一箪食，一瓢饮，在陋巷，人不堪其忧，回也不改其乐。贤哉，回也！”［6.11］

这一章很著名。理解这一章可以借助于《论语·卫灵公十五》中的一段：“在陈绝粮，从者病，莫能兴。子路愠见曰：‘君子亦有穷乎？’子曰：‘君子固穷，小人穷斯滥矣。’”[15.2] 固穷：安守贫穷；指君子能够安贫乐道，不失节操。这一段也是赞美颜渊的德行，是说他能耐得住贫穷，不仅能忍受贫穷，而且能忍受得住寂寞。他为什么能忍得住呢？因为他心中有仁德。现在很多人，不仅不能忍受贫穷，而且不能忍受富贵，就是因为心中没有仁。那些贪官们何尝贫穷呢？其实已经够富的了。能忍受寂寞的就更少了。我以前有个邻居，是个处级干部，天天有人请吃，回来老婆责怪，他很诚恳地诉说应酬的痛苦，我们都信。但要是三天没人请他吃饭，就百无聊赖的样子，真的也很痛苦。一个公务员同志就曾很陶醉地说：混到饭都没人请，就一点出息也没有了。再瞧那些腰缠万贯的有钱人，最怕的就是寂寞，所以变着法子折腾，简直找不到过日子的办法了。不仅当官的有钱的如此，就是读书的，做学问的，能耐得住贫穷耐得住寂寞的也越来越少，都喜欢找个机会露个脸，爱往镜头前面凑。

颜渊能够如此忍受得住贫穷和寂寞，让人敬佩。

晚唐诗人周昙有一首《颜渊》诗："陋巷箪瓢困有年，是时端木饫腥膻。宣尼行教何形迹，不肯分甘救子渊。"可见后人理解颜渊，常常自作多情，自作聪明。如果孔子让学生们捐款，或者端木赐主动资助，颜渊会要么？这是用一盆脏水泼人家洗得干干净净身子和衣服。

二、好学才是颜渊最主要的特点

其实，好学，才是颜渊最大的特点。

和表现颜渊的德行不一样，颜渊好学有许多具体的材料，有很多鲜活的故事。

例如：

哀公问："弟子孰为好学？"孔子对曰："有颜回者好学，不迁怒，不贰过。不幸短命矣，今也则亡，未闻好学者也。"

一次鲁哀公问孔子："你的学生中谁是最好学的？"孔子回答说："有一个叫颜渊的学生好学，他从不迁怒于别人，也从不犯同样的错误，不幸短命死了。现在没那样的人了，没有听说再有好学的了。"

季康子也问过同样的问题，孔子同样回答说："有一个叫颜渊的学生很好学，不幸短命死了。现在再也没有像他那样的了。"

两则材料一个主题，前一则比后一则更丰富。两则材料共同的思想是，在老师孔子看来，颜渊是所有学生中最好学的，可惜短命（31 岁就死了）。好学和短命之间有什么关系呢？应该说没有，但又很难说绝对没有。我们经常很善良地说：好人一生平安。但这很天真。我们家乡有俗语：好人不长久，祸害活千年。恐怕是各有道理的。前者劝人向善，自然是好；后者却更深刻。好人责己过严，"付出的多，得到的少"；好人常遭乖蹇，很少活得滋润的；好人施仁于人，勇于承担，劳心劳力，甚至鞠躬尽瘁。无论从心理学还是生理学的角度，都难以长寿。颜渊 29 岁头发就都白了（《史记·仲尼弟子列传》"回年29岁，发尽白"），不能说和学习的认真没有关系。孔子反复强调颜渊命短，一是说他死后再也没有好学的学生了，二是惋叹，如此好学居然天不假以寿，否则一定会有大作为，一定能继承和发展老师的思想。

值得玩味的是，“不迁怒，不贰过”和好学是什么关系呢？有人认为：从孔子对颜渊的评价，特别谈到不迁怒、不贰过这两点，可以看出孔子教育学生，重在培养他们的道德情操。这自然不无道理。但和“好学”有什么关系呢？说得不清楚。我想有三点。一是孔子的学（后来荀子也是如此），主要就是指修德。这一点钱穆先生说得十分到位：“孔子之学，主要在何以修心，何以为人，此为学目的”，而且他认为“孔门之志”即孔门之学，“志之所在，即学之所在”。二是不管学问还是德行的进修，都需要好的德行。真正的好学者，都必须责己严而待人宽；凡事责于人，学问德行都不可能有长进。三是真正的好学者，不重复犯同一个错误。可见，孔子的好学，还包含了善学的思想。

我们再看两则颜渊好学的具体材料。

一则是：

子曰：“语之而不惰者，其回也与！”［9.20］

意思是，听我说话而能毫不懈怠的，只有颜渊一个人吧！

一则是：

子谓颜渊曰：“惜乎！吾见其进也，未见其止也。”［9.21］

意思是，孔子说到颜渊，感叹道：“颜渊死得这么早，太可惜！我只见他不断前进，从来没有看见他停止过。”

前一则说颜渊上课认真听讲，精力集中；后一则说颜渊孜孜以求，努力不止，也说他不断进步，不断追求。这是“学而不厌”的最好注脚。作为一个学生，这样的好学精神，自然要提倡。但如此殚心竭虑，确实对身体摧残过度，加之生活条件不好，营养不良，当时的医疗水平又极低（即使高，他也承担不起医疗费用），短命就难免。我觉得，这段话的重心在“惜乎”。可惜什么呢？不仅是可惜寿短，更可惜颜渊没有达到应该达到的境界，可惜这种好学精神其他人都没有，可惜仁德没有得到很好的发扬。

但颜渊的好学，不仅仅是勤奋和不断进取。

子曰："吾与回言终日，不违，如愚。退而省其私，亦足以发，回也不愚。"［2.9］

孔子说："我和颜渊整天谈论，但他从来没有提出反对意见和疑问，好像很愚笨似的。可是，我观察他的言行，却发现他不仅能够理解并且很能发挥我所讲的内容，可见，颜渊并不愚笨啊。"

这一章耐人寻味。

这是说颜渊学习认真，尊敬老师，而领悟能力也很强。但又不像有些聪明的孩子，自己以为懂了，就不大坐得住，或者和老师调皮，像宰我一类，子路有时也是如此。而颜渊却不同。懂了，却表现出不懂的样子，老师一看就高兴，所以就受表扬。看上去很笨，其实很聪明；或者说其实很聪明，但看上去很笨。乖巧，有心智，甚至是大智若愚。这样的人，谁见谁喜欢；不仅老师喜欢，领导也喜欢；不仅孔子这样的圣人喜欢，普通的人也喜欢。他的最聪明之处是，从来不提反对意见和疑问，好像很愚笨似的。要做到这一点不容易。不懂装懂，容易；懂了，装不懂，很难。这是一种修养，也是一种处世智慧。可惜早逝，要不肯定会大有作为，如果生逢我们今天的时势，那更不得了，是一定可以为老师争脸的。

换一个角度看，颜渊是很懂得学习的人。善于倾听，爱思考，领悟能力强，"退而省其私，亦足以发"，放学回家还要学习，还要思考老师所讲的内容，已是很不容易，还能有自己的发挥，更不容易。这样的好学生不多，而且越来越少。李零先生说：现在的学生特会拍老师，很多都是"回也不愚"。我如果理解不错，李先生肯定是反讽。现在学生的"不愚"，和颜渊不是一条路子。现在的学生，还是小聪明的多，颜渊是大智若愚。

孔子很有意思。经常喜欢拿学生进行对比，以达到批评和表扬的目的。这在我们今天是不行的。但孔子这样做很可爱。

子谓子贡曰："女与回也孰愈？"对曰："赐也何敢望回？回也闻一以知十，赐也闻一以知二。"子曰："弗如也。吾与女弗如也。"［5.9］

孔子问子贡："你和颜渊相比，谁更好一些呢？"子贡说："我怎么敢和颜渊相比呢？颜渊他听到一件事就可以推知十件事；我呢，知道一件事，只能推知两件事。”孔子说：“你是不如他。我和你都不如他。”“吾与女弗如也”，有人理解为“我也认为你不如他”，我觉得这一说不妥。

孔子这里又是拿别的学生和自己来抬高颜渊，表扬颜渊。我一直在猜想孔子说这段话的背景。是不是子贡自我感觉太好呢？否则孔子这样问是不太在情理的。孔子的聪明是拿自己和子贡一起来衬托颜渊。好在子贡很明智，或者说也很聪明，知道自己在老师心目中的地位和颜渊没办法比，也就顺水推舟狠捧了颜渊一把，而且对老师的意思还有所发挥。“回也闻一以知十，赐也闻一以知二。”这样的自贬，要说完全是出于内心，很值得怀疑，恐怕也是看老师的脸色说的话。我倒觉得孔子的自贬是诚恳的。他一直认为自己并不聪明，就是用功一点而已，而且也不及颜渊。

孔子赞扬颜渊好学，最巧妙的是下面一段：

子曰：“回也非助我者也，于吾言无所不说。”［11.4］

对这话，多有不同理解。不同理解，就见出颜渊不同的品性。

杨伯峻先生是这样翻译的：

孔子说：“颜渊不是对我有帮助的人，他对我的话没有不喜欢的。”

李泽厚先生的翻译是：

孔子说：“颜渊不是对我有帮助的人，他对我讲的没有不高兴的。”

还有人译为：

孔子说：“颜渊不是对我有帮助的人，他对我说的话没有不心悦诚服的。”

我以为这些翻译似乎都不得要领。孔子希望颜渊对自己有什么帮助呢？或者说其他学生能对孔子有什么帮助呢？作为一个学生，颜渊对孔子的话都很喜欢，或者都很高兴，或者都心悦诚服，这又能说明什么呢？这是优点还是缺点？这两句是表扬还是批评？都看不出来。而且一个学生对老师说的话，无论是“喜欢”，还是“高兴”，或者是“心悦诚服”，似乎都言不及义，甚至都不是很得体。

李零先生说：“孔子批评颜渊，说他光听老师话，每句话都喜欢，毫无异议。这是明贬实褒。”“毫无异议”似乎说到了关键处。可是“明贬”什么呢？

"实褒"什么呢?

我比较喜欢钱穆先生的说法:

"非助我者:道本难穷,问难愈多,精微益显。颜子闻一知十,不复问难,故曰非助我者。其辞若有憾,实乃深喜之。

"无所不说:说同悦,闻语即解,心感悦怿。"

我觉得这段注疏是把话说透了,把"明贬实褒"四字说实在了。

做老师的,当然都喜欢肯学好问的学生,这样才能真正实现教学相长。学生就是听就是记,没有问题,没有质疑,教师是不会有长进的。刚到苏州中学时,好问的学生很多。尽管有些问题,难以应付,甚至有的是故意为难,但的确促使我长进。现在的学生越来越乖了,但课堂的感觉并不好。孔子希望颜渊这样的学生能够多和自己切磋,以帮助自己不断长进。可是这颜渊把所有问题都自己消化了,而且自己能举一反十,于是老师也就没有办法借助他的问题提高自己了。传神处是"闻语即解,心感悦怿",这是心灵的相通,是一种心领神会,是一种心灵的对话。难怪孔子喜欢得不行。

遇到这样的学生,老师还真的就无用武之地了。

三、颜渊其实很善言辞

其实颜渊也很善言。

颜渊在十哲中,虽然不在言语科,但这不是说他言语不行,而是他德行太高了。其实他的言语也不差,而且是大智慧。

先看他关于老师的两次精彩表达:

颜渊喟然叹曰:"仰之弥高,钻之弥坚,瞻之在前,忽焉在后。夫子循循然善诱人,博我以文,约我以礼,欲罢不能。既竭吾才,如有所立卓尔。虽欲从之,末由也已。"[9.11]

颜渊感叹地说:"对于老师的学问与道德,我抬头仰望,越望越觉得高;我努力钻研,越钻研越觉得不可穷尽。看到它好像在前面,忽然又像在后面。老师善于一步一步地引导我,用各种文献来丰富我的知识,又用各种礼节来约束我的言行，使我想停止学习都不可能。我已经竭尽了我的才能，好像它高大地在前面矗立着，我想要追随上去，却又无路可走了。”

这一章我们首先可以看出颜渊的好学。没有颜渊的好学，不可能有这样的心得。“欲罢不能”，除了老师的“循循然善诱人，博我以文，约我以礼”，与他自己的好学也有关系。虽然“末由也已”，但还是表现出他努力追寻老师的精神。

但也很容易看出颜渊善于言辞。这段话主要有三层意思。第一层“仰之弥高，钻之弥坚，瞻之在前，忽焉在后”，是说老师博大精深。“仰之弥高”表现高大，“钻之弥坚”表现深邃。第二层“循循然善诱人，博我以文，约我以礼，欲罢不能”，是说老师善于开导和教育。“瞻之在前，忽焉在后”表现其玄妙；“夫子循循然善诱人”表现其教育方法；“博我以文，约我以礼”表现教育内容；“欲罢不能”表现教育效果。第三层“既竭吾才，如有所立卓尔。虽欲从之，末由也已”，是用自己做对比反衬，说老师无人能及，永远赶不上。这是典型的“心向往之而不能至”。“既竭吾才，如有所立卓尔。虽欲从之，末由也已”，有多种不同理解。但总体说是用衬托手法形象地表达抽象的认识和感受，言辞通俗而典雅，修辞精当而自然。他歌颂老师，拍老师马屁，但拍得很雅，很适合对象，很有学问。“叹”字尤其传神，神情和语言相结合，表现力很强。

有几处很值得玩味。一是“瞻之在前，忽焉在后”。“仰之弥高，钻之弥坚”，虽说用了比喻，但倒还算平常；而“瞻之在前，忽焉在后”，不是常人能想得到的，简直就是“神乎其神”，甚至是“玄而又玄”了。这就把孔子的思想写活了。钱穆先生评点此章时说：“学者熟读《论语》，可见孔子之道，实平易而近人。而细读玩此章，可知即在此平易近人之中，而自有其高深不可及处。”恐怕与这一句很有关系。第二处是“欲罢不能”。为师之道，“循循然善诱人，博我以文，约我以礼”，或许并不很难，要让学生“欲罢不能”，则不是一般老师所能做到的。这就说出了孔子为师的高明神妙。这大概也是做老师的最高境界。现在我们很多老师以平均分比别人高一分为荣，不惜让学生厌恶自己、痛恨读书。尽管这不普遍，但真正让学生“欲罢不能”的人恐怕很少很少。第三处是“末由也已”。末，无，没有；由，途径，路径。虽然我想要追随上他，却没有路可走。不仅是追不上，而是根本就找不到追赶的路。这差距太大了。这不仅是颜渊的差距，也是我们所有人的差距。而我们的差距，比颜渊又不知大多少倍。

还可以看出，颜渊的善言，不是文辞，不是语言本身的技巧，而是思想的智慧，是对老师思想和精神的准确把握，是因为他对孔子的理解之深透，远远超过其他学生。所以师生之间互相欣赏，惺惺相惜，是有深刻思想基础的。

这就的确高人一等！而且耐人寻味！

我们再看：

子畏于匡，颜渊后。子曰："吾以女为死矣。"曰："子在，回何敢死？"［11.23］

孔子在匡地受到当地人围困之后，颜渊最后才到。孔子说："我以为你已经死了呢。"颜渊说："夫子还活着，我怎么敢死呢？"

这是很有意思的一段对话。从字面看，师生两个人的话都可以有不同理解。老师的话可以理解为关心，也可以理解为责怪；颜渊的话可以理解为对老师的衷心，也可以是一个玩笑，一种调侃。当然，这两种不同理解是前后对应的。

钱穆先生对"子在，回何敢死？"的解释是：何敢死，言不敢轻身赴斗。孔子尚在，明道传道之责任重大，不敢轻死，一也。弟子事师如事父，父母在，子不敢轻死，二也。颜子虽失在后，然明知孔子不轻死，故己亦不敢轻身赴斗，三也。曾子曰："任重而道远，死而后已。"重任在，故亦重其死。

李泽厚先生的评点，话不多，但很有意思："重要的不是漂亮言词，而是某种忠挚态度。"

李零先生的说法，基本同于李泽厚："这是颜渊向孔子表忠心。"

钱穆先生是国学大师，分析头头是道，无疑是可信的。知责任重大，故重死生，这是儒家一脉相承的精神。古代知识分子，都有自觉的承担意识，以天下为己任，故不轻易赴死。苏轼说千金之身不死贼手，也本于这样的精神。但钱穆先生的话，也不是一点值得推敲的地方都没有。比如，以我们对颜渊的了解，即使他真的死了，会是"轻身赴斗"吗？如果是子路，那还在情理之中。而孔子是最了解颜渊的人，按道理是不会有这样的担心的。

总觉得两位李先生话中有话。我国学底子浅薄得很，甚至可说是“一穷二白”；我读《论语》，连票友都算不上的。但从生活常识的角度，觉得师生的对话中，有值得揣摩的东西。不管是怎样的理解，至少有一条是肯定的：颜渊是一个极为善于言辞的人！即使是“表忠心”，这样的机会，抓得真好！这样的表达极其自然，并不肉麻（或者说又是极端肉麻）的话，多么顺耳！这真不是一般人说得出的，甚至我也想象不出“木讷”的颜渊说这话时，是什么样的神情。那一定是，憨憨的，让人觉得这话，又只有他说得出来。

四、孔子为什么偏爱颜渊

颜渊死了。孔子极其伤心。

表现孔子伤心，有两章：

颜渊死，子曰：“噫！天丧予！天丧予！”［11.9］

用白话说，就是：颜渊死了，孔子说：“唉！老天爷啊，你真要我的命呀！老天爷啊，你真要我的命呀！”

颜渊死，子哭之恸。从者曰：“子恸矣。”曰：“有恸乎？非夫人之为恸而谁为？”［11.10］

大意是：颜渊死了，孔子哭得极其伤心。跟随孔子的人说：“老师您太伤心了！”孔子说：“是太伤心了吗？我不为颜渊伤心，又为谁呢？”

这两个片段，都很生动。孔子伤心的样子如在眼前。后一段比前一段更丰富一点。不仅写了孔子伤心的程度，还说出了他伤心的内在感受。

读这两章，有一个问题，经常萦绕于心：

为什么颜渊死了孔子那么伤心？——作为老师，那伤心得的确有点过。——儿子伯鱼死了，他都没有这么伤心。

表面的答案是容易找到的，自然是因为他喜欢颜渊。可是，孔子为什么如此偏爱颜渊？

我想，大概有这样一些原因：

首先是颜渊太优秀了，是老师拯救道德、恢复周礼的希望所在。

孔子自己说过，颜渊的学问道德接近于完美。

子曰："回也其庶乎，屡空。赐不受命，而货殖焉，亿则屡中。"［11.19］

对这段话，尤其是对"不受命"，多有不同理解；但大意没有差别。孔子说："颜渊的学问道德接近于完善了吧，可是他常常贫困。端木赐不守本分，去做买卖，猜测行情，常常猜中。"

这一章也是通过比较在说自己的两个学生，话题是学问道德和财富的关系。颜渊有学问，但很穷；子贡不安心做学问，却能抓住商机，发了财。孔子对两个学生是什么态度呢？有人以为：孔子对颜渊学问道德接近于完善却在生活上常常贫困深感遗憾；同时，对子贡不听命运的安排去经商致富反而感到不满。我倒以为未必。不过，从这句话中，我们可以看出，在孔子眼中，颜渊的道德学问是近乎完美的。这是确定的。

但正如跟从的人所说，他有点太伤心了。如果是我们，不幸有自己喜欢而又极其优秀的学生先我们而去，我们也都会很伤心，但应该都不会伤心到这个地步。孔子伤心，说得大一点是为"道"为"礼"伤心，是为"道"为"礼"而哭；说得小一点，是为自己伤心，是为自己而哭。说得不尊重点，有点兔死狐悲的味道。"天丧予！天丧予！"似可为明证。要不怎么说是"老天爷要我的命"呢？再好的学生死了也不至于如此吧？是他在颜渊身上寄托太多了。

还有一段可以作为证明：

颜渊问仁。子曰："克己复礼为仁。一日克己复礼，天下归仁焉。为仁由己，而由人乎哉？"颜渊曰："请问其目。"子曰："非礼勿视，非礼勿听，非礼勿言，非礼勿动。"颜渊曰："回虽不敏，请事斯语矣。"［12.1］

大意是：颜渊问怎样做才是仁。孔子说："克制自己，一切都照着礼的要求去做，这就是仁。一旦这样做了，天下的一切就都归于仁了。实行仁德，完全在于自己，难道还在于别人吗？"颜渊说："请问实行仁的具体做法。"孔子说："不合于礼的不要看，不合于礼的不要听，不合于礼的不要说，不合于礼的不要做。”颜渊说：“我虽然愚笨，也要照您的这些话去做。”

这是《论语》中很重要的一章，有很多解读。李泽厚先生在《论语今读》中有三千字左右的“记”。对“天下归仁焉”也有许多不同的翻译。钱穆翻译为“便见天下尽归入我心之仁乐”，杨伯峻翻译为“天下的人都会称许你是仁人”，李泽厚翻译为“那中国就归到‘仁’了”。很显然，这不同的翻译不是语义理解上的分歧，而是对孔子仁的思想的不同理解。

有意思的是，接着仲弓和司马牛也提出了同样的问题，但孔子的回答却都不相同。

仲弓问仁。子曰：“出门如见大宾，使民如承大祭；己所不欲，勿施于人；在邦无怨，在家无怨。”仲弓曰：“雍虽不敏，请事斯语矣。”［12.2］

仲弓也问怎样做才是仁。孔子说：“出门办事如同去接待贵宾，使唤百姓如同去进行重大的祭祀；自己不愿意要的，不要强加于别人；要做到在诸侯的朝廷上做事不怨天尤人，在卿大夫的封地里做事也不怨天尤人。”仲弓说：“我虽然笨，也要照您的话去做。”

司马牛也提出了同样的问题。

司马牛问仁。子曰：“仁者，其言也讱。”曰：“其言也讱，斯谓之仁已乎？”子曰：“为之难，言之得无讱乎？”［12.3］

司马牛问怎样做才是仁。孔子说：“仁人说话是慎重的。”司马牛说：“说话慎重，这就叫作仁了吗？”孔子说：“做起来很困难，说起来能不慎重吗？”

为什么三个人提出同样的问题，而孔子的回答不同呢？李泽厚先生和李零先生似乎都注意到了这个问题，而且都据《史记·仲尼弟子列传》“司马耕，字子牛。牛多言而躁，问仁于孔子。孔子曰‘仁者其言也讱’”认为，对司马牛这样的回答是因为司马牛性格多言而不沉稳。但对颜渊和仲弓的回答为什么不同呢？都没有说。李零先生也只是说回答颜渊是强调对自己要严格要求，回答仲弓强调对别人要尊重。至于为什么要有这样的不同，李零先生也没有说。我妄自揣测，对颜渊的回答，是对“仁”的纲领性的回答，主要从自我内省的角度回答，这是因为孔子对颜渊特别看重。尽管“己所不欲，勿施于人”也是孔子仁的思想的重要内容，但比之于“克己复礼”，也只能算是“目”而已，而“克己复礼，天下归仁”才是总纲。而这样的总纲性的精神，也只有对颜渊说，他才放心，或者说，才有必要。某种意义上说，也只有颜渊才能真正理解这个精神，才配接受老师这样的核心思想和精神纲领。至于回答颜渊侧重于“强调对自己要严格要求”，并不是因为颜渊疏于内省，而恰恰是因为他特别注重内省。孔子因材施教，人所共知。这就见出孔子在颜渊身上寄托之重。

对颜渊的死，论语还有两章写到这件事：

颜渊死，门人欲厚葬之，子曰：“不可。”门人厚葬之。子曰：“回也视予犹父也，予不得视犹子也。非我也，夫二三子也。”［11.11］

大意是：颜渊死了，学生们想要隆重地安葬他。孔子说：“不能这样做。”学生们仍然隆重地安葬了他。孔子说：“颜渊把我当父亲一样看待，我却不能把他当亲生儿子一样看待。这不是我的过错，是那些学生们干的呀。”

颜渊死，颜路请子之车以为之椁。子曰：“才不才，亦各言其子也。鲤也死，有棺而无椁。吾不徒行以为之椁。以吾从大夫之后，不可徒行也。”［11.8］

钱穆先生说，这两章的顺序，本应是后者在前。为了避免人们误解孔子不同意卖掉自己的车子给颜渊买椁，是为了禁止厚葬，所以颠倒了顺序。这个问题，我无力求证。但把这两件事并列起来看，还是有助于我们理解孔子对颜渊的态度。

由这两章，我们可以看到，孔子是一心把颜渊塑造成一个“合乎礼”的道德规范的代表。他不同意其他学生厚葬颜渊，是因为按照礼，颜渊只能和他的儿子伯鱼一样薄葬；孔子不同意颜渊爸爸让他卖掉车子给颜渊买椁的请求，也觉得这样的做法，与礼不合。如果小结一下，孔子器重颜渊，不是因为“人”，而是因为“仁”，因为“礼”。颜渊是他的希望！

我还认为，孔子高度评价颜渊，还因为颜渊是他自我形象的投射，而且这个形象还不是现实中的他，而是他心目中理想化的自我形象。我们看这样一章：

子谓颜渊曰："用之则行，舍之则藏，惟我与尔有是夫！"子路曰："子行三军，则谁与？"子曰："暴虎冯河，死而无悔者，吾不与也。必也临事而惧。好谋而成者也。"［7.11］

孔子认为，只有他和颜渊能做到"用我我就干，不用我就算"。这是从用事态度的角度表彰颜渊。值得玩味的是，是孔子主动和颜渊说了这样的话，这让人想到曹操和刘备说，天下英雄就是我们俩，这是一种"同志"式的共同信仰的表达。难怪后人说颜渊是复圣。

他们师生"用之则行，舍之则藏"的用事态度，对后世影响极大，尤其是对知识分子，诸葛亮是，林则徐是，邓小平也是，这是很智慧的态度。知识分子自己没有政治舞台，展示自己的才能具有被动性；人家不用你，你有天大的本事也没有用。但很多知识分子爱使小性子，我想为你服务你不用，于是我就躲起来，不再和你玩，等你要用我，我就坚决不理你。这类人很多。这样做固然很痛快，很解气，也的确为知识分子争了脸；但对历史，对社会，是个遗憾；对自己，也不合算。争气损财，还是自己吃亏，那些手中有权柄的人，人家根本就不在乎你。让那些无能甚至还无德的人去折腾，祸害不小。但对于一个具体的人，要做到"用之则行，舍之则藏"这一点不容易；要看准对象，看准时机，尤其难；把握不准，就只能自取其辱，而且会危害社会。所以孔子有好几次都想出手，但拿不定主意，有时候身边也有人反对，比如子路，于是就作罢。但颜渊是不是就拿得准呢？是未知数。他夭寿太短，没有机会验证。但孔子不需要证明，颜渊是他的自我精神的影子。可以说，孔子爱颜渊，是一种自恋。

所以他常常用自己来衬托颜渊，这不是矫情，是发自内心的。一方面他们师生俩有许多共同的特点，比如好学，比如这里"用之则行，舍之则藏"的用事态度。另一方面颜渊非常切合孔子心目中仁人君子的道德标准。而孔子觉得自己却并不完全符合他自己心目中仁人君子的道德标准，他时常急躁，时常很性情，动不动就喜怒形于色，而颜渊比他做得好。孔子赞赏颜渊，一方面是自我欣赏，一方面是自我理想表达的客观化、对象化。

三是要塑造一个优秀学生的典型，让其他学生学习，也给世人做模范。但人都是鲜活的，也都是有缺点的。这样概念先行的人物，尽管很完美，但难免僵化刻板而没有活力。这就是读《论语》少有人喜欢颜渊的原因之一吧。大多数人，还是愿意活得放松一点的。

《巫峡秋涛图》

闵子骞——懂事乖巧的孝子

闵子骞

闵子骞，名损，字子骞，春秋末期鲁国人，在孔门中以德行与颜渊并称，为七十二贤人之一。他为人所称道的，主要是他的孝，是二十四孝子之一。明朝编撰的《二十四孝图》，闵子骞排在第三，是中华民族文化史上著名的先贤人物。

但《论语》中的闵子骞是不是就是一个孝子形象呢？我以为不是。

说闵子骞是孝子，主要的依据是“单衣顺亲”的故事，这个故事又叫“鞭打芦花”。

故事在《说苑》中有记载：

闵子骞兄弟二人，母死，其父更娶，复有二子，子骞为其父御车，失辔，父持其手，寒，衣甚单。父则归，呼其后母儿，持其手，衣甚厚温。即谓其妇曰：“吾所以娶汝，乃为吾子，今汝欺我，去无留。”子骞前曰：“母在一子寒，母去三子单。”其父默然，而后母亦悔之。故曰：孝哉闵子骞！

大意是：闵子骞兄弟共二人，母亲死后，他们的父亲又娶了一个继母，继母又生了两个儿子。闵子骞给他的父亲驾马，缰绳从手里掉下来，他的父亲握着他的手，发觉他的手很冷，穿的衣服也很单薄。父亲回去后，把继母生的儿子叫来，握住他的手，手是温暖的，穿的衣也很厚。就对妻子说：“我娶你的原因，是为了我的儿子，现在你欺骗我，让我的儿子受冷，你走吧，不要再留在我家。”闵子骞上前说：“如果母亲留在我家，就只有我一个儿子受寒；如果母亲离我们而去，三个儿子就都会失去母爱啊。”他的父亲沉默了，然后继母也后悔了。从此以后，继母对待子骞如同己出，全家和睦。后人把这一故事称为“单衣顺亲”和“鞭打芦花”。有人作诗称赞闵子骞的行为：闵氏有贤郎，何曾怨后娘；车前留母在，三子免风霜。

有资料说，这个故事在《史记·仲尼弟子列传》中也有记载，但我没有发现。

根据这个故事，说子骞是个孝子，理由是充分的。你想，连一个虐待他的后母他都能这样孝敬，其孝的确达到了一个很高的境界。当然，人们高度赞颂子骞是孝子，还与他老师的高度评价有关。

子曰："孝哉闵子骞！人不间于其父母昆弟之言。"［11.5］

意思是，孔子说："闵子骞真是孝顺呀！人们对于他的父母兄弟称赞他的话，没有什么异议。"

看来，闵子骞的孝名是很大的，一定为老师争了光。所以老师给予高度赞扬，连称呼都称呼他的字了。有人说这是孔子引述了别人的话。我可不这样想。老师和学生亲热一下，甚至随便一点有什么了不起的呢。当然，即使是转述别人的话，也不影响孔子对闵子骞的评价之高度。老师的喜欢是溢于言表的。我猜想《论语》中的孔子这一番话肯定与前面的故事有关。但我从这个故事看到的倒不仅仅是子骞的孝，而是觉得这实在是一个非常懂事、非常明事理的孩子。

我们来看他劝父亲留下后母的两句话："母在一子寒，母去三子单。"如果母亲留在我家，就只有我一个儿子受寒；如果母亲离我们而去，三个儿子就都会失去母爱啊。这不仅为后母考虑，而且为另外两个同父异母的兄弟考虑，这显然已经超越了孝的范畴，而我以为他这样做更多的是为父亲考虑。他知道，后母一走，父亲的日子、家中的生活一定更难过；他更不想让父亲在处理这件事情上为难。如果我这样的分析不算十分牵强，就会发现闵子骞实在是个懂事的孩子。他不为自己着想，而是为这个家着想。相比之下，我们今天的许多孩子就显得很不懂事，什么都想着自己。我这样认识子骞，当然不是单凭这则故事。我们再看这样一章：

闵子侍侧，訚訚如也；子路，行行如也；冉有、子贡，侃侃如也。子乐。"若由也，不得其死然。"［11.13］

訚訚，钱穆先生说是中正的样子，一说温和中顺的样子。行行，刚强的样子。侃侃，一说和乐的样子，一说是说话理直气壮。这段话的大意是：闵子骞侍立在孔子身旁，中正和顺的样子；子路是一副刚强的样子；冉有、子贡是理直气壮的样子。孔子很高兴。但孔子又说："像仲由这样，只怕不得善终吧！"

从几个人不同的神情态度中，尤其是和子路的对比中，我们不难看出闵子骞的个性特点：规规矩矩，老老实实，和颜悦色。让人看着舒服，是个懂事的好孩子。而他的懂事，当然不仅仅是在老师的面前，在政事上也是如此：

鲁人为长府。闵子骞曰："仍旧贯，如之何？何必改作？"子曰："夫人不言，言必有中。"［11.14］

大意是：鲁国翻修长府的国库。闵子骞说："照老样子下去，怎么样？何必改建呢？"孔子道："这个人平日不大开口，一开口就切中要害。"

切中什么要害呢？当然是在情在理，所以孔子深以为是。钱穆先生以为这里有特定的历史背景和具体的事件，他说：

闵子骞行孝

本章有两解。一说：鲁昭公伐季氏，谋居于长府，欲借其货财结士心，因谋改作以强戒备。称鲁人，盖讳言之。时公府弱，季氏得民心，闵子意讽公无轻举。如之何者，谓昭公照旧行事，季氏亦无奈公何。又一说：鲁人指三家，昭公居长府以攻季氏，三家共逐公，逊于齐。三家欲改作长府，当在昭公卒后定哀之际。盖鲁人之见长府，犹如见昭公，故三家欲改作之以毁其迹。闵子当时无谏诤之责，乃以微言讽之，长府之旧贯尚当仍，况君臣之旧贯乎。故孔子深赏其言。今按：闵子少孔子十五岁，生在昭公之六年，昭公见逐，闵子止二十岁，依后说为是。

李零先生则梳理了几种不同的见解：

"鲁人为长府"，"鲁人"指什么人，谁受命，谁执行，不清楚；"为"从下文看，是指"改作"，即翻修改造；长府，可能是鲁昭公的一所大型仓库，或他的离宫别馆。古人把聚藏财物之所叫府，不叫仓、库。仓是粮仓，库是武库，和府不一样。据《左传》昭公二十五年，鲁昭公曾以此为据点，讨伐季氏，失败，被迫出亡，三年后，死在晋国。

这里，鲁人改造长府，时间、背景不清楚，前人有种种猜测。

一说昭公出亡后，季氏（或三家）为了防止类似事件再发生，打算彻底改造长府，怕后继者（定、哀二公）继续利用这个据点，闵子骞表示反对（清翟灏《四书考异》、凌鸣喈《论语解义》）。

一说昭公出亡后，季氏怕鲁人指指点点，忠义之士太息流涕，改造是为了抹去记忆，闵子骞表示反对（清俞樾《湖楼笔谈》）。

一说鲁昭公自己要改造长府，准备在此起事，闵子骞知其力不足以制季乃委婉劝阻之（清刘宝楠《论语正义》）。

李零先生认为"这些猜测都无法证实"，但他推断"这段话应是前517年后所说，当时孔子只有35岁，闵子骞只有20岁"。"闵子骞只有20岁"的说法和钱穆先生一致。

我们想，无论事实是哪一种情况，"当时无谏诤之责"的20岁的闵子骞发表如此成熟的意见，都可以见出他的沉稳而有见识。难怪孔子要脱口称赞他说话切中肯綮。

他在自己的事情上更是如此。

季氏使闵子骞为费宰，闵子骞曰："善为我辞焉！如有复我者，则吾必在汶上矣。"［6.9］

大意是：季氏派人请闵子骞去做费邑的长官，闵子骞（对来人）说："请你好好替我推辞吧！如果再来召我，那我一定逃到汶水那边去了。"汶，水名，即今山东大汶河，流经当时的齐、鲁两国之间。汶上，汶河之北，暗指齐国。

闵子骞为什么会这样呢？钱穆先生说："费，季氏家邑。季氏不臣于鲁，而其邑宰亦屡叛季氏，故欲使闵子为费宰。"这一说，就清楚了。闵子骞这样拒绝是有道理的。他在是非面前原则是鲜明的。话不多，但态度非常坚决。所以，宋代朱熹对他这一做法极表赞赏。他说：处乱世，遇恶人当政，"刚则必取祸，柔则必取辱"，即硬碰或者屈从都要受害，又刚又柔，刚柔相济，才能应付自如，保全自己。这种态度才能处乱世而不惊，遇恶人而不辱，是极富智慧的处世哲学。当官干政，对孔子的学生都有诱惑力。但在有官可做的时候，能够头脑冷静，分清是非，坚持立场，这不是每个人都能做到的。冉有、季路不就因此挨了批评吗？我们不知道，闵子骞要是活在今天能不能做到。有人说，后来经过孔子劝说，闵子骞还是去做了费宰。倘若真是如此，可见闵子骞是清正而不迂腐的。据说，他治费很有政绩，但看不惯季氏行为，最后毅然辞职，又随孔子去列国游学。真是难得。

伯牛——短命的老实人

伯牛

在孔子的弟子中，伯牛虽然是早期的学生，死得比较早，出场次数很少，影响不大，但我对他印象颇深。这大概是因为他的厚道。

说伯牛厚道，首先是因为他的名字。

伯牛，姓冉名耕，伯牛是字。《说文》说："耕，犁也。从耒。井声。一曰：古者井田。古茎切"。《说文》又说："牛，大牲也。牛，件也；件，事理也。象角头三，封尾之形。凡牛之属皆从牛。"在古代耕种必须有牛。冉耕，字伯牛。名与字相联表达意义。"伯牛"之"伯"，是排行，表明冉耕在家里排行老大。伯牛，用我们老家的通俗叫法，就是大牛。我们村里就不止一个大牛，但几乎都不识字；为人大多厚道，其中有一个特别实在。一次生产队里分粮，他突然跟把秤的芬大爷急了。大家以为是多算了他箩筐里粮食的重量，都劝芬大爷："大牛，老实人，不要欺负他，少算一点斤两，大家不会有意见。"没有想到芬大爷也急了："他说我少算了他 5 斤。"

"明明是 125，秤还高高的。你为什么要算 120？"没等芬大爷说完，大牛就大声嚷起来，两个眼睛瞪得溜圆，像发急的牛。看得大家都笑了，后来队长表扬他觉悟高，他又急了："什么觉悟？我说的是事实。"在《论语》里读到伯牛，我就想起我们村子里的大牛来了。

说伯牛厚道，当然不是全凭这演义式的理由。

《论语》中涉及冉耕的只有两章。一章是 11.3，原文为：

德行：颜渊、闵子骞、冉伯牛、仲弓。言语：宰我、子贡。政事：冉有、季路。文学：子游、子夏。

大意是：孔门弟子中，德行好的，主要指能实行孝悌、忠恕等道德的，有：颜渊、闵子骞、冉伯牛、仲弓。善于辞令、能办理外交事务的主要有：宰我、子贡。擅长政事，能从事政治事务的有：冉有、季路。通晓诗书礼乐等古代文献的有：子游、子夏。这就是人们通常所说的“孔门十哲”。

由这一章，可以知道的是，伯牛品性一定非常好，好得和颜渊同时名列于十哲的“德行”科。有不少人研究这话是谁说的，似乎没有结论。有人认为是老师孔子说的，也有人不同意。钱穆先生就认为不是，因为这里是称字而不是称名。其实，是老师说的当然有权威性，但不是老师说的也不要紧。不是老师说，那就是孔子的弟子所说，也同样能说明伯牛的德行是得到认同的。遗憾的是找不到具体的材料，就不知道伯牛的德行到底好在哪里。可我换一个角度看，名列十哲，却没有多少材料可考，正说明他的厚道。他肯定不爱出风头，不善于表现，更不招摇，处事一定很低调。在《论语》中十哲的出场率大都比较高，子贡、季路都是出现几十次，冉有、子夏也都是二十多次，子游、仲弓都是十次左右，闵子骞、宰我都是五次，颜渊早逝，都有十五次。伯牛却仅仅出现两次，我不是说出现次数多就不老实，但出现次数少肯定不全是因为早逝，而与他厚道老实有关。就像我们很多学生，学习很认真很踏实，为人很低调，很少围着老师转，就是在老师身边，话语也不多，于是值得记载的事情就少。老师更是这样，不少老师工作勤奋，为人老实，但校长都不认识的，更没有先进事迹传播。在今天，这算不上优点，但这些学生和老师大多厚道老实，是不该怀疑的。我分析，伯牛就是这样的学生。

还有一则在《论语》6.10，这一则就比较具体，也很感人。

原文是：

伯牛有疾，子问之，自牖执其手，曰：“亡之，命矣夫，斯人也而有斯疾也！斯人也而有斯疾也！”

大意是伯牛病了，孔子前去探望他，从窗外握着他的手说：“看来不行了，这是命中注定！这样的人竟会得这样的病啊，这样的人竟会得这样的病啊！”

这段话，很有说头。一是伯牛到底得了什么病？有专家研究的结论是得了麻风病。我不懂医道，但似乎不像。从情形看，应该是病很厉害而且突然，似乎是时间不长就要了命，而麻风一般不会这么急（如果早就有了这样的病，孔子就不该有下文的感慨），而且麻风病的手是很容易被毁坏的，对面说话未必会传染，倒是接触很容易传染的。但肯定是传染病，所以伯牛不愿意见人。二是“亡”的理解。一种理解是“亡”通“无”，“亡之”意思为“伯牛没有得这种病的道理”；一种理解为“丧”，意思是“丧失”。钱穆先生认为从下文的语气看应该是后一种比较妥当。于是这两个词的翻译就很有意思：钱穆先生译为“丧失了此人”，李泽厚译为“没办法”，而杨伯峻则译为“要永别了”，李零理解为无可奈何，和李泽厚相近。我也赞同这样的理解。我还认为“而”字也很值得注意，尽管各家翻译几乎差不多。钱穆先生译为“会”，李泽厚和杨伯峻则译为“竟”，李零理解为“怎么会”，都是表示出乎意料。说明孔子没有想到伯牛会得这样的病，或者说在孔子看来，伯牛不应该得这样的病。那么这背后的潜台词就是伯牛是个好人。“好人一生平安”，好人伯牛得了这样的病，所以孔子很是意外很是感慨。“斯人也而有斯疾也！斯人也而有斯疾也！”一句话连续反复，可见孔子感触之深。但伯牛到底好在哪里，却没有说明。这在孔子似乎不多，无论是批评子路、子贡还是表扬颜渊都说得很具体。可这里的话，却很含糊。我就想，大概伯牛的确没有什么具体的感人事迹，我估摸就是人厚道老实。因为孔子喜欢老实的人，不多话，更不多事，是老师心中的乖孩子。

我还猜测，孔子去看望伯牛只是“自牖执其手”而不进屋去看望，十有八九不是孔子自己不进去，而是伯牛不让老师进去。孔子是一个举止十分讲究“礼”的人，绝不会看望一个病人而且是为日已经不多的病人，连门都不进，尽管是学生（他们年龄相差也不是很大），而只是从窗户里摸一摸手，说两句感叹的话。不仅像孔子这样时时处处以周礼约束自己的人不大可能，就是一般人也不合情理。而且，理解为伯牛不让老师进屋看望，孔子后面感慨的话也就显得非常自然。

由前面引述过的 11.3 可知伯牛是孔子学生中优秀的代表，而且主要是德行优秀，毫无疑问他的言行会深受孔子的影响，而孔子在各个方面对自己的要求都是极其严格乃至很苛刻的。对此，《论语·乡党》中有多则材料予以具体生动的表现，这里仅引 10.19 一则作为佐证：

疾，君视之，东首，加朝服，拖绅。

意思是：孔子病了，国君来探视，他便头朝东躺着，身上盖上朝服，拖着大带子。

孔子患了病，躺在床上，国君来探视他，他无法起身穿朝服，这似乎对国君不尊重，有违于礼，于是他就把朝服盖在身上，还把绅带放在身上。这反映孔子即使在病榻上，也不会失礼于国君。我们有理由相信伯牛一定也会有这样的思想。老师来看望他，他觉得自己衣冠不整，形容枯槁，甚至已经毁了容颜，或者知道自己的病和老师对面说话很容易传染，所以请老师就在外面“看望”一下，于是孔子就在窗户里摸了摸他的手，对这样一个懂事识礼的学生更是赞不绝口。

所以，我们完全可以大胆地推测，伯牛的德行就好在老实，本分，厚道。因为孔子最喜欢厚道的实在人。“巧言令色，鲜矣仁。”“君子疾夫舍曰欲之而必为之辞。”可见他坚决的态度。伯牛这样的人，不仅孔老师喜欢，我们也很喜欢。但这种人，现在都不太适应潮流了。

这么厚道老实的伯牛居然这么短命，而且得了那么坏的病，不仅喜欢他的老师要哀叹，连我们心里都觉得沉重，甚至对那句“好人一生平安”的话都有些怀疑。当然我不敢说孔子说那句话就有这样的意思。

仲弓

仲弓——“可使南面”的难得人才

仲弓，姓冉，名雍，鲁国人。

《论语》中孔子的弟子有三个冉姓，冉耕（伯牛）、冉雍（仲弓）和冉求（子有）。三个都在“十哲”之中，世称“一门三贤”。冉耕、冉雍德行优秀，冉有长于政事（见11.3）。《孔子家语·七十二弟子解》这样介绍这三个人：“冉耕，鲁人，字伯牛，以德行著名，有恶疾，孔子曰：‘命也夫。’”“冉雍，字仲弓，伯牛之宗族，生于不肖之父，以德行著名。”“冉求，字子有，仲弓之族，有才艺，以政事著名。”

三个人都了不得，但在孔子眼中最适宜做大官的，并不是子有，而是仲弓。

子曰：“雍也可使南面。”［6.1］

大意是，孔子说：“冉雍这个人，可以让他去做官。”但做什么样的官呢？杨伯峻先生认为是“做一部门或一地方的长官”。钱穆先生说：“南面：人君听政之位。言冉雍之才德，可使任诸侯也。”从常识看，古代以面向南为尊位，天子、诸侯和官员听政都是面向南面而坐。杨、钱之说都可以成立。但我的感觉应该不止于此。后来发现，李零先生的说法似乎更切合我心中的感觉：

> 冉雍是政事之材，也是道德先生。这里是夸他有人君气度。“南面”，是所谓“人君听治之位”。古代人君临朝，一般都是端坐在宫室正北的庙堂之上，脸朝南；臣民朝见，则立于堂下的中廷，脸朝北。帝王御下，叫“南面之术”。臣事于君，叫“北面事之”。古代官长治民也是如此。阜阳双古堆出土的西汉式盘，其中的九宫盘，天盘把“君”标在北面，“相”标在东面，“将”标在西面，“百姓”

标在“南面”，就是按这种理解排列。前人对“雍也可使南面”有三种解释，一说其才可任天子（刘向），一说其才可任诸侯（包咸、郑玄），一说其才可任卿大夫（后世儒者）。一般都认为这是孔子夸冉雍有人君气度和治世之才。但孔子的政治抱负，在当时还是待价而沽，不像尧、舜端坐在人君之位。孔子把两者分得很清楚，有德有才也有位，可以兼济天下，才叫“圣人”，只有德才没有位，撑死了也就是个“仁人”。

看得出，李零先生对此是花了一番功夫的。他解决了我心中的悬疑。三说中，他是倾向于人君之说的，所以他在这段话后面用括弧加了一句“冉雍有人君气度”。我也倾向于这样的解读。不管怎么说，《论语》中孔子如此评价的只有冉雍一个人。

那么，仲弓具有哪些优势，孔子对他评价如此之高呢？

首先是德行非常优秀。

德行：颜渊、闵子骞、冉伯牛、仲弓。言语：宰我、子贡。政事：冉有、季路。文学：子游、子夏。［11.3］

在这里，冉雍列在第一等科“德行”之内（有人认为这是孔子排列的），显然是认为他已经具备非常好的德行，这是为官的首要条件。在今天依然如此，而且不管什么样的国家什么样的政党都是如此。

其次是“讷于言”。这是孔子看人非常重要的一点，是他心中君子的标志。

或曰：“雍也仁而不佞。”子曰：“焉用佞？御人以口给，屡憎于人，不知其仁，焉用佞？”［5.5］

意思是，有人说：“冉雍这个人有仁德但不善辩。”孔子说：“何必要能言善辩呢？靠伶牙俐齿征服别人，常常招致别人的讨厌。我不知道冉雍是不是做到了仁，（但）何必要能言善辩呢？”

孔子不喜欢嘴巴厉害的人。宰我嘴巴厉害，他不喜欢；颜渊话不多，他非常喜欢。他说：“君子欲讷于言而敏于行。”（4.24）“刚、毅、木、讷近仁。”（13.27）在孔子看来，善于言辞的人肯定大多缺少仁德，而有仁德者则不必有辩才。要以德服人，不要以嘴服人。而在孔子看来，冉雍既有德，又不善言，完全合乎他的君子标准。李零先生认为："'不知'是孔子表示不满和否定的一种说法。看来，即使仲弓，也达不到'仁'的标准。"对李先生的这一看法，我并不苟同。我以为，孔子说"我不知道冉雍是不是做到了仁"，完全是一种表达技巧，是通过让步来强调"何必要能言善辩呢"。很明显，在他心目中，冉雍是既有德又不善言的，是最理想的人君气度。

再次是，仲弓具有不同一般的才能。孔子对仲弓才能的高度评价，有一段很精彩的比喻：

子谓仲弓，曰："犁牛之子骍且角，虽欲勿用，山川其舍诸？"［6.6］

大意是，孔子谈到仲弓，说："耕牛生的牛犊毛是红色的，角也长得整齐端正，人们虽想不用它做祭品，但山川之神难道会舍弃它吗？"

孔子这句话运用了一个比喻。山川，指山川之神，比喻上层统治者；犁牛之子，比喻人才。这似乎不难明白，但要很好地理解这段话，还要知道这个比喻的背景。

杨伯峻先生在注释"用"字时说：

用——义同《左传》"用牲于社"之"用"，杀之以祭也。据《史记·仲尼弟子列传》说，仲弓的父亲是贱人；仲弓却是"可使南面"的人才，因此孔子说了这番话。古代供祭祀的牺牲不用耕牛，而且认为耕牛之子也不配做牺牲。孔子的意思是，耕牛所产之子如果够得上做牺牲的条件，山川之神一定会接受这种祭享。那么，仲弓这样的人才，为什么因为他父亲"下贱"而舍弃不用呢？

但钱穆先生则存有更多的疑问，他在解释"子谓仲弓曰"时说：

《论语》与某言，皆称子谓某曰，此处应是孔子告仲弓语。或说：此章乃孔子论仲弓之辞，非是与仲弓语，否则下文岂有面其子而以犁牛喻其父之理？或又疑仲弓父冉伯牛，纵谓此章非孔子与仲弓言，孔子亦不当论仲弓之美而暗刺其父之名，比之为犁牛。故谓此章乃是泛论古今人而特与仲弓言之，不必即指仲弓也。子谓仲弓“可使南面”，仲弓为季氏宰，问“焉知贤才而举之”，或仲弓于选贤举才取择太严，故孔子以此晓而广之耳。按子罕篇，子谓颜渊曰：“惜乎，吾见其进，未见其止。”正是评论颜子之辞，与此章句法相似。本篇前十四章，均是评论人物贤否得失，则谓此章论仲弓更合，惟以犁牛暗刺其父之名则可疑。

为了说明他的疑问，又补充了一段：

《史记》言仲弓父贱，不言是伯牛子。惟王充《论衡》有云：“母犁犊骍，无害牺牲，祖浊裔清，不妨奇人。鲧恶禹圣，叟顽舜神。伯牛寝疾，仲弓洁全，颜路庸固，回杰超伦。”始谓仲弓父乃冉伯牛，伯牛名耕，正是犁牛。王充汉人近古，博通坟典，所言宜有据，然孔子何竟暗刺其父名而以语其子，此终可疑。或母犁犊骍之喻，古自有之，孔子偶尔运用，而《论衡》缘此误据耳。是孔子只言才德不系于世类，固非斥父称子也。

由杨伯峻先生的解释和钱穆先生的考究，我们可以了解到，孔子运用这个比喻是为了称颂仲弓的才能不同寻常，而从这个比喻的运用看，孔子对仲弓的确是另眼相看的，他眼中的仲弓是一个不同一般的人才，是一个应该超常规破格录用、不用不行的人才。有人以为，孔子这样比喻是为了说明一个普遍的道理：人的出身并不是最重要的，重要的在于自己应有高尚的道德和突出的才干；作为统治者来讲，选拔重用人才，不能只看出身而抛弃贤才，反映了举贤才的思想和反对任人唯亲的主张。对这样的理解，我当然并不以为错，但我觉得“子谓仲弓”四个字其实非常明确地说了孔子的用意所在。

而且仲弓办事分寸拿捏得非常好。

仲弓问子桑伯子。子曰：“可也，简。”仲弓曰：“居敬而行简，以临其民，不亦可乎？居简而行简，无乃大简乎？”子曰：“雍之言然。”［6.2］

大意是：仲弓问孔子子桑伯子这个人怎么样。孔子说：“可以，他办事喜欢简单。”仲弓说：“若内心敬业而行事简单，像这样治理百姓，不是也可以吗？若内心不敬业而行事简单，这岂不是太过于简单了吗？”孔子说：“冉雍，这话你说得对。”对这段话中“可也，简”三字有不同理解。因为钱穆先生将这一章和前一章（6.1）合为一章，所以他认为，仲弓是问子桑伯子这个人是否可以南面而事之，孔子的回答是可以南面而事之。李零先生认为，孔子对子桑伯子的“简”是否定的（太简了），而杨伯峻、李泽厚先生都认为是肯定的。当然对这一句不同的理解无妨于对整体意思的理解，更不妨碍我们对仲弓的理解。从仲弓的回答看，他虑事周到，的确具有行政的智慧，对孔子的中庸思想领会得的确深刻，而且能够联系实际、立足实际。

仲弓身上还有一种非常难得的实践精神。

仲弓问仁。子曰：“出门如见大宾，使民如承大祭；己所不欲，勿施于人；在邦无怨，在家无怨。”仲弓曰：“雍虽不敏，请事斯语矣。”［12.2］

对这一章中的“在家”有两种不同的理解：一是指卿大夫统治的封地；一是指家族。杨伯峻先生就明确指出前一种理解不妥，而钱穆先生和李泽厚先生也都翻译为“在家族中”。这一章的大意是：仲弓问怎样做才是仁。孔子说：“出门办事如同去接待贵宾，治理百姓如同去进行重大的祭祀。自己不愿意要的，不要强加于别人。做到在诸侯的朝廷上，在家族里，没有怨恨。”仲弓说：“我虽然笨，也要照您的话去切实努力。”

我们从这一章读到的是仲弓强烈的实践意识和实践精神。“雍虽不敏，请事斯语矣。”“请事”就是做，就是付诸实践。也许有人会说，听了老师的话，这样的表态并非仲弓一人。不错，颜渊也这样说过。但我们比较一下颜渊表态的内容和情形，就会发现两者的区别，以及仲弓具有更多的实践精神。我们来看“颜渊问仁”：

颜渊问仁。子曰：“克己复礼为仁。一日克己复礼，天下归仁焉。为仁由己，而由人乎哉？”颜渊曰：“请问其目。”子曰：“非礼勿视，非礼勿听，非礼勿言，非礼勿动。”颜渊曰：“回虽不敏，请事斯语矣。”［12.1］

李零先生对两个人的“问仁”有个比较：“孔子答仲弓问仁，形式与颜渊问相同，最后也是以‘虽不敏，请事斯语’作结束，但重点不同。前者是自律，对自己要严格；后者是待人，对别人要尊重。”李泽厚先生对这个内容的不同说得更明白一些:“又是对‘仁’的另一种具体回答,都有关具体的实践行为。”我非常认同李泽厚先生的理解。孔子的因材施教是大家都知道的。他对两个优秀学生同一个问题的回答不同,无疑也是针对他们各自特点的。他回答颜渊更强调自律,因为他知道颜渊是一个注重修身的人;他回答仲弓,更强调实践,因为他知道仲弓是一个注重实践的人。因此,两个人“虽不敏,请事斯语”的相同回答其内涵是不同的,仲弓的回答更强调的是在行政中去实践这些精神。而这一点在下一章中体现得也很鲜明:

仲弓为季氏宰,问政。子曰:“先有司,赦小过,举贤才。”曰:“焉知贤才而举之?”曰:“举尔所知。尔所不知,人其舍诸?”[13.2]

大意是:仲弓做了季氏的家臣,问怎样管理政事。孔子说:“先责成手下负责具体事务的官吏,让他们各负其责,赦免他们的小过错,选拔贤才来任职。”仲弓又问:“怎样识别是贤才而把他们选拔出来呢?”孔子说:“选拔你所知道的。至于你不知道的贤才,别人难道还会埋没他们吗?”

理解这一章,有两处存在不同理解。一处是“先有司”:一种理解为做下属官员的榜样,杨伯峻、李零都持这样的说法;一种理解为让下属官员先尽其责,钱穆先生就是这样的理解,李泽厚先生翻译为“注意干部”,是意译,应该也是这样的意思。一处是“举尔所知。尔所不知,人其舍诸?”就我所见,大多数理解为“选拔你所知道的。至于你不知道的贤才,别人难道还会埋没他们吗?”但李零先生根据上博楚简的《仲弓》篇认为孔子的回答应作“举尔所知,尔所不知,人其舍诸”,“尔所知”、“尔所不知”和“人其舍诸”三者是并列关系,都是“举”的宾语。当然,这两处不同的理解,并不妨碍对这一章主旨的理解。比较一致的看法是,孔子主张要善于容人、知人、用人。着眼于孔子的立场,这自然是不错的。但我们着眼于仲弓解读这一章,看到的是仲弓的实践精神。这首先体现在仲弓的提问是立足实践的提问,即是从工作中发现问题,而不是从单纯问题认识的角度进行理性的思考和讨论。更能表现他实践精神的是后面的追问,在孔子已经回答了为政应该怎么做之后,他还要针对“举贤才”提出“焉知贤才而举之?”的问题,可见他追求的不是懂得该怎么做,不是为了理解和认识“举贤才”的重要性,而是在实际的为政中如何识别贤才、如何举荐贤才、如何任用贤才。这样的实践精神是非常难得的，用今天的话来说，就是理论联系实际，用理论解决实际问题。作为一个干部，这是非常难得的好作风。难怪孔子要给予那么高的评价。

也许，按我们今天的说法，“可使南面”就是做一把手。品行优秀，才能卓著，办事能力强，尤其是善于把“仁”法体现在“正文”之中，都是做好一把手的重要条件。

《春晓山行图》

冉有——长于治事而疏于礼乐的“小人”

冉有

冉有，名求，字子有，孔门十哲之一。与冉耕、冉雍同宗，都在孔门十哲之列，世称“一门三贤”，又称“三冉”。后世对冉有评价颇高。有的说他善于理财；有的说他办事果断，多才多艺；有的说他不仅有管理经济的才能，而且还勇武善战，具有较高的军事才能。有的甚至说他对孔子不是绝对服从，具有一定的改革精神；也有的说他是孔子的得意门生，在孔子的教导下逐渐向仁德靠拢，其性情也因此而逐渐完善。种种说法，见仁见智，各有道理。

我读《论语》，觉得冉有是孔子不喜欢的学生之一。孔子不喜欢的学生，大概除了宰我，就要算冉有了。和宰我一样，冉有也是经常挨老师批评的；和宰我不同的是，孔子对冉有的不满都和他疏于礼乐有关。

一

其实，冉有的工作能力、办事能力都是很强的。最为明显的依据是：

德行：颜渊、闵子骞、冉伯牛、仲弓。言语：宰我、子贡。政事：冉有、季路。文学：子游、子夏。[11.3]

冉有排在“政事”科，而且名列第一。可见是擅长政事的。

冉有办事能力强，孔子是充分认可的。

孟武伯问：“子路仁乎？”子曰：“不知也。”又问。子曰：“由也，千乘

之国，可使治其赋也，不知其仁也。”“求也何如？”子曰：“求也，千室之邑，百乘之家，可使为之宰也，不知其仁也。”“赤也何如？”子曰：“赤也，束带立于朝，可使与宾客言也，不知其仁也。”[5.8]

大意是，孟武伯问孔子：“子路有没有做到了仁？”孔子说：“我不知道。”孟武伯又问。孔子说：“仲由嘛，拥有一千辆兵车的国家里，可以让他管理军事，但我不知道他是不是做到了仁。”孟武伯又问：“冉求这个人怎么样？”孔子说：“冉求这个人，可以让他在千户人家的大邑或百辆兵车的大夫封地当总管，但我也不知道他是不是做到了仁。”孟武伯又问：“公西赤又怎么样呢？”孔子说：“公西赤嘛，可以让他穿着礼服，站在朝廷上，接待贵宾，我也不知道他是不是做到了仁。”

这一章，孔子就着孟武伯关于仁的提问对三个学生分别进行了评价。他认为：他们虽然各有自己的专长，有的可以管理军事，有的可以管理内政，有的可以办理外交，但还不能肯定他们是否具备了仁德。这里我们不讨论孔子对仁的标准如何理解，也不讨论孔子对三个学生是否具备仁德如何判断。我只是想说明，从孔子对三个人的评价中可以看到孔子对冉有的行政管理能力还是充分肯定的，而且可以看出冉有的确具有不一般的办事能力。

类似的评价还有一章：

季康子问：“仲由可使从政也与？”子曰：“由也果，于从政乎何有？”曰：“赐也可使从政也与？”曰：“赐也达，于从政乎何有？”曰：“求也可使从政也与？”曰：“求也艺，于从政乎何有？”[6.8]

大意是，季康子问：“仲由这个人，可以任用他治理政事吗？”孔子说：“仲由果断决断，治理政事有什么困难吗？”季康子又问：“端木赐这个人，可以任用他治理政事吗？”孔子说：“端木赐通达事理，治理政事有什么困难吗？”季康子又问：“冉求这个人，可以任用他治理政事吗？”孔子说：“冉求很有才能，治理政事有什么困难吗？”

这一章和前一章非常相似。只是一起评价的三个人不同。前一章是子路、冉求和公西赤，这一次是仲由、端木赐和冉求，公西赤换成了端木赐。说话的对象和内容也变了，前一章是“孟武伯问子路仁”，这一章是季康子问“从政”。季康子就是孔子一直不喜欢的季氏，不过这一章看不出来。在本章里，孔子对他的三个学生同样都给予较高评价，认为他们已经具备了担任重要职务的能力。孔子对冉有从政的能力也给予了高度的评价。如果比较三个人的特点，更能看出冉有的长处在于办事能力。子路的特点是“果”，子贡的特点是“达”，而冉有的特点是“艺”。什么是“艺”呢？当然不是艺术。有人翻译为多才多艺，我以为不好。钱穆先生翻译为“多才能”，我以为更妥当。因为我们今天的“多才多艺”，常常就是多“才艺”，很容易混淆为“艺术才能”。而冉有多的是办事能力，尤其是处理具体事务的能力，和子路的果断，子贡的通达都不一样。李零先生有一段话可以作为我们理解冉有办事能力的参考：

前 492 年，季康子为鲁国的执政大臣。我猜，这里讲的事，是季康上台后的事。季康子上台前，冉雍为季桓子宰，已经当了五年。季康子上台后，孔子仍流亡在外。大概，季康子派人向孔子征求意见打算找个人代替冉雍，因而孔子有上述答复。结果，我们都知道，他选的是冉求。可见冉有能干，而且的确干得不错。

二

可是，能干的冉有却常常被老师批评，甚至差点被除名。

季氏富于周公，而求也为之聚敛而附益之。子曰：“非吾徒也。小子鸣鼓而攻之可也。”［11.17］

大意是：季氏比周公还要富有，而冉求还帮他搜刮，增加更多的钱财。孔子说：“他不是我的学生了，你们可以大张旗鼓地去声讨他。”

鲁国的三家曾于公元前 562 年将公室，即鲁国国君直辖的土地和附属于土地上的奴隶瓜分，季氏分得三分之一，并用封建的剥削方式取代了奴隶制的剥削方式。公元前 537 年，三家第二次瓜分公室，季氏分得四分之二。由于季氏推行了新的政治和经济措施，所以很快富了起来。冉求帮助季氏积敛钱财，搜刮人民，所以孔子很生气，表示不承认冉求是自己的学生了，而且让其他学生大张旗鼓去声讨冉求。

什么原因使孔子如此光火呢？李泽厚先生有两段话可以解释这个疑问：

他在“注”里说：

《杨注》：事实可参阅《左传·哀公》十一年和十二年文。季氏要用田赋制度，增加赋税，使冉求征求孔子的意见，孔子则主张“施取其厚，事举其中，敛从其薄”。结果冉求仍旧听从季氏，实行田赋制度。聚敛，《礼记·大学》说：“百乘之家，不畜聚敛之臣。与其有聚敛之臣，宁有盗臣。”

他在“记”里又说：

这与当时改田赋制度有关，可参阅《左传》哀公十一年和十二年有关材料。孔子是反对对贵族有利、对百姓有害的新财政制度的，所以才大发脾气。

反对强征暴敛，主张藏富于民（“庶之富之”），一直是儒家政治思想传统之一。它对政府过度的财政搜刮、苛征重赋，有时可起某种缓冲、制衡的作用。

我们从这里可以清楚地知道孔子发火的原因。冉有知道了老师的意见，还这么做。更何况这背后涉及“仁政”的政治大问题。如果是我，也会很火的。这大概是孔子对学生最严厉的批评了，以致要发动全体同学对冉有进行围攻。由此我们一方面可以看出冉有的确很有治理政务的能力，一出手就帮助季氏富裕起来，但也可以看出他没有政治大方向，没有大是非，喜欢逞小能。

孔子对冉有的批评，大多与礼乐有关：

季氏旅于泰山，子谓冉有曰：“女弗能救与？”对曰：“不能。”子曰：“呜呼！曾谓泰山不如林放乎？”［3.6］

大意是：季氏去祭祀泰山。孔子对冉有说：“你难道不能劝阻他吗？”冉有说：“不能。”孔子说：“唉！难道说泰山神还不如林放懂得礼（居然接受这不合规矩的祭祀）吗？”

冉有当时是季氏的家臣，所以孔子责备他。当着冉有的面这样骂季氏，可以说更主要的是责骂冉有不懂礼。孔子的意思是，季氏不懂礼，而作为家臣的冉有你为什么不阻止呢？你难道也不懂得礼吗？他觉得不是冉有不能阻止而是阻止不力，甚至压根就没有阻止。孔子为什么认为冉有应该阻止呢？因为只有天子才可以祭泰山，而季氏居然也祭泰山，这是严重地违背了周礼的行为。

看“林放问礼”一章，可以帮助我们更好地理解这一章。

林放问礼之本。子曰：“大哉问！礼，与其奢也，宁俭；丧，与其易也，宁戚。”［3.4］

大意是：林放问礼的根本是什么。孔子说：“你问的这个问题，意义重大。礼，与其仪式上奢侈铺张，不如节俭；丧，与其仪式上讲究周到，不如内心真正哀伤。”孔子在这里虽然没有正面回答林放的问题，但还是明确解答了礼的根本问题。即礼的根本不在形式而在内心，不能只停留在表面仪式上，更重要的是要从内心和感情上体悟礼的根本，符合礼的要求。

林放是什么人呢？杨伯峻先生注释为鲁人，钱穆先生注为鲁人，又补充说“或曰孔子弟子”，李零先生说“从下文 3.6 看，他可能是为季氏掌礼的专家”。我们觉得“为季氏掌礼的专家”的可能性不大，否则孔子就应该像责备冉有一样责备，甚至更严厉地责备林放了。从孔子说话的口气看，林放应该是一个很普通的人，即使是他学生，也应该是并不十分优秀突出的一类，否则就不好说“泰山不如林放乎”这样的话。神不享非礼，林放尚且知道问礼，泰山之神反而不如林放吗？

理解 3.6 这一章，还要知道孔子对季氏强烈不满的原因。下面几章是最好的证明：

孔子谓季氏：“八佾舞于庭，是可忍也，孰不可忍也？”［3.1］

佾，行列的意思。古时一佾八人，八佾就是六十四人。据《周礼》规定，只有周天子才可以使用八佾，诸侯为六佾，卿大夫为四佾，士用二佾。季氏是正卿，只能用四佾，可他们却用了只有周天子才可以使用的八佾。可见对礼的藐视和僭越。当时，鲁国季、孟、叔（季孙、孟孙、叔孙）三家，世代为卿，权重势大；尤其是季氏，好几代都操纵着政权，国君实际上已在他们的控制之下。鲁昭公曾被他们打败，逃往齐国；鲁哀公也被他们打得逃往卫国、邹国和越国；到鲁悼公，更几乎只挂个“国君”的空名了。

这一章大意是，孔子谈到季氏，说：“他用六十四人在自己的庭院中奏乐舞蹈，如果这事儿都可以忍，还有什么事儿不可忍？”“是可忍也，孰不可忍也”一句，杨伯峻先生翻译为“这都可以狠心做出来，什么事不可以狠心做出来”。翻译不同，但都可以看出孔子对季氏“无礼”的强烈不满。紧接着的一章也是如此。

三家者以《雍》彻。子曰：“‘相维辟公，天子穆穆’，奚取于三家之堂？”［3.2］

《雍》是《诗经·周颂》中的一篇，古代天子祭宗庙完毕撤去祭品时唱这首诗。这一章的大意是：孟（孙氏）、叔（孙氏）、季（孙氏）三家祭祖完毕时，居然也命乐工唱《雍》这篇诗来结束仪式。孔子说：“《雍》诗上‘诸侯参与祭祀，天子肃穆主祭’这样的乐章，怎么能用在你三家的庙堂里？”这一章孔子是在批评鲁国当政的孟孙氏、叔孙氏、季孙氏三家（又称“三桓”），季氏是包含其中的，而且是其中最主要的一家。

紧着的一章也是表达对季氏违背礼的不满：

子曰：“人而不仁，如礼何？人而不仁，如乐何？”［3.3］

孔子说：“人没有了仁德，如何能懂得礼？人没有仁德，如何能运用乐呢？”

在古代，乐也是礼的一部分。礼与乐都是外在的表现，而仁则是人们内心的道德情感和要求，所以乐和礼必须反映人们的仁德。孔子就把礼、乐与仁紧紧联系起来，认为没有仁德的人，根本谈不上什么礼、乐的问题，实际上就是说三家都是没有仁德的人，都是在糟蹋礼和乐，都不配用礼和乐。

知道了孔子对季氏的强烈不满，对 3.6 这一章中孔子对冉有的不满就可以有比较充分的理解了。

三

冉有的作为，从小处看，就事论事地看，都能显出他的聪明能干；但从大处看，就显得幼稚，就显出他在大是大非上的不成熟。

冉有曰："夫子为卫君乎？"子贡曰："诺，吾将问之。"入，曰："伯夷、叔齐何人也？"曰："古之贤人也。"曰："怨乎？"曰："求仁而得仁，又何怨？"出，曰："夫子不为也。"［7.15］

大意是，冉有问子贡说："老师会帮助卫国的国君吗？"子贡说："嗯，我去问问他。"于是就进去问孔子："伯夷、叔齐是什么样的人呢？"孔子说："古代的贤人。"子贡又问："他们两人互相推让，都不肯做孤竹国的国君，结果都跑到国外，后来有怨恨吗？"孔子说："他们求仁而得到了仁，为什么有怨恨呢？"子贡出来对冉有说："老师不会帮助卫君。"

卫君，即卫出公辄，是卫灵公的孙子。公元前492年—前481年在位。他的父亲因谋杀南子（卫灵公夫人）而被卫灵公驱逐出国。灵公死后，辄被立为国君，其父回国与他争位。这件事恰好与伯夷、叔齐两兄弟互相让位形成鲜明对照。孔子赞扬伯夷、叔齐，而对卫出公父子争夺君位极为不满。孔子对这两件事给予评价的标准就是是否符合礼。子贡的确是聪明的。问了伯夷、叔齐两人互相推让，都不肯做孤竹国的国君，结果都跑到国外，后来是不是有怨恨，就知道了孔子对卫出公父子极为不满。那么冉有对这件事是什么态度呢？这只能从冉有的提问入手。他为什么要问这个问题呢？一种可能是冉有听说孔子要帮助卫君，所以提出这样的问题；一是自己有这样的想法，所以问子贡孔子可能是什么样的态度。如果是前者，他应该交代这样的背景，而且更可能是自己直接问。比较合理的推测是，他自己有这样的想法，而且希望孔子能够帮助卫君，但他没有把握，也不敢自己问，所以先和子贡探探态度，或者希望子贡为他探探态度。子贡是聪明人，所以很聪明地试探了，而且巧妙地知道了孔子的态度。

为什么这样分析冉有呢？下面一则能够说明这一点：

子华使于齐，冉子为其母请粟。子曰："与之釜。"请益。曰："与之庾。"冉子与之粟五秉。子曰："赤之适齐也，乘肥马，衣轻裘。吾闻之也：君子周急不继富。"［6.4］

大意是：公西华出使齐国，冉求替他的母亲向孔子要些谷米。孔子说："给他一釜。"冉求请求再增加一些。孔子说："给他一庾。"冉求却给五秉。孔子说："公西赤到齐国去，乘坐着肥马驾的车子，穿着又暖和又轻便的皮袍。我只听说过：君子救急，不继富。"釜、庾、秉，都是古代量词。各指多少斤、斗，说法不一。"与之庾"，也有两种理解，一是"给他一庾"，一是"给他加一庾"。如果庾比釜小，则应该是后者。

李零先生对这一章有很丰富的解读。

"子华使于齐，冉子为其母请粟"，"子华"是公西赤的字，公西赤的特长是搞外交；"冉子"是冉求的弟子尊称冉求。《论语》中，孔门弟子称子，只有曾参、有若和冉求。冉求的特长是理财。他是先为孔子理财，当孔子的宰，后来才为季康子理财，当季康子的宰。这里所述，是冉求为孔子理财。公西赤去齐国干什么？是替鲁君办事，还是替孔子办事？如果是前者，那是出公差，该由政府报销；如果是后者，则只能找老师报销。情况如何，我们不清楚。这里讲的是，公西赤出差，冉求请老师批准，给子华的妈妈送点米，照顾一下。

"粟"，是谷子。未脱壳的谷子叫"粟"，脱了壳叫"米"，不是大米，是小米。中国古代的粮食作物，原生而独具特点，主要是谷子和糜子。

"釜"，六斗四升。

"庾"，音 yǔ，一斗四升。

"秉"，一百六十斗。

子华出差，"乘肥马，衣轻裘"，很阔气，但冉求替他在家的老娘向孔子支借粮米。孔子说，给他一釜就可以了，冉求嫌不够，请多给一点。孔子说，那就再加一庾吧。但冉求竟一下子给了他五秉，大大超出了比孔子批准的数字。孔子知道，很不高兴，说"君子周急不继富"。"周急"是救济有紧急困难的人，

“继富”是帮有钱人赚钱再赚钱，阔上加阔。人类社会，劫贫济富是主流。冉求的理财观念很现代。现代银行贷款，要有信用保证，越是有钱人，才越是大笔大笔借钱，穷人，就怕借钱不还。我们要知道，冉求后来当季氏宰，还是坚持这种理念。“季氏富于周公，而求也为之聚敛而附益之”，孔子大怒，说“非吾徒也，小子鸣鼓而攻之，可也”。(《先进》11.17)

这段话，前因后果不太清楚，皇疏有一段辩论。他说，我们不知道，子华的母亲是不是真缺粮：如果缺，子华这么阔气，是不孝，孔子不肯多给，是不仁；如果不缺，冉求给那么多，是不智。其实，情况可能是，子华的母亲并不缺粮，子华并非不孝；孔子不肯多给，也合情合理，也非不仁；冉有考虑到朋友出门在外，他妈就等于我妈，也没什么不对。冉求不拿自己的小米给子华的妈，是因为自己给了，别人就会以为子华的妈缺粮，指责子华不孝。他向孔子请粟，虽然引起孔子不快，但大家可以明白，原来子华的妈并不缺粮。总而言之，冉求替朋友着想，很仗义。这是一种曲里拐弯的解释。

无论是李零先生自己的解读还是皇疏“曲里拐弯的解释”，尽管都不能说是确论，但又都不无道理。当然你一定要说冉有拿老师东西送人情，利用职务搞感情投资，也不能算错。我们现在这样的人就很多。他精于办事，让人不能不佩服。他其实早就想好要多给一点，但还是先请示老师。老师说少了，他要求增加一点，但老师说的数量还是没有达到他的预期标准，于是便不再请示，而是自作主张地给了一个大大超过老师数字的量。所以挨训了。说真的挨训是应该的。但我还是由衷感到冉有的确很是可爱、很仗义。对人，尤其是对同学，热心周到，但显得没有什么原则。再回到前一章，也是如此。卫君刚刚从爷爷手里接过国君之位，流亡在外的父亲便要回来抢夺。毫无疑问，冉有是同情年少的卫君的，他很希望老师能够出手帮帮卫君。按照李零先生的说法，孔子和冉有他们当时就在卫国。而孔子帮不帮是以礼为依据的，给多给少是有他的“仁爱”原则的。所以说，冉有常常是讲小义，逞小能，而不讲大礼，而且对老师也不够诚实。

四

对于冉有缺少大的是非观，孔子是十分清楚的。

季子然问："仲由、冉求可谓大臣与？"子曰："吾以子为异之问，曾由与求之间。所谓大臣者，以道事君，不可则止。今由与求也，可谓具臣矣。"曰："然则从之者与？"子曰："弑父与君，亦不从也。"［11.24］

大意是，季子然问："仲由和冉求可以算是大臣吗？"孔子说："我以为你是问别人，竟然是问由和求呀。所谓大臣是能够用周公之道的要求来侍奉君主，如果这样不行，他宁肯辞职不干。现在由和求这两个人，只能算是充数的臣子罢了。"季子然说："那么他们会一切都跟着季氏干吗？"孔子说："杀父亲、杀君主的事，他们也不会跟着干的。""所谓大臣者，以道事君，不可则止"一句，杨伯峻先生的翻译是"我们所说的大臣，他用最合于仁义的内容和方式来对待君主，如果这样行不通，宁肯辞职不干"。我之所以又补充杨伯峻先生的翻译，是为了让大家注意，孔子心目中真正的大臣是什么样的标准，而子路和冉有之所以算不上大臣还缺少什么。在孔子心目中，子路和冉有不会干出杀父亲、杀君主那样不仁不义的事，但也绝达不到"用周公之道的要求来侍奉君主"或者"用最合于仁义的内容和方式来对待君主"那样的高度。子路没有政治头脑，是大家都知道的。这里可以看出冉有也和子路差不多，都缺少成为"大臣"的"周公之道"。

下面一章，角度不同，其实说的也是同一个问题：

子路问成人。子曰："若臧武仲之知，公绰之不欲，卞庄子之勇，冉求之艺，文之以礼乐，亦可以为成人矣。"曰："今之成人者何必然？见利思义，见危授命，久要不忘平生之言，亦可以为成人矣。"［14.12］

大意是：子路问怎样才是一个完美的人。孔子说："如果具有臧武仲的智慧，孟公绰的克制，卞庄子的勇敢，冉求那样多才多艺，再用礼乐加以修饰，也就可以算是一个完人了。"孔子又说："现在的完人何必一定要这样呢？见到利益能想到义的要求，遇到危险能献出生命，长久处于穷困还不忘平日的诺言，这样也可以成为一位完美的人。”

本章是孔子谈人格完善的问题。他认为，具备完善人格的人，应当富有智慧、克制、勇敢、多才多艺和礼乐的修饰。后来又立足实际降低了要求说，只要能做到见利思义、见危授命，久居贫困能够不忘平生之言，就是人格完善的人。不管是高要求还是立足现实的低要求，他都强调要有礼乐的修饰，要言行符合于义。他很鲜明地指出，冉有的优势是能力很强，善于办事，但缺少的是“礼乐”。

下面一章，看起来是琐碎小事，其实也是说冉有小和大不分。

冉子退朝。子曰：“何晏也？” 对曰：“有政。” 子曰：“其事也？如有政，虽不吾以，吾其与闻之。”［13.14］

大意是：冉求从季氏的私朝回来，孔子说：“为什么回来得这么晚呀？” 冉求说：“有政事。” 孔子说：“只是一般的事务吧？如果有政事，虽然国君不用我了，我也会知道的。”

这一段，很有意思。看起来通俗易懂，其实颇值得玩味。看上去，孔子有点婆婆妈妈，对学生管头管脚，其实是颇有深意。师徒两个人是在打哑谜，玩概念。冉有说是“有政事”，老师说是“事”而不是“政”。这里面颇有讲究：

钱穆先生说：

事指私事，谓季氏之家事。或说有所更改匡正为政，所行常事为事。今按：此处当从公私言，尤见严正。其时季氏专鲁政，有不与同列议于公朝，而独与其家臣议之私朝者。孔子如为不知，言此必季氏家事，若系国政，当公议之。我尝为大夫，今虽不用，犹当预闻，其言严而婉，而所以教冉子者深矣。

李泽厚先生说：

这里是将事务性工作与真正的政治性工作区分开来？！当时大概具体有所指，不可知矣。

李零先生说：

“退朝”，是从季康子的私朝回来。

“有政”，“政”和“事”不同，《左传》昭公二十五年“为政事、庸力、行务，以从四时”，杜预注：“在君为政，在臣为事。”前者是国事，后者是家事。

孔门弟子在朝做官，有义务向老师汇报。这次，冉有下班晚了，孔子问，你怎么回来这么晚？冉有说“有政”，即他在忙国君的公事。孔子说，是“其事”吧？即你忙的是季氏家的私事吧？如果真是国君的公事，你不告我也会打听到的。看来，冉有和季氏商谈过什么事，不便泄漏，他没跟老师讲实话，孔子起了疑心。

总之，冉有是把“事”当成了“政”，把小事当成了大事，把私事当成了国事。作为他这样身份的人，真不该犯这样的错误。当然，更大的可能是他有意混淆“政”与“事”。我们今天“国家”二字并不分开，而在当时必须分得清清楚楚。这就叫政治。

五

冉有是真的弄不明白小和大的区别，还是故意和老师装糊涂呢？

下面这一章说明存在后一种可能：

季氏将伐颛臾。冉有、季路见于孔子曰：“季氏将有事于颛臾。”孔子曰：“求！无乃尔是过与？夫颛臾，昔者先王以为东蒙主，且在城邦之中矣，是社稷之臣也。何以伐为？”冉有曰：“夫子欲之，吾二臣者皆不欲也。”孔子曰：“求！周任有言曰：‘陈力就列，不能者止。’危而不持，颠而不扶，则将焉用彼相矣？且尔言过矣，虎兕出于柙，龟玉毁于椟中，是谁之过与？”冉有曰：“今夫颛臾，固而近于费。今不取，后世必为子孙忧。”孔子曰：“求！君子疾夫舍曰欲之而必为之辞。丘也闻有国有家者，不患寡而患不均，不患贫而患不安。盖均无贫，和无寡，安无倾。夫如是，故远人不服，则修文德以来之。既来之，则安之。今由与求也，相夫子，远人不服而不能来也，邦分崩离析而不能守也；而谋动干戈于邦内。

吾恐季孙之忧，不在颛臾，而在萧墙之内也。”［16.1］

这一章故事性特别强，情节非常完整，人物也很鲜活。是说季氏将要攻打颛臾。冉有、子路去见孔子说：“季氏快要攻打颛臾了。”孔子说：“冉求，这不就是你们的过错吗？颛臾从前是周天子让它主持东蒙祭祀的，而且已经在鲁国的疆域之内，是国家的臣属啊。为什么要攻打它呢？”冉有说：“季孙大夫想去攻打，我们两个人都不愿意。”孔子说：“冉求，周任有句话说：‘尽自己的力量去负担你的职务，实在做不好就辞职。’一个盲人有了危险不去扶助，跌倒了不去搀扶，那还用辅助的人干什么呢？而且你说的话错了。老虎、犀牛从笼子里跑出来，龟甲、玉器在匣子里被毁坏了，这是谁的过错呢？”冉有说：“现在颛臾城墙坚固，而且离费邑很近。现在不把它夺取过来，将来一定会成为子孙的忧患。”孔子说：“冉求，君子痛恨那种不肯实说自己想要那样做而又一定要找出理由来为之辩解的做法。我听说，对于诸侯和大夫，不怕贫穷，而怕财富不均；不怕人口少，而怕不安定。财富均了，也就没有所谓贫穷；大家和睦，就不会感到人少；安定了，也就没有倾覆的危险了。像这样治理国家，如果远方的人还不归服，就用仁、义、礼、乐让他们来；已经来了，就让他们安心住下去。现在，仲由和冉求你们两个人辅助季氏，远方的人不归服，而不能让他们来；国内民心离散，你们不能保全，反而策划在国内使用武力。我只怕季孙的忧患不在颛臾，而是在自己的内部呢！”

这一章孔子借题发挥描述了自己的政治理想，是反映孔子思想很重要的一章。当然，也有人说这反映了他的反战思想。这应该不是主要的。孔子反对攻打颛臾，不是一般的反对战争，而是不主张对颛臾这样的附属小国动武，主张用礼、义、仁、乐的方式解决问题。

我们这里当然主要不是看孔子，而是看冉有。从他前后的态度看，他的确没有政治眼光，尤其是对老师的礼乐思想缺少最起码的理解，甚至让我们觉得他在和老师耍滑头。开始说：“季孙大夫想去攻打，我们两个人都不愿意。”见老师的驳斥非常有力，势不可挡，于是说：“现在颛臾城墙坚固，而且离费邑很近。现在不把它夺取过来，将来一定会成为子孙的忧患。”终于惹火了老师，招来一顿言辞训斥：“冉求，君子痛恨那种不肯实说自己想要那样做而又一定要找出理由来为之辩解的做法。”孔子是主张温良恭俭让的，但这一次毫不客气。一是因为对象是学生，更重要的是因为冉有触动了他的政治底线——仁和礼。

但不管老师怎样严厉批评，冉有好像都无动于衷。让人怀疑他是故意抵制老师的礼乐思想。

冉求曰：“非不说子之道，力不足也。”子曰：“力不足者，中道而废。今女画。”［6.12］

大意是，冉求说：“我不是不喜欢老师讲的道，而是我的能力不够。”孔子说：“如果能力不够，是到半路才停下来。你现在是画定界限不向前走。”

一般认为，这一章是冉求对于学习孔子所讲授的思想和理论产生了畏难情绪，认为自己的能力不够，在学习过程中感到非常吃力。但孔子认为，冉求并非能力的问题，而是他思想上的畏难情绪作怪，所以对他提出批评。我认为这样的解读值得讨论。理解这一章，关键是“道”的内涵。杨伯峻先生理解为“学术”，李泽厚先生理解为“思想学术”，钱穆先生就说“道”，没有加以解释，李零先生也没有触及这个问题。我觉得这个“道”主要指“思想”而不是“学术”。当然，从某种意义上说，孔子的学术和思想是一回事。但从我们今天的立场看，这两者又不是一回事。冉有不能理解的或者说心生畏惧的应是孔子的思想而不是他的学术。

下面一章，一般都作为孔子因材施教的典型案例。这固然不错，但我还是从中看到冉有对老师所提倡的礼乐的追求很不主动很不积极。

子路问：“闻斯行诸？”子曰：“有父兄在，如之何其闻斯行之？”冉有问：“闻斯行诸？”子曰：“闻斯行之。”公西华曰：“由也问闻斯行诸，子曰，‘有父兄在’；求也问闻斯行诸，子曰，‘闻斯行之’。赤也惑，敢问。”子曰：“求也退，故进之；由也兼人，故退之。”［11.22］

大意是，子路问：“听到了就行动起来吗？”孔子说：“有父兄在，怎么能听到就行动起来呢？”冉有问：“听到了就行动起来吗？”孔子说：“听到了就行动起来。”公西华说：“仲由问：‘听到了就行动起来吗？’你回答说：‘有父兄健在，怎么能听到就行动起来呢？’冉求问：‘听到了就行动起来吗？’你回答：‘听到了就行动起来。’我被弄糊涂了，冒昧地再问个明白”。孔子说：“冉求总是退缩，所以我鼓励他；仲由好勇过人，所以我约束他。”

冉有在哪些方面退缩呢？根据看到的材料，他在干具体事情时是一点也不萎缩，如帮助季氏谋财，如帮公西华的妈妈争取粮食，如帮助季氏攻打颛臾。那么他在哪些地方萎缩呢？应该就是前一章说的对孔子之道的探求和实践。

六

冉有自己也始终回避礼乐方面的追求，似乎只想做做油盐酱醋经济基础方面的工作。

下面也是大家非常熟悉的一章：

子路、曾皙、冉有、公西华侍坐。子曰：“以吾一日长乎尔，毋吾以也。居则曰：‘不吾知也！’如或知尔，则何以哉？”子路率尔而对曰：“千乘之国，摄乎大国之间，加之以师旅，因之以饥馑，由也为之，比及三年，可使有勇，且知方也。”夫子哂之。“求，尔何如？”对曰：“方六七十，如五六十，求也为之，比及三年，可使足民。如其礼乐，以俟君子。”“赤，尔何如？”对曰：“非曰能之，愿学焉。宗庙之事，如会同，端章甫，愿为小相焉。”“点，尔何如？”鼓瑟希，铿尔，舍瑟而作，对曰：“异乎三子者之撰。”子曰：“何伤乎？亦各言其志也。”曰：“莫春者，春服既成，冠者五六人，童子六七人，浴乎沂，风乎舞雩，咏而归。”夫子喟然叹曰：“吾与点也！”三子者出，曾皙后。曾皙曰：“夫三子者之言何如？”子曰：“亦各言其志也已矣。”曰：“夫子何哂由也？”曰：“为国以礼。其言不让，是故哂之。”“唯求则非邦也与？”“安见方六七十如五六十而非邦也者？”“唯赤则非邦也与？”“宗庙会同，非诸侯而何？赤也为之小，孰能为之大？”［11.26］

大意是：子路、曾皙、冉有、公西华四个人陪孔子坐着。孔子说：“我年龄比你们大一些，不要因为我年长而不敢说。你们平时总说：‘没有人了解我呀！’假如有人了解你们，那你们要去做什么呢？”子路赶忙回答：“一个拥有一千辆兵车的国家，夹在大国中间，常常受到别的国家侵犯，加上国内又闹饥荒，让我去治理，只要三年，就可以使人们勇敢善战，而且懂得礼仪。”孔子听了，微微一笑。孔子又问：“冉求，你做什么呢？”冉求答道：“国土有六七十里或五六十里见方的国家，让我去治理，三年以后，就可以使百姓饱暖。至于这个国家的礼乐教化，就要等君子来施行了。”孔子又问：“公西赤，你做什么？”公西华答道：“我不敢说能做到，而是愿意学习。在宗庙祭祀的活动中，或者在同别国的盟会中，我愿意穿着礼服，戴着礼帽，做一个小小的司仪。”孔子又问：“曾点，你做什么呢？”这时曾皙弹瑟的声音逐渐放慢，接着“铿”的一声，离开瑟站起来，回答说：“我想的和他们三位说的不一样。”孔子说：“那有什么关系呢？也就是各人讲自己的志向而已。”曾皙说：“暮春三月，已经穿上了春天的衣服，我和五六位成年人，六七个少年，去沂河里洗洗澡，在舞雩台上吹吹风，一路唱着歌走回来。”孔子长叹一声说：“我是赞成曾点的想法的。”子路、冉有、公西华三个人都出去了，曾皙后走。他问孔子说：“他们三人的话怎么样？”孔子说：“也就是各自谈谈自己的志向罢了。”曾皙说：“夫子为什么要笑仲由呢？”孔子说：“治理国家要讲礼让，可是他说话一点也不谦让，所以我笑他。”曾皙又问：“那么是不是冉求讲的不是治理国家呢？”孔子说：“哪里见得六七十里或五六十里见方的地方就不是国家呢？”曾皙又问：“公西赤讲的不是治理国家吗？”孔子说：“宗庙祭祀和诸侯会盟，这不是诸侯的事又是什么？像赤这样的人如果只能做一个小相，那谁又能做大相呢？”

对于孔子为什么赞赏曾点的主张，说法颇多。

钱穆先生说：

本章吾与点也之叹，甚为宋明儒所乐道，甚有谓曾点便是尧舜气象者。此实深染禅味。朱注《论语》亦采其说，然此后《语类》所载，为说已不同。后世传闻有朱子晚年深悔未能改注此节留为后学病根之说，读朱注者不可不知。

李泽厚先生说：

这是非常著名也非常重要的一章。从字句到内容，历来有各种解说。本读有的地方以意译出之，不然可惜了这篇好文章。从内容说，宋明理学受释、道影响，大讲曾点的“天地气象”，以此作为孔学准宗教的精神状态，所谓“胸次悠然直与天地万物上下同流，各得其所之妙，隐然自见于言外”（朱注），等等，但朱熹毕竟晚年意识这一点而后悔了，“易箦之前，悔不改浴沂注一章，留为后学病根”（《集释》）。本来，孔子只是一时赞叹，并没这层意思在内。这也正是解释学的功能：宋明理学确实发掘和发展了儒学宗教性的深度，使人对原典有了另外一层的更深体会。但孔子并不因此“天地境界”而像许多理学家那样轻视或贬低前三个学生的志向和事业。这点，原文（回答曾点提问）便很清楚。至于四者的关系，清代张履祥的札记非常牵强但有意思（故意理出一个次序来），也录在【注】中。“浴沂风雩”，多有异解。如解“浴”乃“沿”之误，“风”乃“放”之误，“放”，至也。（参阅俞樾《群经平议》）依此，则应译为“沿着沂水漫步，走至舞雩祭坛（去参加祭祀）”。

李零先生说：

这段话很有意思。

第一，孔子问大家，照古代的礼貌规定，回答者应左右观望，看看，有人发言。但子路是“率尔而对”，旁若无人，毫不谦让，脱口即出，说话很冲。孔子一撇嘴，露出嘲笑之意，学生都看在眼里，所以一个赛一个谦虚，先从大国变小国，再从小国变小相，一直到什么官也不当。

第二，子路讲的是“不挨打”，属于“强兵”，是最大最大的硬道理；冉有讲的是“不挨饿”，属于“富国”，也是硬道理。他们都没提到“礼”。公西华讲的是“礼”，而且是富起来才有的“礼”。古人说“仓廪实则知礼节，衣食足则知荣辱”（《管子·牧民》）。解决温饱，才能讲礼貌。道德文明建设是软道理。曾皙的道理更软，干脆是享受生活：享受和平，享受富裕，享受文明。它们是建筑在前三位的理想之上：和平是靠子路之志，富裕是靠冉有之志，文明是靠公西华之志。没有和平、富裕和文明，曾皙就逍遥不起来。曾皙的回答本来只是随口一说，但孔子听了，另有想法。他把三子之志，看成互相补充。他欣赏曾皙之志，主要是因为，前面三位讲治国，最后要落实到个人幸福，这是目标性的东西，但他欣赏曾皙之志，并不是否定子路等人，因为过程也很重要。他笑子路不谦虚，但对冉有和公西华也有所保留。因为他们再怎么谦虚，也都是以治国安邦为己任，大国是国，小国也是国，大官是官，小官也是官，过分谦虚和不谦虚，都无改于事实。

曾皙为什么问孔子，因为他并不明白孔子为什么夸他。其实，他们每个人都只是抓住了问题的一面，都对也都不对。从前，朱熹以为此章是夸曾皙，贬子路、冉有、公西华，因而把曾皙说得神乎其神。晚年他很后悔，说是"留为后学病根"（[明]杨慎《丹铅录》）。但清张履祥说，四子之志是讲治道先后（《备忘录》），却值得注意。李泽厚说，他的想法"非常牵强但有意思"。我觉得，张说不但有意思，也很有道理，这里作进一步发挥。

孔子到底如何想，这里不再深究。我们主要看冉有。孔子的说法自然是对的，冉有也是讲治国，说"国土有六七十里或五六十里见方的国家"是谦虚，说"三年以后，就可以使百姓饱暖"，也是治国的大事。这些固然都有道理，但冉有"至于这个国家的礼乐教化，就要等君子来施行了"却不能不引起我们的注意。其他两个人也都很谦虚，但都没有说这句话。公西赤"我不敢说能做到，而是愿意学习。在宗庙祭祀的活动中，或者在同别国的盟会中，我愿意穿着礼服，戴着礼帽，做一个小小的司仪"的回答，就是直接讲"礼乐教化"，连勇武的子路都没有作这样的谦虚，强调也可以让老百姓懂得礼仪。不能不说冉有的谦虚中有许多微妙的东西。我同意李泽厚先生的说法，清张履祥四子之志是讲治道先后的说法是牵强的。否则，几个人的发言就像我们今天的一些公开课事先安排好似的。冉有为什么这样谦虚呢？可能真的是有自知之明，也可能是有心理上的障碍和思想上的问题。参考其他章，应该看到我的分析不是无中生有的牵强附会之说。有人说他在孔子的教导下逐渐向仁德靠拢，其性情也因此而逐渐完善，我觉得根据不是很充分。

冉有为什么不喜欢礼乐，孔子为什么总是批评冉有，这是一个很有意思的问题。我总觉得他对老师的很多想法，尤其是礼乐思想是有点抵制的。当然这只是我阅读《论语》所得到的一点粗浅的感受。

《禽兔图》

宰予——最不讨老师喜欢的人

宰予

读《论语》，常常为宰我不平。

如果要找一个孔子最不喜欢的学生，那大概非宰我莫属了。成语“朽木不可雕”可以说人人知晓，我知道宰我，就是由这个成语，可见宰我的恶名之大。可是，宰我错在哪里？孔子为什么就不喜欢他呢？这是个很有意思的问题。

我们先来看大家最为熟悉的一段：

宰我昼寝，子曰：“朽木不可雕也，粪土之墙不可圬也。于予与何诛？”子曰：“始吾于人也，听其言而信其行；今吾于人也，听其言而观其行。于予与改是。”［5.10］

宰我白天睡觉，孔子说：“腐朽的木头无法雕刻，肮脏的粪土垒的墙壁无法粉刷。对宰我这个人责备还有什么用呢？”又说：“起初我对人，听他说话，便相信他；现在我对于人，听他说话，还要观察他的行为。是宰我叫我改变了看人的方法。”

事情的起因，并不是大事。宰我喜欢白天睡觉，就像我们现在有的学生上课睡觉一样，而且没有这么严重，并非在上课时间，充其量是自习的时间。应该没有什么大不了的，或许是晚上学得太晚了，或许是身体不舒服，或者是一种习惯，可能宰我认为这样对身体和学习有好处。不过，看起来宰我不是偶尔如此，否则孔子不会这样生气。其实，即使常常如此，也没有必要生这么大的气。我曾有个学生姓曹，上课就喜欢睡觉，但语文非常好。有什么问题，大家回答不出，问他，准行；甚至有时候一句古诗，我只记得上句忘了下句，或者一句话忘记了出处，其他同学也说不出，叫醒他，准行。不就是爱睡觉吗？可是孔子是真的生气了，而且话说得很重，很难听。“对宰我这个人责备还有什么用呢？”等于说，宰我这个人还有救吗？这可是教育的忌语啊！今天这样说，不要说家长，校长就饶不了你。有句教育名言，大家都知道：“只有不会教的老师，没有教不好的学生。”话是谁说的，我并不清楚。这样牛的教师或者教育家，我只是听说，没有见过。看来孔子也不敢这样说。

《史记·仲尼弟子列传》中有一个与此相关的故事，能说明这件事在孔子脑子里印象之深，对宰我印象之坏。

孔子有个学生，叫澹台灭明，字子羽。“状貌甚恶。欲事孔子，孔子以为材薄。既已受业，退而修行，行不由径，非公事不见卿大夫。”“南游至江，从弟子三百人，设取予去就，名施乎诸侯。孔子闻之，曰：‘吾以言取人，失之宰我；以貌取人，失之子羽。’”在孔子这句自责的话中，子羽是正面的例子，宰我是反面的例子，说的仍然是“昼寝”这件事。

孔子为什么如此严责宰我呢？有不同说法。

钱穆先生先列出了“昼寝”的几种不同见解：“一谓当昼而寝，孔子责其志气昏惰。一谓寝者寝室，入夜始居，宰我昼居寝，故责之。一谓昼（晝）当作画（畫），宰我画其寝室，加以藻绘。一谓画是划义，寝是息义。宰我自划时间精力，贪图休息。”然后否定了后三种见解，表明取第一说，并引《韩诗外传》卫灵公昼寝而起志气益衰，宋玉《高堂赋》楚王昼寝于高堂之台，说明“昼寝在古人不作佳事看”。但钱穆先生表明“此章孔子责之已甚，甚为可疑”，并说“姑识所疑，然亦无可参定矣”。读到钱先生的疑问，我甚是小人得意。一是我的疑问和钱穆先生非常一致；二是，钱穆先生也存疑而不得其解。尽管治《论语》并非先生所长，但他毕竟是国学大家。他都只能存疑，似乎真的很可疑，而且这个疑是很难解决的。

但有人作过推测。

李泽厚先生先引述《康注》的一段推测：“宰我能言，而行不逮，故孔子自言，于予之事而改观人之法，所以深警群弟子之谨言敏行也。昼寝小过，而圣人深责如此，可见圣门教规之严，《易》贵自强不息，盖昏沉为神明大害，故圣人尤以垂戒也。”然后发表自己的推测：“宰我是个聪明而不够勤奋、有才华而不重修养的学生。”“儒学一贯强调勤奋，坚决反对懒惰，《论语》中还屡有对‘饱食终日，无所用心’等等的斥责，直到康有为仍把‘禁懒惰’作为‘四大禁’之首。”就是说，宰我挨骂是因为懒惰的原因。

李零先生认为：“孔子骂宰我，主要原因，还不是白天睡觉，而是他的言行不一，说话不算话。‘始吾于人也，听其言而信其行；今吾于人也，听其言而观其行’，他是从宰我昼寝这件事才改变看法，不看他说什么，只看他干什么。宰我能说会道，我猜，他在孔子面前发过誓，一定夙夜不懈，勤勉于事，孔子高兴，信以为真，没想到，让他逮个正着，大白天睡觉，所以气不打一处来。”李先生不仅想象丰富具体，还引用了“吾以言取人，失之宰我；以貌取人，失之子羽”作为印证。

《康注》和两位李先生的分析、推测和想象应该都是有根据的。据李泽厚先生说，还有人认为宰我挨骂是因为他的行为不合天道。种种说法，当然各有各的道理。但从人之常情的角度，总觉得不太合情理。不就是白天睡觉吗？如此上纲上线，出口如此伤人至于吗？什么“朽木”，什么“粪土”，什么“诛”，最后更是上升到看人的高度“于予与改是”。我总怀疑是另有原因。或许就是不喜欢这个人，就是看不惯这个学生，对人不对事吧？这仅仅是猜测。如果是颜渊（当然他不会），或许孔子只会感叹他学习辛苦，累坏了。说不定还要亲切地摸一摸额头，劝他好好休息。这是瞎猜，但也不是一点根据没有。因为，宰我没有犯错误，也会挨骂。请看：

哀公问社于宰我。宰我对曰：“夏后氏以松，殷人以柏，周人以栗，曰：使民战栗。”子闻之，曰：“成事不说，遂事不谏，既往不咎。”［3.21］

古时立国都要建立祭土神的庙，选用宜于当地生长的树木做土地神的牌位。鲁哀公问宰我，做社主应该用什么木。宰我回答：“夏朝用松木，商朝用柏木，周朝用栗木。用栗木的意思是说让老百姓战栗。”孔子听到后说：“已经做了的事不便再解释，已经完成的事不能再挽救，已经过去的事也不必再追究了。”

按照《论语》的编排，这一段在前一段之前，是《论语》里第一次写到宰我——当然不能断定时间就一定在前。这一次宰我被骂很是莫名其妙。不仅宰我会莫名其妙，很多人都莫名其妙。对宰我的话，钱穆先生介绍了三说：“或说此乃宰我欲劝哀公用严政，故率意牵搭为讽。或说古者杀人常在社，时三家专政，哀公意欲讨之，故借题问社，此乃隐语示意。宰我所答，隐表赞成。或说哀公四年亳社灾，哀公之问，或在此年。”

不管哪一说，我们都看不出宰我的错误所在。再看孔子的话，也有不同理解。

上面叙说大意，主要采用了杨伯峻先生的翻译。钱穆先生、李泽厚先生的翻译大同小异。小的差异都在对“遂事不谏”的翻译，钱穆先生翻译为“事既行，也不需再谏了”，李泽厚先生翻译为“实行了事，不可能挽回”，而李零先生的理解却很有不同，他说：“孔子的意思是说，凡是可能成功的事，不要说出；凡是可能如愿的事，不要劝阻；凡是过去了的事，无论成败，也不要埋怨。”这几位都是大家，至少是专家，他们的说法肯定各有根据。我没有能力评价高低，相信肯定还有其他不同说法。但遗憾的是，他们似乎都没有说清楚，孔子为什么要责怪宰我。钱穆先生干脆只字不提。李零先生只说一句“一般认为，这是孔子批评宰我的话”，“大家想，这也是孔子在批评宰我”。他自己是否这样认为这样想呢？没有说。倒是李泽厚先生在有关这一则的“记”里写道：“这说明孔子不赞成使人民畏惧的远古的宗教性恐怖统治。”观点是鲜明的，但从双方的对话，似乎引不出这个观点，尤其不能成为批评宰我的理由。

首先宰我对“使人民畏惧的远古的宗教性恐怖统治”是赞成还是不赞成呢？从背景和众家之说看，宰我是赞成哀公用严政的，于是借题发挥说“周人以栗，曰：使民战栗”。既然赞成哀公用严政，对周也就是肯定的。那么孔子的“既往不咎”话又从何来呢？无论是将这句话理解为“已经过去的事也不必再追究了”还是“事既行，也不需再谏了”，或者“凡是过去了的事，无论成败，也不要埋怨”，都使人莫名其妙。我真替宰我叫屈。不知这位很有个性的学生当时做什么样的表现。

李零先生在“一般认为，这是孔子批评宰我的话”“大家想，这也是孔子在批评宰我”这两句之间有一句话解释“一般人”这样认为的原因，“因为宰我不像话，白天睡觉，挨过孔子的骂”。我可能没有读懂这句话，总觉得这逻辑很好玩。姑且不说，因为睡觉挨骂是否在这件事情之前，即使是在这之前，也不应该构成因果关系；如果构成因果关系，骂的就不应该是这样的话。

我没有能力做学问上的论证，只是从上下文，从人情事理上瞎猜。孔子骂宰我只能是两个原因。一个原因是宰我的话对“周”表示了不敬。这可能和孔子潜意识中强烈的“为尊者讳”的思想有关。只有这样，孔子的三句话“成事不说，遂事不谏，既往不咎”才能和宰我的话对得上，要不真是“风马牛不相及”。问题是宰我的说法并不错，是事实。“遂事不谏，既往不咎”，说明周天子的确是这样做了。

孔子发火，除了他心中的“周”碰不得，就是看宰我不顺眼。从情理看，错误在他。宰我不错，错也是小错。宰我是有点自以为是，换一个人，或者让他去问老师，或者不回答，打哈哈而已。但从我们今天看，宰我敢于直抒己见，很有自己的想法，多可贵。现在上课，要哄出学生一点自己的想法，可难了。都是套话，都是一个声音。或许老师的思想他也吃得很透，但就是不说出自己的理解。在我看来，这就更可爱了。——这样的人，越来越难得了！

我觉得，这宰我真冤。这次不是他找事，是哀公问他，他能不回答吗？或许他的说法不对，但孔子不是经常亲切地鼓励大家各抒己见吗？为什么宰我就不行呢？想一想，错还在宰我。不该说的时候你乱说，老师想说什么你根本就不清楚。可见你对老师的思想研究不深不透啊。记得一位名校长招聘教师，有道题就是考查对他的教育思想的理解。可见是很有来路也是很有道理的。宰我连老师的思想都吃不透，挨批就活该了。当然，可能宰我他压根就没有研究过老师的思想，压根就没有想过研究老师所想，他说的就是他自己的思想。这挨批就成了必然了。就像当年去那所学校应聘的一些老师，没有被看中也就是必然了。

当然，对这句话还有更复杂的阐释。钱穆先生还说到一些不同理解：“或说孔子责宰我告君以使民战栗。一说乃孔子讽劝哀公。盖孔子既闻哀公与宰我此番之隐谋，而心知哀公无能，不欲其轻举。三家擅政，由来已久，不可急切纠正。后哀公终为三家逼迫，宰我亦以助齐君谋攻田氏见杀。”前一说，看起来，有点好笑。哀公不想采取“使人民畏惧的远古的宗教性恐怖统治”，绝不会因为宰我这样的提醒，就采取严政。所以钱先生也取后说。后一说，似乎更在情理，而且有史实为证，应该比较可靠，但也不是没有漏洞。按后说，孔子倒是赞同宰我主张的，只是这个好主意，对于哀公这样软弱的君主，没有实施的可能，所以就怪他多话。从孔子的原话中，我们始终读不出这样的肯定，而且哀公和宰我的下场，也无法证明这句话中就有“隐谋”，因此不能证明孔子的意思。所以，我总觉得，孔子的批评和宰我这个人有关。他不喜欢这样的人。因为他不仅连老师的思想都吃不透，而且还要和老师“切磋”思想，甚至就是找老师的碴。

我们来看下面这一则：

宰我问曰：“仁者虽告之曰‘井有仁焉’，其从之也？”子曰：“何为其然也？君子可逝也，不可陷也；可欺也，不可罔也。”［6.26］

宰我问孔子：“如果有人对一位君子说，井里掉下去一个人，他该不该下去救？”孔子说：“为什么要这样做呢？君子可以去看，但不可以自陷于井中，君子可以被骗，但不能被人蒙蔽而糊涂。”

颜渊问仁，仲弓问仁，子张问仁，司马牛问仁，樊迟问仁还不止一次，但宰我问得最特别，也最有意思。

“井有仁焉”的“仁”，一说是“人”，一说就是“仁”。刘聘君说“有仁之仁当作人”，似乎复杂了一些。普通的人，要不要救呢？真正的仁者应该救一切人。再说，救人之前也不能先求证掉下去的是否是仁人。我觉得说是“人”还是“仁”，没有多大差别。说是“人”，其实也是说“仁”，救“人”就是“仁”。这本来就是一个假设，一个譬喻。我倒愿意理解为“仁”。“假如告诉那些一心求仁的人，‘仁’就在井中，他会跳下去吗？”这是一个很有意思的问题，也是一个很尖刻的问题，甚至是一个很阴险的问题，他直指的是“愚仁”和“假仁”。跳下去是愚蠢，不跳就是虚伪。——而这两者，由古及今都不少。孔子是知道宰我的意思的，但也只能回应前一层意思：求仁者“可欺也，不可罔也”。后一层意思，他没有应对。是没有听出来呢，还是故意回避呢？我以为是后者，因为这实在难以回答。不下井，还要说是仁，很难说得圆。

《四书章句集注》说：“从，谓随之于井而救之也。宰我信道不笃，而忧为仁之陷害，故有此问。逝，谓使之往救。陷，谓陷之于井。欺，谓诳之以理之所有。罔，谓昧之以理之所无。盖身在井上，乃可以救井中之人；若从之于井，则不复能救之矣。此理甚明，人所易晓，仁者虽切于救人而不私其身，然不应如此之愚也。”这段话看起来头头是道，而漏洞很多。

朱熹区别了“欺”和“罔”的不同：一个是有道理的欺骗，一个是没有道理的欺骗。这实在太玄了。杨伯峻先生还举了《孟子·万章上》中的一个故事来说明什么是“有方”的“欺”。故事大家是比较熟悉的：

昔者有馈生鱼于郑子产，子产使校人畜之池。校人烹之，反命曰：“始舍之，圉圉焉，少则洋洋焉，悠然而逝。”子产曰：“得其所哉！得其所哉！”校人出曰：“孰谓子产智，予既烹而食之，曰：‘得其所哉！得其所哉！’”故君子可欺之以方，难罔以非其道。

大意是：从前有人向郑国子产赠送活鱼，子产命校人（管理池塘的小吏）养在池中。校人把鱼做熟了，回来说：“刚开始那些鱼看起来很疲累的样子，一会儿就好了，悠然地消失了。”子产说：“算是找到了应该到的地方，找到了应该到的地方啊！”校人出来就说：“谁说子产智慧？我已经做熟了吃掉，他还说：找到了应该去的地方，找到了应该去的地方。”以此说明对君子可以用恰当有道的方法来欺骗他，但却很难用不道的方法来迷惑他。看起来很有说服力，但操作性很不强，“有方”还是“无方”是难以区别的。“盖身在井上，乃可以救井中之人；若从之于井，则不复能救之矣。”也是欺人之说。孩子掉下河，你坚决不下去，怎么救呢？按我简单的理解：“欺”是“骗”，“罔”是“玩弄”，“欺”是隐瞒或改变事实，“罔”是玩弄手腕，是在道理上设计陷阱。

当然，我不是纠结于对这段话的理解，我感兴趣的是宰我的提问。给我的感觉，他是在质疑老师的核心思想“仁”的内涵。对“仁”孔子有过多角度的论述，但从来没有触及什么是“愚仁”，什么是“假仁”。而这给后来理解孔子及其思想的人留下了巨大的空间，也造成了许多悲剧。朱熹说“宰我信道不笃，而忧为仁之陷害”可能是自作多情了。

宰我还对孔子进行过更大胆更直接的挑衅——

宰我问：“三年之丧，期已久矣。君子三年不为礼，礼必坏；三年不为

乐，乐必崩。旧谷既没，新谷既升，钻燧改火，期可已矣。”子曰：“食夫稻，衣夫锦，于女安乎？”曰：“安。”“女安则为之。夫君子之居丧，食旨不甘，闻乐不乐，居处不安，故不为也。今女安，则为之！”宰我出，子曰：“予之不仁也！子生三年，然后免于父母之怀，夫三年之丧，天下之通丧也。予也有三年之爱于其父母乎？”［17.21］

宰我说：“服丧三年，时间太长了。君子三年不讲究礼仪，礼仪必然败坏；三年不演奏音乐，音乐就会荒废。旧谷吃完，新谷登场，钻燧取火的木头轮过了一遍，有一年的时间就可以了。”孔子说：“（父母去世才一年的时间，）你就吃开了大米饭，穿起了锦缎衣，你心安吗？”宰我说：“我心安。”孔子说：“你心安，你就那样去做吧！君子守丧，吃美味不觉得香甜，听音乐不觉得快乐，住在家里不觉得舒服，所以不那样做。如今你既觉得心安，你就那样去做吧！”宰我出去后，孔子说：“宰我真是不仁啊！小孩生下来，到三岁时才能离开父母的怀抱。服丧三年，这是天下通行的丧礼。难道宰我对他的父母没有三年的爱吗？”

这次交锋是围绕丧礼应服几年的问题展开的。看上去，孔子占据主动，其实宰我是彻底的赢家。一是赢在观点正确，而且具有超前性。历史的发展早已证明，父母去世服丧三年，时间太长。对于个人，对于家庭，对于社会都是不合理的。如果因为小孩生下来，到三岁时才能离开父母的怀抱子女就要服丧三年，这样的思维方式和做法，是简单化的。其次，宰我赢在态度的鲜明坚决，毫不含糊，决不遮掩。孔子说：“（父母去世才一年的时间，）你就吃开了大米饭，穿起了锦缎衣，你心安吗？”宰我说：“我心安。”斩钉截铁地回答，是对老师的挑战，也是对履行“孝道”的新的定义。三是赢在理据充分：“君子三年不讲究礼仪，礼仪必然败坏；三年不演奏音乐，音乐就会荒废。旧谷吃完，新谷登场，钻燧取火的木头轮过了一遍，有一年的时间就可以了。”从礼法的高度论证，很有力量，而且提出了合理的建议。四是赢在说理的方法，以子之矛攻子之盾，非常有力。在孔子心目中，礼是最最重要的。宰我用孝和礼的矛盾来驳斥孔子，难怪孔子恼火。

而孔子在这场辩论中，却是彻底的输家。首先，“你心安，你就那样去做吧！”这句话说得很没有风度。孔子是提倡温良恭俭让的，可这里一点看不出来。作为老师，这样说更不妥当。就像我们对待不听话的孩子说：“你爱玩游戏，回家去玩吧！我们不管你了。你爱怎样就怎样。”教育是应该“诲人不倦”的啊，这样说很不负责任。而且理由也不充分：“这是天下通行的丧礼。”“通行”的未必就对，这样空泛的说教没有说服力。更让我猜疑的是：为什么要在宰我出去后才说：“予之不仁也！”是因为宰我生气先走了呢，还是等宰我走了才说的呢。不得而知。而且，这句话说得太重了。说一个学生“不仁”，作为一个教师显然是不够妥当，就像我们今天说“这学生品德真差”“这学生是个小人”。最后一句话“予也有三年之爱于其父母乎？”简直有点人身攻击了。宰我只是提出一个问题和老师讨论，是否正确不重要，更何况未必就错。孔子之所以如此，一方面是因为他心中有些东西是碰不得的，一方面是因为他实在不喜欢宰我。在宰我面前，他乱了方寸。

《史记·仲尼弟子列传》中有一则材料，更能表现孔子在宰我面前缺少足够的耐心和修养：

宰我问五帝之德，子曰：“予非其人也。”

王肃曰：“言不足以明五帝之德也。”我们看不出孔子的话是对宰我说还是对别人说的。如果是当面说，显示孔子对宰我的反感和不尊重，也缺少最起码的教育责任；如果是在别人面前说，则对宰我伤害更大，也更缺少君子之风。不管怎么解释，都可看出孔子对宰我的讨厌非常强烈。

我还怀疑，孔子不喜欢宰我，和他嘴巴厉害有关。从上面几则材料我们完全可以看出这一点。而他列为十哲之一，靠的也是嘴巴。

德行：颜渊、闵子骞、冉伯牛、仲弓。言语：宰我、子贡。政事：冉有、季路。文学：子游、子夏。[11.3]

言语，就是指善于辞令。《史记·仲尼弟子列传》中也说：“宰我字子我，利口辩辞。”当然，依我看，宰我最大的特点并非语言，而是语言背后的东西——思想。真正擅言的人，都是有自己见解的人。没有思想的擅言，只是玩弄语言，浮词虚辩而已，属于“美言不信”之类。宰我最大的也是最主要的特点，是有思想、有见识、有胆识、有个性。我估计之所以归入“言语”，是十哲中还没有“思想”和“个性”这样的类别。而孔子不喜欢他，是既没有看到在语言背后的思想（看到了也不喜欢），又不喜欢宰我的擅言。在孔子的君子标准中，是把擅言作为缺点而不是作为优点的。“巧言令色，鲜矣仁”，“讷于言而敏于行”都可以作为证明。

《史记·仲尼弟子列传》有一则材料也猜测了孔子不喜欢宰我的原因：

“宰我为临菑大夫，与田常作乱，以夷其族，孔子耻之。”而有关资料则说：“左氏传无宰我与田常作乱之文，然有阚止字子我，而因争宠，遂为陈恒所杀。恐字与宰我相涉，因误云然。”倘若真是这个原因，宰我实在是太委屈了。但我觉得孔子作为宰我的老师，不大可能有这样的误会。

据李零先生研究，宰我是将孔子抬上圣人位置的很重要的一个弟子。他的根据是《孟子·公孙丑上》中的一段话：“以予观夫子，贤于尧、舜远矣。”这就更让人觉得可爱！

在我们今天，宰我无疑是个好学生。有个性，有思想，敢表达，不唯上，不盲从，坦荡，磊落。可见，圣人的思想也挣不脱时代的束缚。

《橙黄橘绿图》

子贡——无所不能的牛人

子贡

子贡，姓端木，又作端沐，名赐，子贡是他的字。是孔门七十二贤之一，孔门十哲之一（列“言语”科）。

对于子贡的能干，古今称颂者甚多。有人称颂他的利口巧辞，善于雄辩；有人称颂他的善于经商，富致千金，为孔子弟子中首富；有人称颂他有干济才，办事通达，曾任鲁、卫两国之相；有人称颂他的孝义，孔子病危时，他未能赶回，觉得对不起老师，别人守墓三年离去，他在墓旁再守三年，共守六年。甚至有人认为，子贡的学问超过了他的老师。“子贡一出，存鲁，乱齐，破吴，彊晋而霸越”的美谈，更是极富传奇色彩。司马迁作《仲尼弟子列传》，对子贡费笔最多，其传记在孔门众弟子中篇幅最长。不少人认为，孔子被尊为圣，子贡起了非常大的作用，甚至是至关重要的作用。

说子贡是孔门能力最强的牛人，恐怕没有多大争议。可为什么子贡这样能干呢？为什么能在各方面都有卓越的作为呢？关注这个问题的人似乎并不多。我们想立足于《论语》的基本材料从四个方面进行初浅的梳理和分析。

一、孔子看子贡

孔子比较直接地评价子贡的有好几次。

一次是回答季康子的提问：

季康子问：“仲由可使从政也与？”子曰：“由也果，于从政乎何有？”曰：“赐也可使从政也与？”曰：“赐也达，于从政乎何有？”曰：“求也可

使从政也与？”曰：“求也艺，于从政乎何有？”［6.8］

这段对话，孔子回答了三个问题，评价了三个学生。看起来对三个人的评价是同样一个结论：都可以做官。但对三个人特点的概括却是不一样的：“由（子路）也果”、“赐（子贡）也达”、“求（冉求）也艺”。我以为，从从政的角度看，对子贡的评价最高。子贡的优点是“达”，这是从政者最不可或缺的素质。所谓“达”就是通达事理。一个从政的人如果能够通达事理，他就能高屋建瓴，把握全局和整体，就能看到问题的本质和关键，而不会为表面现象所迷惑，就会把政事处理得让更多的人满意。而子路的“果”（果断），冉求的“艺”（多才多艺），都不过是从政必需的某一种素质，他们同子贡的“达”相比，应该说只是某一方面的特点，而子贡的“达”是一种综合性的素质。冉有和子路在十哲中都是列于“政事”，可见子贡的政事才能在孔门弟子中是数一数二的。正因为子贡通达事理，又有杰出的“言语”才能，所以他才会被鲁、卫等国聘为相辅；正因为他有杰出的政治才能，他才会在出使齐、吴、越、晋四国的外交活动中得心应手，获得圆满成功。

孔子也比较直接地夸过子贡：

子曰：“回也其庶乎，屡空。赐不受命，而货殖焉，亿则屡中。”［11.19］

这一章中的“不受命”有不同理解。杨伯峻先生翻译为“不安分”；李泽厚先生翻译为“不接受‘命运’的安排，他还在‘记’中说‘不受命’另解为‘不受天命’、‘不受师（孔子）命’等”；李零先生就说是“不安于命”。钱穆先生有一段不同于三者的见解：“不受命，一说：不受禄命。一说：古者商贾由公家主之，子贡未受命于公家而自以其私财市贱鬻贵，逐什一之利。今从后说。”按钱先生的意思，子贡的“不受命”，就是没有得到政策允许或者说是违背国家政策倒卖了私人不能经营的东西，而谋取了暴利。那么，什么叫“不受禄命”呢？李泽厚在他的“注”里引述了《正义》的解释：“命，谓禄命也。古者四民，各习其业，未有兼为之者，凡其所业，以为命所受如此。子贡学于夫子，而又货殖，非不受命乎？”我倒是喜欢《正义》的说法，当然李泽厚、杨伯峻、李零的说法大同小异，或者皆本于《正义》，但都不够具体明白。说白了，就是子贡不安于读书教书的角色兼职去做生意，就像我们有些教师，不安于做教师，兼职做点生意，办个公司什么的，混得人模人样。孔子当然不太喜欢，我也不太喜欢。当然人家子贡本业也搞得很好。钱穆先生的解读，显示了他自己的学术优势，更多的是经济和政治的视角，但忽视了孔子作为一个老师的立场。一个老师看待学生，很少从比较专业的经济学的角度去看，而很自然地会从学业和修德的角度去看。

为什么要纠结于对“不受命”的理解呢？因为这涉及孔子对两个人的态度，尤其是对子贡的态度。有一点是可以肯定的。孔子对颜渊学问道德接近于完善却在生活上常常贫困深感遗憾；同时，对子贡不听命运的安排去经商致富感到不满。按照李泽厚、杨伯峻、李零三位的看法，孔子认为子贡的主要问题是“不安分”，但如果按照钱穆先生的理解，子贡的主要问题是违背国家的经济政策，显然错误的性质是不一样的。比较之中，我们以为孔子在对比中为颜渊抱不平（这其中肯定也有自己的牢骚）是肯定的，但未必就是对子贡不安于命运对其职业角色的安排进行严厉的批评。即使有批评，也是很委婉的。因为我们不能忘记了他们是师生关系。如果是我们，一个学生像颜渊，读书那么好，为人那么好，日子过得很窘迫；一个学生头脑灵活，做大学教师，政界很有市场，生意也做得不错，身价过亿。对前者我们当然也会同情，也会不平；对后者未必就是批评。如果是我，还会有一点赞许，有一点的得意。我的意思是，孔子对子贡不听命运的安排，批评是次要的，赞许是主要的，至少是批评中又包含了赞许。

从下面一则，我们可以看到孔子对子贡的总体评价：

子贡问曰：“赐也何如？”子曰：“女，器也。”曰：“何器也？”曰：“瑚琏也。”［5.4］

大意是，子贡问孔子：“我这个人怎么样？”孔子说：“你呀，好比一个器具。”子贡又问：“是什么器具呢？”孔子说：“是瑚琏。”

不知钱穆先生出于什么缘故，并不主张将这一则和“君子不器。”（《为政》2.12）相联系。他说：“读书有当会通说之者，有当仅就本文，不必牵引他说者。如此章，孔子告子贡‘汝器也’，便不当牵引君子不器章为说。”但不少人还是主张联系起来理解。李泽厚还主张和前一章相联系："子贡见孔子以君子许子贱，故以己问。"因为此章的前一章是：子谓子贱："君子哉若人！鲁无君子者，斯焉取斯？"（5.3）意思是，孔子评论子贱说："这个人是君子呀！如果鲁国没有君子的话，他是从哪里学到这种品德的呢？"《论语》中的前后顺序能否说是时间的前后相接，还可以讨论，但李泽厚先生主张和"君子"联系的态度是明确的。

李零先生不仅联系起来解读，而且还作了发挥："孔子说'君子不器'（《为政》2.12），即君子不以技能为目标，而以德行为目标。孔门四科，德行（道德）、言语（外交）、政事（内政）、文学（人文学术），孔子认为，德行最重要，言语次之，政事又次之，文学最后。没有道德或者道德不高，只能算'器'，还没有达到'道'的标准。子贡很能干，长于言语擅长外交和经商，他问孔子，我怎么样，想得到孔子夸奖，孔子说你只是器，子贡问什么器，孔子说瑚琏呗。瑚琏是重器，但不是最重要的器。"不知李零先生为什么要强调"瑚琏是重器，但不是最重要的器"，言下之意是子贡不仅达不到君子标准，而且在"器"中也不是最高级别。这似乎有些多余。

我们从这一章里看到了另外的一些意思。主动问老师"我这个人怎么样？"这样的问题，似乎《论语》中只有子贡提过。其他人不知是没有想到还是不敢。我估计是没有想到。这需要一种自觉意识，还要有充分的自信，同时和老师的关系还要比较亲近，至少经常接触。难得见一次，提这样的问题，就很唐突。而子贡这些条件全都符合，于是他就问了。不仅问了，还要追问老师："我是什么样的器呢？"孔子说过："君子不器。"这子贡当然知道。很明显，孔子没有把子贡当作君子看待。但子贡不生气也不着急，还接着问："我是什么样的器具呢？"孔子说："是瑚琏。"孔子把子贡比作瑚琏，肯定子贡有一定的才能。可见，孔子心目中的子贡是优良等第的学生，但达不到优秀。那么，"器"和君子有什么区别呢？我以为李零先生的说法有可取之处。简单说，"器"就是技，而君子是道。当然，我们由此看到子贡清醒的自我意识。这是孔门其他弟子所没有的。关于这一点，还有一章可以作为参证：

子谓子贡曰："女与回也孰愈？"对曰："赐也何敢望回？回也闻一以知十，赐也闻一以知二。"子曰："弗如也。吾与女弗如也。"［5.9］

对"弗如也。吾与女弗如也"一句有不同理解。钱穆先生理解为："你诚然不如他，连我一样不如他。"李泽厚先生也采纳此说，但认为"我也认同你不如他"的说法纯为多余。

我们觉得子贡的措辞值得玩味：一是"何敢望回"；一是"知十"和"知二"的对比。可见，子贡实在谦虚。颜渊固然优秀，但是否比子贡强到这样的地步。我以为十有八九不是。这只能说子贡谦虚，甚至有拍老师马屁的嫌疑。老师偏爱颜渊，大家都是知道的。老师提这样的问题，就隐含着这样的信息，而且将子贡和颜渊比，似乎就是高看子贡。钱穆先生有一段按语很能说明这一点："世视子贡贤于仲尼，而子贡自谓不如颜渊。孔子亦自谓不如颜渊。然在颜子自视，或将谓不如子贡。以能问于不能，以多问于寡，有若无，实若虚，此圣贤之德，所以日进而不已。学者深体之。"钱先生的用意是要后世学者多学习孔子及其弟子的好学而谦虚的精神。而我们可以由此看到子贡和颜渊实在没有什么差距，而子贡如此说，除了场面上的客套甚至拍马，也对自己有清晰的定位。至于见出言辞之巧是自然的。他一定从老师的提问中发现了老师隐含的态度，或者说发现了这个问题的陷阱。

把这一则和前一则联系起来，我们可以发现子贡不盲目自大，也不轻易自卑，对自己有清醒的了解和比较准确的审视。

从孔子的有些话中，我们也可以看到孔子对子贡的批评。

子贡问君子。子曰："先行其言而后从之。"［2.13］

子贡向孔子请教怎样做才算一个君子。孔子说："行动在先，说话在后。"看起来，这只是一般的应答，但只要对孔子回答问题的特点有所了解，就知道孔子的话是针对子贡的不足的。子贡列在十哲中的言语科，另一个是宰我，那是孔子最看不惯的人。孔子说不上不喜欢子贡，但对他善于言辞，嘴巴太凶，并不欣赏。孔子喜欢"讷于言"的人，巧言的人，他都不喜欢。这可以从《论语》中找到很多佐证。在《论语》5.4 一则中孔子说子贡只是"器"，而不是君子，所以当子贡问什么是君子时，他顺带就把这个问题回答了：子贡有时候说得太多说得太快了。因为没有办法弄清各则内容的先后，所以不能断定子贡这个问题的提出是在孔子说他是器之后，就不能妄测子贡是针对性的提问，尽管连起来看更有意思。

而另一则的批评则更为直接：

子贡方人。子曰：“赐也贤乎哉？夫我则不暇。”［14.29］

方人：一说，是和人相比；一说是评论、诽谤别人。子贡评论别人的短处。孔子说：“赐啊，你真的就那么贤良吗？我可没有闲工夫去评论别人。”关于孔子的这句话，钱穆先生提出了一个有意思的问题：“一部《论语》，孔子方人之言多矣，何以曰夫我则不暇？”我以为这很简单，孔子此说用意全在批评子贡道人长短。联系前一则，这一则更好理解。孔子的意见非常明确：子贡啊，你怎么成为喜欢说别人长短的八婆呢？再说，你自己就没有短处吗？

总之，孔子认为：自贡说得太多！

二、子贡看孔子

前面我们是从孔子的眼中看子贡的长短，这里我们换一个角度看子贡对孔子的评价，并由此进一步深入了解子贡。

子禽问于子贡曰：“夫子至于是邦也，必闻其政，求之与，抑与之与？”子贡曰：“夫子温、良、恭、俭、让以得之。夫子之求之也，其诸异乎人之求之与？”［1.10］

这段话的大意是，子禽问子贡说：“老师到了一个国家，总是预闻这个国家的政事。这是他自己求得的呢，还是别人主动告诉他的呢？”子贡说：“老师温良恭俭让才得到的，（这种资格也可以说是求得的，）但他求的方法，或许与别人的求法不同吧。”

对这一章大意的理解，分歧不大。但李零先生有一段说辞：

“必闻其政”，其实是必问其政。孔子喜欢调查研究，如“子入太庙，每事问”(3.15)。闻、问同源，古文字，早先只有从耳从昏的闻字，没有专表问答的问字。闻是双重含义，他要打听的事，既可以是听来的，也可以是问来的。后来为了区别主动和被动，才另外造了个问字。这里的“闻”，到底是问还是闻，正是子禽所问。“求之”是问，“与之”是闻。子贡的回答是，孔子的消息，是靠“温、良、恭、俭、让”得来的，他和一般人问话的方式不一样，非常谦虚，非常和气，人家乐意跟他讲，说是打听，其实也可以说，是别人主动告诉他的。

李零先生的解读，从文字学的角度，非常有道理，给人启发。但我总觉得理解太实也有点狭隘了。说孔子“必闻其政”，不仅对“闻”的理解过于狭窄，对孔子的行为的理解也有点教条，即孔子每到一个国家要么自己直接去“问”该国的国事，要么就是别人把这个国家的国事直接告诉他。多数人对这个“闻”的翻译也能说明这一点：钱穆先生翻译为“预闻”，杨伯峻先生翻译为“听得到”，李泽厚先生翻译为“与闻”。很显然，大多数人以为这里的“闻”不仅仅是一个“听”或“问”的意思，还有“了解”“关注”“参与”等意思。如果“闻”就是“听”或“问”的意思，那么子贡的回答就显得驴唇不对马嘴了。

对这段话的分析，我很赞同钱穆先生的说法：

子贡善言圣人，此章揭出温、良、恭、俭、让五字，而孔子之心气态度，活跃如见。学者细玩之，可不觉其暴戾骄慢之潜消。亦知人间自有不求自得之道。此与巧言令色之所为，相去远矣。然孔子亦固未尝真获时君之信用而大行其道于世，则孔子之温、良、恭、俭、让，亦己心自修当然，而非有愿于其外。

钱穆先生的看法是深刻的。对子贡和孔子的看法都极其深入，又出于常情。“子贡善言圣人”和“子之温、良、恭、俭、让，亦己心自修当然，而非有愿于其外”的判断都很恰当。

我们由此看到的是子贡不同常人的地方：善于思考，思想深刻，擅长总结和归纳。

子禽的问题并不是一个很深刻的问题，但子贡的回答却非常有深度：一是对孔子理解的深刻；二是概括的高度（概括了孔子的五德）；三是对问题分析的深入（他比较了“夫子之求”和“人之求”的不同，指出了孔子不求而得的崇高境界）。五德后来不仅仅是大家比较公认的孔子的美德，也是儒家所赞赏的所追求的德行，甚至后来成了读书人的品德标杆，可见影响之巨。至于孔子之“求”和常人之“求”的不同，首先是看得深刻。这句话自然不能排除拍马的成分。不论古今，马屁总是要拍的。关键是要拍得有艺术有水平有道理。孔子有强烈的预政意识，但又很要知识分子的自尊，不像后来的读书人。他绝不厚着脸皮，最多是发点牢骚：“子谓颜渊曰：‘用之则行，舍之则藏，惟我与尔有是夫。’”（《论语·述而十一》）“道不行，乘桴浮于海”（《论语·公冶长七》）。他的确把功夫用在对自身的提高，这对后世也有很大的影响。正如钱穆先生所言，一是孔子并非“真获时君之信用而大行其道于世”，但这个前提是子禽预设好的，子贡没有责任；二是孔子追求温、良、恭、俭、让五德也并不是为了“闻政”，而只是提高自己的修养而已。

我要说的是，子贡很善于适当地拔高或者叫提炼概括。这对于一个做大事尤其要做官的人，极为重要。在我们今天，没有这几下子是绝对不行的：吃透领导，善于总结，适当拔高。这是语言艺术（这是子贡的特长），更是做事的智慧。

我们再来看子贡评价老师的另一句高度概括的话：

子贡曰：“夫子之文章，可得而闻也；夫子之言性与天道，不可得而闻也。”［5.13］

子贡这一段话似乎不好理解，就我翻看的几本书，不仅大家的引申发挥各不相同，就是字面的理解也很有差距。钱穆先生的翻译是：“先生讲诗书礼乐，是可以听到的。先生讲性与天道，是难得听到的。”杨伯峻先生翻译为：“老师关于文献方面的学问，我们听得到；老师关于天性和天道的言论，我们听不到。”李泽厚的翻译是将两者进行合成：“先生讲诗书礼乐、古代文献，是可以听到的。先生讲性和天道，却是听不到的呀！”三者的翻译虽然有明显差异，但大意还是明白的。其一，孔子的很多学问，学生是可以听到的、学到的；其二，孔子从来不和学生说天性和天道的问题，或者说了学生都不曾听到。也有人理解为："老师传授的知识，靠耳朵听也能学到；老师讲授的人性与天道，依靠耳朵是学不到的。"这样理解自然也有其道理，只是引申得远了一点。我无意于对孔子为什么不讲天性和天道进行深究，而是于此可以进一步看出子贡具有其他弟子所不具有的特点：善于总结、概括和提炼。这是语言艺术和思想素质的高度统一，而后者则显得尤为突出。

太宰问于子贡曰："夫子圣者与？何其多能也？"子贡曰："固天纵之将圣，又多能也。"子闻之，曰："太宰知我乎？吾少也贱，故多能鄙事。君子多乎哉？不多也。"［9.6］

太宰问子贡说："孔夫子是位圣人吧？为什么这样多才多艺呢？"子贡说："这本来是上天让他成为圣人，而且使他多才多艺。"孔子听到后说："太宰怎么会了解我呢？我因为少年时地位低贱，所以会许多卑贱的技艺。君子会有这么多的技艺吗？不会的。"

对"君子多乎哉？不多也"一句有不同的理解。一是"君子会有这么多的技艺吗？不会的"。杨伯峻、李零都持这一说。一是"君子需要有这么多的技艺吗？不需要"。钱穆、李泽厚持这一说。李泽厚先生还补充了另一说："这些技艺对君子是太多了吧？不多。"当然，我们关注的不是这个句子哪种理解更为妥当，而是关注子贡对孔子的评价，以及孔子对子贡这句话的态度。子贡的回答，在我们今天看来似乎有点玄虚，其实也不玄。我们曾经很长时间不承认天才，认为"天才出于勤奋"。其实真正的唯物论者应该承认天才，应该承认勤奋出不了天才。子贡不仅仅旗帜鲜明地承认老师是圣人，而且说是天生的圣人。我们不敢断定这是最早的称颂孔子为圣人，但可以肯定这是很重要的一次。对孔子后来被学生被后人称颂为圣人一定有重要影响。不管其动机是什么，都可以从这里看出子贡的政治眼光和经营策略。

那么孔子对子贡的话，怎么看呢？大多数人都认为孔子并不赞同子贡的话。李零先生说："子贡是个能干人，他以自己的老师多才多艺而自豪，但孔子却并不以此自豪。他听说这番话，马上对子贡说，这位太宰，他真的了解我吗？我年轻时候出身卑贱，所以才有这些本事。君子有很多本事吗？没有。这等于间接否定了太宰的推测。"我对李零先生的分析基本是认可的，但总心存疑问：根据孔子对弟子的一贯态度推断，如果他不同意子贡的意见，一定会态度坚决言辞严厉地予以否定。可为什么只否定太宰而不提及子贡呢？太宰只是说他是圣人，而子贡把他推到了天纵之圣啊。

下面一则是子贡借用孔子自己的话评述孔子：

子曰："君子道者三，我无能焉：仁者不忧，知者不惑，勇者不惧。"子贡曰："夫子自道也。"［14.28］

大意是，孔子说："君子之道有三个方面，我都未能做到：仁德的人不忧愁，聪明的人不迷惑，勇敢的人不畏惧。"子贡说："这正是老师的自我表述啊！"

读了这一则，我们对于子贡的善言有了很强烈的感觉，说是拍马，其实也不全是。这是真正出于对孔子的了解。钱穆先生就说："圣人自视常欿然，故曰'我无能焉'，此其所以日进不止也。子贡视之，则孔子三道尽备，故曰'夫子自道也'。"可见钱穆先生认为子贡的说法是言发于衷的。如果丢开子贡的善言和拍马，我们看到的就是他对老师的深入了解。一是了解孔子的话纯粹为自谦和严于律己，二是深深知道老师已经具有了这样的君子之道。

下面一则是子贡比较直接地阐述孔子的治学：

卫公孙朝问于子贡曰："仲尼焉学？"子贡曰："文武之道，未坠于地，在人。贤者识其大者，不贤者识其小者。莫不有文武之道焉。夫子焉不学？而亦何常师之有？"［19.22］

大意是，卫国的公孙朝问子贡说："仲尼的学问是从哪里学来的？"子贡说："周文王武王的道，并没有失传，还留在人们中间。贤能的人认识了其大处，不贤的人只认识了其小处，在他们身上无不都有文王武王之道。我们老师哪里不在学，又哪里有固定的老师呢？"

对公孙朝的问话，有两种理解：一是善意的询问，即要探寻孔子博学的原因和学习的方法；二是具有挑逗性的提问，意思是孔子开口闭口文武之道，而文王武王都是早已不在的古人，他是从哪里知道的呢？李零先生就主张后一说。从提问的语气看，像是前者；从子贡的回答看，像是后者。但子贡并不纠结于公孙朝是哪种提问，更不表示不满，而是就着他的问题，归纳出孔子学习的三个显著特点：第一，学其大处；第二，时时处处可学；第三，人人可学。毫无疑问，这是非常精彩的回答，归纳非常精辟而准确。我们于此看到了孔子治学的特点，也可以看出子贡向老师学习的用心，不仅学习老师传授的知识，而且研究老师是如何学习的。这样的人，难怪会大有成就。

而当有人真的诋毁孔子时，子贡的回击也是非常有力的：

叔孙武叔毁仲尼。子贡曰："无以为也！仲尼不可毁也。他人之贤者，丘陵也，犹可逾也；仲尼，日月也，无得而逾焉。人虽欲自绝，其何伤于日月乎？多见其不知量也。"［19.24］

大意是：叔孙武叔诽谤仲尼。子贡说："这样做是没有用的，仲尼是毁谤不了的。别人的贤德好比丘陵，还可以超越过去；仲尼好比日月，是没法超越的。虽然有人要自绝于日月，对日月又有什么损害呢？恰恰是表明他的不自量而已。"

对"仲尼不可毁也"，有两说：一是"仲尼是不能毁谤的"；一是"仲尼是毁谤不了的"。两说其实是一解，意思一样，语气有别。我采用第二说。从子贡所说的内容，可以看出他的语气很强烈，很气愤。对这一则，李泽厚先生有一段很有意思的"记"："不仅多次显示子贡会说话，在这些话语中显示着灵活、聪明和智慧，这是曾子等人讲不出来的，而且也表达了子贡对孔子的忠诚爱戴。"对李先生的话，我是认同的。我估计不仅曾子说不出，颜渊也说不出，就是善于言语的宰我也未必说得出。这段话不仅表达了孔子在子贡心中的高大，而且表达了孔子地位之崇高：你爱诋毁就诋毁吧！对他是毫发无损的，只能显示你诋毁者的丑陋！令人想到韩愈的"蚍蜉撼大树，可笑不自量"和马克思的"当蛛丝一样轻轻抹去"。是何等的自信！我相信这不是装出来的论辩现场的坚决和蔑视，而是源于对孔子思想和精神价值的深深的自信。正如孔子的学习能够发现大处，子贡对孔子的理解也是能够从大处认识其价值的。

子贡深深认识孔子的伟大，但却有人认为子贡比孔子更了不起。而且当时就有人对子贡提出了这样的问题，这对子贡是个很为难的事，我们来看子贡如何应对：

叔孙武叔语大夫于朝曰："子贡贤于仲尼。"

子服景伯以告子贡。

子贡曰："譬之宫墙，赐之墙也及肩，窥见室家之好。夫子之墙数仞，不得其门而入，不见宗庙之美，百官之富。得其门者或寡矣。夫子之云，不亦宜乎！"［19.23］

大意是：

叔孙武叔在朝廷上对大夫们说："子贡比仲尼更贤。"

子服景伯把这话告诉了子贡。

子贡说："拿围墙来做比喻吧，我家的围墙只有齐肩高，人们在墙外可以看得到房屋的好；老师的围墙却有几仞高，如果找不到门进去，就看不见那宗庙的富丽堂皇，和那房舍的又多又大。能够找到门的人或许不多吧，叔孙武叔那样讲，不也很自然吗？"

这叔孙武叔好像和孔子很过不去，似乎别有用心。但这样说的并不是他一个人：

陈子禽谓子贡曰："子为恭也，仲尼岂贤于子乎？"

子贡曰："君子一言以为知，一言以为不知，言不可不慎也。夫子之不可及也，犹天之不可阶而升也。夫子之得邦家者，所谓立之斯立，道之斯行，绥之斯来，动之斯和。其生也荣，其死也哀，如之何其可及也？"［19.25］

大意是，陈子禽对子贡说："你是谦恭吧，仲尼难道比你还贤能吗？"

子贡说："君子一句话就表现出他有知，一句话也可以表现出他的不知，所以说话不可以不慎重啊。老师的高不可攀，正像天是不能靠梯子爬上去一样。老师如果成为诸侯或卿大夫来治理国家，那就会像人们所说的那样，教百姓立于礼，百姓就能立；引导百姓，百姓就会跟着走；安抚百姓，百姓就会来归顺；动员百姓，百姓就会同心协力。他活着大家都尊敬他，他死了大家都哀痛。我们怎么能赶得上呢？"

子贡对两个人的说法予以了坚决的否定。

我们先看子贡的态度：子贡毫不含糊地否定了提问人的说法，而且都对这样说话的人予以嘲讽："能够找到门的人或许不多吧，叔孙武叔那样讲，不也很自然吗？"言下之意非常清楚，像叔孙武叔那样的人，他怎么能找到我老师的"门"，看到那富丽堂皇的宗庙，和那又多又大的房舍呢？他只配能了解我的一点东西而已。对陈子禽的态度则更加坚决。"君子一句话就表现出他有知，一句话也可以表现出他的不知，所以说话不可以不慎重啊。"言下之意更是清楚：你陈子禽就是个无知的小人啊！陈子禽，什么人呢？有三说：一说是孔子的学生，一说是子贡的学生，一说是其他人。李零先生就倾向于是子贡的学生。从语气看，很像。

再看内容，两次回答，一虚一实，都是说孔子的高大无比。前者用比喻，用对比，非常形象，而有说服力。后者先用比喻说孔子的高不可攀，和前一则一脉相承；后用假设，说老师如果成为诸侯或卿大夫来治理国家，则必定百姓顺从，臻于郅治；最后说他活着受大家尊敬，死了使大家哀痛，在人们心中的地位无人能及。

关于这两章内容，李泽厚先生和钱穆先生都发表了很好的见解。我们先看李泽厚先生的关于 19.23 章的一段"记"：

据说子贡晚年在鲁国做官，颇有功业，所以被认为比孔子强。但子贡仍然坚决驳斥之，认为孔子如果搞政治会比自己强得多，所以有这些讲话，充分表现了子贡对孔子的忠挚感情。我总以为子贡是《论语》中最可爱的人物，不像宰我那么贫嘴，不像樊迟那样迟钝，不像颜渊、曾参那样谨小慎微、兢兢业业，不像子张那样热衷政治，虚有其表，也不像子路那样一味地逞强好胜。宋明理学则几乎绝口不谈子贡。

钱穆先生对《论语》19.23、19.24、19.25 三章，作了较多的发挥，文字比较长，我们摘要引述部分内容：

本篇二十五章，皆记孔门诸弟子之言，而特以子贡三章赞美孔子者为殿。时人如叔孙武叔、陈子禽皆以为子贡贤于仲尼，可见子贡晚年，其进德修业之功，亦几几乎超贤入圣矣。而子贡智足以知圣人，又能善言之。扬子云曰："仲尼圣人也，或劣诸子贡，子贡辞而辟之，然后廓如也。”然则圣道之光昌，子贡之功亦不小矣。故《论语》编者以此三章列之本篇之末。

惟子贡，当孔子殁时，名位已显，又最为诸弟子之长，领袖群贤，昌明师传，厥功为大。至有子，其年与子贡相伯仲，较之子路、冉有、闵子、仲弓为幼，而较之曾子、游、夏、子张则又长矣。以有子与子贡较，子贡仕宦之日为多，有子讲学之力为勤。故此后游、夏、子张皆欲以事孔子者事有若，以曾子不可而止。然有若之继子贡而为群弟子所推尊可知矣。

根据二位先生所论可知，子贡在政绩、修德方面成绩的确很高，认为他“超贤入圣”贤于孔子并不是个别人的想法。更重要的是他“智足以知圣人”，对继承发扬广大孔子的学说发挥了巨大的作用，已经成为孔子去世后的孔门诸弟子的领袖。了解了这些背景，再联系前面两章中的回答，就可看出子贡身上有着极为难能可贵的品质：成就高而清醒。决不肯以领袖自居，更不踩着老师向上爬，始终高举老师这面大旗。这不是他没有野心，缺少气魄，而恰恰是他的成熟和智慧。我们可以肯定，子贡这样的回答一定为他赢得更多的得分！

三、子贡的主张

作为孔子的主要弟子，作为一个有心在政绩上有所作为的人，子贡自然会提出一系列的主张。比较有影响的一次是：

子贡欲去告朔之饩羊。子曰：“赐也！尔爱其羊，我爱其礼。”［3.17］

大意是：子贡提出每月初一祭祖庙时应该废除用活羊（的规矩）。孔子说：“赐，你爱惜那只羊，我却爱惜那种礼。”

从表面看，子贡和孔子的争论就是为了一只羊，显得子贡“重羊轻礼”。似乎就像我们今天许多商人一样，越是有钱越是小气，当然往往也是越小气越有钱。我们当然也可以说子贡爱惜生命，同情羊这样的弱者。但我们了解了背景知道了“告朔”的意思就不会这样认为。按照钱穆先生的说法，“告朔”

有两解。但一般都理解为，按照周礼的规定，周天子每年秋冬之际，就把第二年的历书颁给诸侯。这历书包括那年有无闰月，每月初一是哪一天，因之叫“颁告朔”。诸侯把历书放在祖庙里，并按照历书规定的每月初一日来到祖庙，杀一只活羊祭庙，表示每月听政的开始，这祭庙叫作“告朔”，听政叫“视朔”，或者叫“听朔”。当时，鲁国君主已不亲自去“告朔”，而且也不听政，“告朔”已经成为形式，只是杀一只活羊“虚应故事”而已。所以，子贡提出去掉“饩羊”。也有人说，问题不出在鲁国国君，而在周天子。周从幽、厉以后，已无颁告朔之礼，而鲁国有司仍循例贡羊。不管责任在谁，都说明杀羊已纯粹为形式。对此，孔子大为不满，对子贡加以指责，表明了孔子维护礼制的坚决立场。但无疑，子贡是对的。当然，也有人认为子贡是错的。李泽厚先生就从美学的角度认为：“即使某种典礼仪文已失去其实用意义和具体内容，但其形式本身仍有某种价值在。”当然孔子反对不是由于美学的原因，而是站在礼的立场。

我们当然不是要在子贡和孔子之间判断谁是谁非。我们是从这件事中发现子贡可贵的品质：他是一个非常注重实际的人。他不仅有经济头脑，而且有明辨能力。他善于从实际出发去判断事情的实际价值。说得深刻一点，他讨厌虚伪的形式和手段。在这一点上，他的确比老师更聪明。不像老师，明知那个所谓的周已经分崩离析，那个礼已经形同虚设，他还要为它奔走为它死守。这是子贡成为子贡的一个很重要的原因。

棘子成曰：“君子质而已矣，何以文为？”子贡曰：“惜乎，夫子之说君子也！驷不及舌。文犹质也，质犹文也，虎豹之鞟犹犬羊之鞟。”［12.8］

大意是，棘子成说：“君子只要具有好的品质就行了，要那些文采（表面的仪式）干什么呢？”子贡说：“真遗憾，夫子您这样谈论君子。一言既出，驷马难追。本质就像文采，文采就像本质，都是同等重要的。去掉了毛的虎、豹的皮，就如同去掉了毛的犬、羊皮一样（就看不出它们的区别）了。”

有人认为，这里是讲表里一致的问题。棘子成认为作为君子只要有好的品质就可以了，不需外表的“文采”。但子贡反对这种说法。他的意思是，良好的本质应当有适当的表现形式，否则，本质再好，也无法显现出来。我以为还不止于此。李泽厚先生认为“这也属于难解的一章”。他说：“最后一句是说如果毫不重视仪表文采，那么虎豹犬羊的皮便都是一样了，因为都是皮。鞟是去了毛的皮。这即是说，必须有不同的礼仪文采等外在的形式，来确定和表达尊卑长幼等等不同的身份、地位、等级、位置、秩序，才能维系社会的存在，这也就是礼制，所以礼和仪不可分，尽管‘礼’不等于‘仪’，但无‘仪’，‘礼’也无法体现。”从对话的整体内容看，李泽厚先生的分析是很有道理的。对“文犹质也，质犹文也，虎豹之鞟犹犬羊之鞟”这一句话无论是就句论句的理解还是拔高到一般的哲学层面理解，都脱离了对话的语境，难得要领。子贡是敏锐地发现了棘子成的提问是指向孔子所主张的一套“礼”以及体现这些“礼”的“仪”。也许站在我们今天的角度，棘子成的思想更为先进，但在当时的社会背景下，子贡则更为冷静和成熟。联系前面一章看，子贡有着清晰的政治头脑，当费的主张费，不当费的则坚决不费。套用现在的语言说：大是大非面前毫不含糊，明辨是非的能力很强。

我们再来看子贡和老师对话的一章：

子贡曰：“君子亦有恶乎？”子曰：“有恶。恶称人之恶者，恶居下流而讪上者，恶勇而无礼者，恶果敢而窒者。”曰：“赐也亦有恶乎？”“恶徼以为知者，恶不孙以为勇者，恶讦以为直者。”［17.24］

大意是，子贡说：“君子也有厌恶的事吗？”孔子说：“有厌恶的事。厌恶宣扬别人坏处的人，厌恶身居下位而诽谤在上者的人，厌恶勇敢而不懂礼节的人，厌恶敢作敢为而又固执不通事理的人。”孔子又说：“赐，你也有厌恶的事吗？”子贡说：“厌恶抄袭别人的东西而作为自己的知识的人，厌恶把不谦虚当作勇敢的人，厌恶揭发别人的隐私而自以为直率的人。”

我们现在的语文教学常常提倡对话，但说的大多是虚假对话。子贡和孔子的这次对话才叫真对话。首先话题有意思。孔子倡导仁爱，核心是“仁者爱人”。子贡于是提出“君子也有厌恶的事吗？”的问题，具有很强的针对性，或者说具有很强的挑战性，他不是顺着老师的教导思考问题，而是反过来思考问题。老师对他提出的问题既不反感，也不矫情地表现出惊喜并大为赞赏，而是非常平常也非常真诚地回答（也许他们都习惯了这样的对话方式）。孔子

《风雨归牧图》

回答之后，非常自然地再用同样的问题问子贡。这就是真正的平等对话。老师是答问者，也是提问者；学生向老师发问，也要回答老师的提问。更重要的是，孔子知道子贡问这个问题的时候一定有了自己的想法，果然子贡也说出了自己的见解。这对于子贡来说，收获是巨大的：不仅仅解除了心头的疑惑，而且和老师交流自己的见解。再看双方的见解，这叫真正的“和而不同”。就内容而言，除了“厌恶身居下位而诽谤在上者的人”具有较强的政治意识以外，两者的观点有同有异，不相上下，既不完全一样，也不完全对立，或许老师的见解更有高度一点而已。难怪李泽厚先生赞赏道：“师生亲切问答，交换思想。”从学生角度看，子贡的学习品质则更加可贵：其一，勇于怀疑；其二，疑而敢问；其三，勇于表达自己见解，不因为老师说了“标准答案”就不再说话。真希望我们自己能学习孔子的境界，也真希望我们的学生能学学子贡。

子贡有时候也会正面阐述自己的观点，下面两则就是：

子贡曰：“纣之不善，不如是之甚也。是以君子恶居下流，天下之恶皆归焉。”［19.20］

子贡曰：“君子之过也，如日月之食焉：过也，人皆见之；更也，人皆仰之。”［19.21］

前一章大意是，子贡说：“纣的坏，不像现在传说的这样厉害。所以君子厌恶处在下流，一旦居下流，天下一切坏名声都归到他身上了。”

后一章大意是，子贡说：“君子的过错好比日食月食。他犯过错，人们都看得见；他改正过错，人们都仰望着他。”

在中国历史上，纣早已是一个暴君的符号和代名词。但子贡就敢这样说，真的很了得。李泽厚先生也盛赞子贡的说法，他说：“殷纣王本是非常能干并大有历史功绩的伟人，这有确凿的记载。因为亡国身死，于是在历史上便成了大坏蛋，特别是儒家所集中打击的对象。难得子贡勇敢说出了真理。子贡的聪明形象到处可见。”作为儒家领袖的弟子，敢于为儒家打击的对象说话，这是需要不同寻常的胆识的。

李零先生也持类似的观点，说子贡“他敢为坏人说公道话，实在了不起”，但又以为这两则都是为孔子辩护。他说：“孔子死后，不知怎么回事，有一股潮流，贬孔子而抬子贡。子贡有感于此吧？”他还说：“孔子死后，子贡有贤名，当时的流言，可能抓住孔子的某些过失，攻击一点，不及其余。子贡挺身而出，替老师辩护。”

的确，我们从这两章里可以看到子贡光明磊落、敢作敢为、勇于承担的可贵品行。

四、子贡的提问

从一个人的提问，很能看出一个人的思维特点和学习品质。《论语》中大多数篇章都是孔子回答学生的提问。我梳理了《论语》中子贡的提问，除了前面已经涉及的 2 次，还有约 13 次。应该说，善于提问是子贡提问的第一个特点。

首先是连续追问。主要有 5 次。

连续追问 1：

子贡曰：“贫而无谄，富而无骄，何如？”子曰：“可也。未若贫而乐，富而好礼者也。”子贡曰：“《诗》云：‘如切如磋，如琢如磨。’其斯之谓与？”子曰：“赐也！始可与言《诗》已矣，告诸往而知来者。”［1.15］

“如切如磋，如琢如磨”有两种解释：一说切磋琢磨分别指对骨、象牙、玉、石四种不同材料的加工，否则不能成器；一说加工象牙和骨，切了还要磋，加工玉石，琢了还要磨，有精益求精之意。

这章大意是说，子贡说：“贫穷而能不谄媚，富有而能不骄傲自大，怎么样？”孔子说：“这也算可以了。但是还不如虽贫穷却乐于道，虽富裕而又好礼之人。”子贡说：“《诗》上说：‘要像对待骨、角、象牙、玉石一样，切磋它，琢磨它。’就是讲的这个意思吧？”孔子说：“赐呀，我可以同你谈论《诗》了。你已经能举一反三、触类旁通了。”

对这段话，很多分析者把重心放在孔子的政治理想上，认为孔子希望他的弟子以及所有的人，都能够达到贫而乐道、富而好礼这样的理想境界，因而在平时对弟子的教育中，就把这样的思想讲授给学生。贫而乐道，富而好礼，社会上无论贫或富都能做到各安其位，便可以保持社会的安定了。孔子对子贡比较满意，就是因为子贡能深刻理解他的思想。其实未必是这样，或者主要的不是这样。

李零先生以为这一段是在谈富贵问题。他说：

钱对人是个大考验。守道过日子，难免饿肚子。当君子，就要准备挨饿——不当官，吃什么？总不能种地。孔子可不主张自食其力。他论贫富，着眼点是贫。孔子说，枕着胳膊喝凉水，乐在其中；富，往往是不义之财，“于我如浮云”(《述而》7.16)。

子贡是买卖人，孔门最阔的学生。司马迁讲古代大商人，子贡是其中之一，“七十子之徒，赐最饶益”(《史记·货殖列传》)。现在时兴讲儒商，企业家不仅会做买卖，还有文化、道德，多好。难怪有学生说，要做学术界里最有钱的人和有钱人里最有学问的人。如果说，真有儒商，子贡就是祖师爷。但可惜的是，全国老百姓，只知关老爷，不知子贡为何许人也。

孔子跟子贡论贫富，是找对了人，因为子贡和其他学生不一样，他们多是寒门，不足论贫富。子贡有钱，孔子周游列国，有人猜测，就是由他赞助。有钱，才能看透钱。但有多少才看得透，不知道，恐怕因人而异。反正没钱，往往看不透，见钱眼红，穷凶极恶，一点办法都没有。历史上，农民造反，到头来总是失败，多半都栽在这上头。

对钱，子贡的态度是：穷，不低声下气，巴结阔人；阔，不趾高气扬，欺负穷人。孔子赞同他的态度，但补充说，更好的态度是，穷要开心，阔要好礼(怎么叫好礼？不知道，没准是当慈善家吧)，即在贫富问题上，该怎么样比不怎么样更重要，自己该怎么样比对别人怎么样更重要。子贡引《诗》为喻，问孔子说，“如切如磋，如琢如磨”就是这个意思吗？他想说，砥砺德行，就像工匠加工骨、牙(象牙)、玉、石，也是精益求精呀。孔子认为，他的理解很对，我跟他讲穷开心，阔好礼，就是这个意思。“往”是第一步，“来”是第二步。孔子教学，最重启发，他喜欢的是举一反三的学生，所以跟子贡说，从此我可以和你讨论《诗》了，你有这个资格了。

李先生的分析的确很有意思，而我以为这一段是谈学习问题。不错，起初的话题是在谈富贵，但“子贡曰:《诗》云:‘如切如磋，如琢如磨。’其斯之谓与？”一句把话题转移到了道德修养上，孔子接下去的话题很显然不再是谈富贵而是谈学习了。这就看出子贡的过人之处：跳出问题思考问题；把自己既作为学习的对象，又作为学习主体；把自己和老师放到一起思考问题；从学习过程中学习；联系实际学习；吃透言外之意。这才是真正会学习。如果我们把子贡和孔子的其他学生或者和我们今天许多学生进行比较，对这几点就会有深刻认识。有的学生，老师讲了，认真听认真记，回家闷头捉摸；有的学生，则会纠结于老师的具体答案到底该怎么理解；也有的会有不同看法，但常常是逆反式的“批判思维”，抬杠式的“双向对话”，信口胡诌式的“多元解读”。像子贡这样的学习者真的很少。难怪孔老师这样激动高兴：你能从我已经讲过的话中领会到我还没有说的意思。

李泽厚先生很看重子贡的思维方法和思维品质，他说：“古本‘乐’后有‘道’字，（见皇侃《论语义疏补》）意更明确。此非以贫为乐，乃虽贫仍乐也。子贡提这问题时大概已经发了大财了。所以才有‘诗云’的讨论。这种解诗，当然不符原意。但中国实用理性的一个特征是不重逻辑推论，而重类比联想。由类比而得启发，范围宽广，直觉性强，便于由感受而引发创造。这可以是一种不同于逻辑推理的思维方法，可以‘类比思维’名之。这种思维方式的创造性能及其在中国文化上的功能表现、优缺点，值得研究。《诗经》在古代不只是抒情的诗篇，而且更是类比的推论、联想的思维，用在公（如外交辞令）私（如上述的对谈）生活中。”可见，子贡的这一次追问是运用类比思维展开的。

连续追问 2：

冉有曰：“夫子为卫君乎？”子贡曰：“诺，吾将问之。”入，曰：“伯夷、叔齐何人也？”曰：“古之贤人也。”曰：“怨乎？”曰：“求仁而得仁，又何怨？”出，曰：“夫子不为也。”［7.15］

子贡的这一次追问更有特点。他答应冉有问问老师是否会帮助卫君，可是他问老师的问题是："伯夷、叔齐是什么样的人呢？"得到老师肯定的回答后，他还不问冉有的问题，又拐了一个弯问道："他们有怨恨吗？"得到老师否定的回答后，他出来答复冉有。如果我们用直线思维的方式真会被他搞得摸不着头脑。原来子贡采用的是旁敲侧击的方式。不问老师是否喜欢 A，而是问老师如何评价 -A，得知老师肯定 -A 的结论，当然知道了老师不喜欢 A。后一个问题也是同样的思维方式，只是形式相反。摸透了底细，知道孔子不可能支持卫君，而且离开卫国没有遗憾，便告诉了冉有明确的答案。我们不能不佩服子贡的聪明机智。

连续追问 3：

子贡问："师与商也孰贤？"子曰："师也过，商也不及。"曰："然则师愈与？"子曰："过犹不及。"［11.16］

大意是，子贡问孔子："子张和子夏二人谁更好一些呢？"孔子回答说："子张过分，子夏不足。"子贡说："那么是子张好一些吗？"孔子说："过分和不足是一样的。"

"过犹不及"是中庸思想的核心观点之一，现在是一个成语。只要稍有常识的人，理解这段话不难。我们要推敲的是子贡提这个问题的目的是什么，我想子贡一定知道子张性格偏激，做事容易过头，子夏，学问很好，但过于谦和。他不仅想了解孔子对这两个人（或者是两类人）的评价如何，而且想从孔子对这两个人物的态度中寻找到自己做人的定位。由"那么是子张好一些吗？"这一追问就能看得比较清楚．我们甚至可以猜想，子贡自我的偏向可能本来更倾向于子张，所以才进一步追问，使孔子的态度进一步明确。很显然，这样投石问路的手法取得了显著的效果。

连续追问 4：

子贡问政。子曰："足食，足兵，民信之矣。"子贡曰："必不得已而去，于斯三者何先？"曰："去兵。"子贡曰："必不得已而去，于斯二者何先？"曰："去食。自古皆有死，民无信不立。"［12.7］

大意是：子贡问怎样治理政事。孔子说："粮食充足，军备充足，老百姓信任统治者。”子贡说：“如果不得不去掉一项，那么在三项中先去掉哪一项呢？”孔子说：“去掉军备。”子贡说：“如果不得不再去掉一项，那么这两项中去掉哪一项呢？”孔子说：“去掉粮食。自古以来人总是要死的，如果老百姓对统治者不信任，那么国家就不能存在了。”

可以说，这是整部《论语》中最有意思的一次提问，自然也是子贡最精彩的一次追问，可以说除了聪敏的子贡几乎没人会这样提问。连连发问，穷追猛打，直抵问题的核心。难怪钱穆先生要赞叹道：“本章因子贡善问，推理至极，遂有自古皆有死，民无信不立之说。”而子贡这种思维品质，对于求学者最为可贵。

连续追问 5：

子贡问曰：“何如斯可谓之士矣？”子曰：“行己有耻，使于四方，不辱君命，可谓士矣。”曰：“敢问其次。”曰：“宗族称孝焉，乡党称弟焉。”曰“敢问其次。”曰：“言必信，行必果，硁硁然小人哉！抑亦可以为次矣。”曰：“今之从政者何如？”子曰：“噫！斗筲之人，何足算也！”［13.20］

大意是，子贡问道：“怎样才可以叫作士？”孔子说：“自己在做事时有知耻之心，出使外国各方，能够完成君主交付的使命，可以叫作士。”子贡说：“请问次一等的呢？”孔子说：“宗族中的人称赞他孝顺父母，乡党们称他尊敬兄长。”子贡又问：“请问再次一等的呢？”孔子说：“说到一定做到，做事一定坚持到底，不问是非地固执己见，那是小人啊。但也可以说是再次一等的士了。”子贡说：“现在的执政者，您看怎么样？”孔子说：“唉！这些器量狭小的人，哪里能算得上呢！”

这一次子贡的追问方式基本和前一章相同，但更加彻底，不仅多了一问，而且直接联系现实，锋芒更加直露，直指执政者，这不仅需要智慧，更需要胆量。当然，最可贵的仍然是他的思维品质，不尚空论，让思想落地。这是一般人做不到，也不愿意做的。

子贡另一个提问方式，就是托事而问。

所谓托事而问，不是提一个概念化的问题，而是把问题具体化，设置具体的情境进行提问。

托事而问之一：

子贡曰："如有博施于民而能济众，何如？可谓仁乎？"子曰："何事于仁，必也圣乎！尧舜其犹病诸。夫仁者，己欲立而立人，己欲达而达人。能近取譬，可谓仁之方也已。"［6.30］

大意是，子贡说："假若有一个人能给老百姓很多好处又能普济大众，（这个人）怎么样？可以算是仁者了吧？"孔子说："岂止是仁人，简直就是圣人！尧、舜尚且都难以做到。至于仁者，想让自己站得住就要让别人也站得住；想要自己通达，也要让别人通达。凡事能先以自己做权衡而后再推己及人，可以说就是在实行仁道了。"

李零先生对这一章有这样一段分析：

"仁"和"圣"的区别是什么？孔子说，"仁"是己欲立而立人，己欲达而达人，它强调的是从自己做起，将心比心，推己及人。这主要是个人修养。个人修养好，不一定就能普施恩惠于民，救助天下的百姓。博爱，光有爱心不行，还得有权。"圣"是王者之道，孔子无权无势，根本做不到。

读这一段，大家最好参考一下《宪问》14.42。《宪问》14.42是孔子答子路问。子路的问题是：什么是君子？孔子的回答分三层：第一步是"修己以敬"，即从我做起，先从自己的道德修养入手，对周围的人心存敬意；第二步是"修己以安人"，即不但自己有很好的道德修养，还能推其仁爱之心，安定身边的人，即这里的"己欲立而立人，己欲达而达人"；第三步是"修己以安百姓"，即不但推其仁爱之心于身边的人，还能安定下层大众。前两条就是"仁"，后一条就是"圣"。

李零先生比较简明地辩说了"圣"和"仁"的不同所在。而我们更要关注的问题是，子贡为什么不直接问"圣"或者问"圣和仁的区别"呢？大概这就是子贡的聪明了。托事而问，看起来问的是具体的问题，但往往比直接提出实质性的问题效果更好。

托事而问之二：

子贡曰："有美玉于斯，韫椟而藏诸？求善贾而沽诸？"子曰："沽之哉！沽之哉！我待贾者也。"［9.13］

大意是，子贡说："这里有一块美玉，是把它收藏在柜子里呢？还是找一个识货的商人卖掉呢？"孔子说："卖掉吧！卖掉吧！我正在等着识货的人呢。"

这一章谈的是用世思想，本来是一个很严肃的问题。如果直接提问，应该是："老师你是希望自己的政治主张藏在自己心中，还是希望能够有君王采纳而施行？"我们设想，如果子贡真的这样问，孔子或许就不可能有这样痛快的回答。如果我们再多想一层，子贡的提问并不是单单要了解老师的想法，而要为自己的做官寻找理论根据和合法根据。倘若这样的假设有一定道理，那么如果直接提问，就应该是问："我们的才能就用在做学问上，还是出去从政做官呢？"或者再直接些，就是问："如果有机会做官，我是拒绝呢，还是答应呢？"毫无疑问，这样的提问比较笨拙，效果也一定比较差。或许"待价而沽"这个成语也就不会出现。

托事而问之三：

子贡问曰："乡人皆好之，何如？"子曰："未可也。""乡人皆恶之，何如？"子曰："未可也。不如乡人之善者好之，其不善者恶之。"［13.24］

大意是，子贡问："全乡人都喜欢、赞扬他，这个人怎么样？"孔子说："这还不能肯定。"子贡又问说："全乡人都厌恶、憎恨他，这个人怎么样？"孔子说："这也是不能肯定的。最好的人是全乡的好人都喜欢他，全乡的坏人都厌恶他。"

这个问题本来非常简单，就是子贡问人。倘若真这样问，我以为孔子就会无从回答。子贡巧妙地将问题具体化，而且从两个方面假设，使问题的指向更加清楚，且具有很强的针对性。于是引出了孔子不以众人的好恶为依据，而应以善恶为标准的著名论人思想。于此我们也见出子贡设问的高明。

事实上就是如此，善于提问和善于应答一样重要。我们现在的学生除了问题目，基本上不提问题，更不用说善于提问题了。

除了善于托事而问，子贡也常常提出一些质疑的问题：

子贡问曰："孔文子何以谓之'文'也？"子曰："敏而好学，不耻下问，是以谓之'文'也。"［5.15］

大意是，子贡问道："为什么给孔文子一个'文'的谥号呢？"孔子说："他聪敏勤勉而好学，不以向比他地位卑下的人请教为耻，所以给他谥号叫'文'。"

我的想法起初和子贡完全一样，当然我不了解孔文子的具体情况，而子贡了解，我是从孔子的回答做出判断的。仅就孔子的回答来说，孔文子似乎真的够不上给一个"文"的谥号。但李零先生解除了我的困惑。他说："这段话，与谥法有关。《逸周书·谥法》说，'学勤好问曰文，近之'。"我自然无话可说了，但仍然敬佩子贡的质疑精神。

下面一章也是质疑提问：

子贡曰："管仲非仁者与？桓公杀公子纠，不能死，又相之。"子曰："管仲相桓公，霸诸侯，一匡天下，民到于今受其赐。微管仲，吾其被发左衽矣。岂若匹夫匹妇之为谅也，自经于沟渎而莫之知也。"［14.17］

大意是，子贡问："管仲不能算是仁人吧？桓公杀了公子纠，他不能为公子纠殉死，反而做了齐桓公的宰相。"孔子说："管仲辅佐桓公，称霸诸侯，匡正了天下，老百姓到了今天还享受到他的好处。如果没有管仲，恐怕我们也要披散着头发，衣襟向左开了。他哪能像普通百姓那样恪守小节，在小山沟里自杀，而谁也不知道呢。"

公子纠是齐桓公的哥哥，管仲是公子纠的臣子。所以子贡有此一问。和前面的一些托事而问不一样，这一问是一个很实际的问题，而且子贡有着很鲜明的倾向性。

钱穆先生认为："子贡所疑，徒见其小，而孔子之言，实树万世之大教，非为管仲一人辩白也。盖子贡专以管仲对子纠言，孔子乃以管仲对天下后世言，故不同。"钱穆先生对孔子的充分肯定，我们能够理解，但如果据此就否定子贡，实有不公。

我们可以相信，子贡认定管仲算不得仁人，也是依据孔子的思想，所以他在提问时才会有比较鲜明的倾向性。李零先生也说出了一点相关的背景：“孔子对管仲评价非常高，子贡也有异议。”不管怎么说，子贡敢于质疑的思维品质让我们敬佩。

通过以上四个方面的梳理和分析，我们不难发现子贡身上具有孔子其他学生所不具备的许多可贵特点，而这些特点正是做大事者所必需的素质。

《关山密雪图》

子路——最受老师喜欢的学生

子路

说到孔子最喜欢的学生，或许大家都会说，那一定是颜渊了。不错，论表扬得多，当然是颜渊。但表扬多就是最喜欢吗？就我做教师的经验，那不一定。表扬得多，只是就某种规范意义，就某种道德标准，那是最符合要求的，就像我们今天评“三好生”，那是有条例的，对照条例，颜渊自然是最优秀的。但老师最喜欢的，是不是“三好生”呢？那不一定。

依我理解，孔子最喜欢的，应该是子路。

我这样说，是有理由的。

一

子路，可以说是孔子最亲近的学生，至少说是最亲近的学生之一。

李零先生在《丧家狗——我读〈论语〉》中说，孔子77个弟子，《论语》中出现次数最多的是12个人，20次以上的有颜渊21次、子贡28次、卜商21次，10次以上的有，冉求16次、曾子15次、颛孙师18次，其他都只有几次，冉雍7次、宰我5次、樊迟6次、公孙赤5次、言偃8次，而仲由达42次。颜渊是因为逝世比较早，要不有可能更多一些。但不管怎么说，都可以看出子路是和孔子接触最多的学生之一。也可以说，他是常在孔子身边的人。孔子出行，周游列国，紧紧跟着的，有子路，而且打前站，问路探津，大多也是子路。

孔子两次生病，最能看出子路和老师的亲近。

第一次是：

子疾病，子路请祷。子曰："有诸？"子路对曰："有之。《诔》曰：'祷尔于上下神祇。'"子曰："丘之祷久矣。"［7.35］

这段话的大意是：孔子病重，子路请求向神祈祷。孔子说："有这种做法吗？"子路说："有的。《诔》文上说：'为你向天地神灵祈祷。'"孔子说："我自己祈祷很久了。"

对于这段文字有不同理解。有人认为，孔子本人也向鬼神祈祷，说明他是一个迷信天地神灵的人；也有人说，他已经向鬼神祈祷很久了，但病情却未见好转，表明他对鬼神抱有怀疑态度；还有人说，孔子认为自己平素言行并无过错，所以祈祷对他无所谓，说的是不满讽刺的话。对孔子之于神鬼的态度，我倒并不关注，让我感动的是子路对老师的感情。

钱穆先生说："子路之请祷，乃弟子对师一时迫切之至情，亦无可深非。"我不知道钱先生为什么要说"无可深非"，意思好像还有可非之处。但钱穆先生的前半句，是说在关键处的。

对这一点李零先生也有他的说法。他说："古人生病，医药针石无效，是靠祷词，祈求神灵，除病消灾，就像现在得了癌症，跑大医院，没法治，只好找气功师。出土楚简，有一种占卜简，就是占卜生病后的祷词。这里讲的是，孔子得病，子路着急，要给老师祷词。"

李先生的话，很有来头，总体是可以理解的。但"没法治，只好找气功师"的说法，似可商榷。我知道他在这里可能使的是鲁迅先生顺手一枪的笔法，但与事实可能不甚相符。以我的生活经验，不要说远古的时候，就我小时候，在老家农村，家里人病了，找医生自然是一个法子，但有些人家并不先找医生，而是采用祈祷一类的方法，或者请人在黄纸上画几道符，然后点着火在病人身上晃几圈烧掉。有一次，我一个人在家，突然浑身发冷，我的大婶，就用了这样的法子为我治病。我对我的大婶感情很深，这件事也是重要因素之一。

这里不再去做有关的考据，只是想说明，见老师一病，子路最是着急，未必就是到了老师的病成了疑难杂症。病应该是平常的，但子路的着急是真切的。由此可以看出鲁莽的子路，对待老师用心很细，用情很深。

还有一次闹出的动静就大了：

子疾病，子路使门人为臣。病间，曰："久矣哉，由之行诈也！无臣而为有臣。吾谁欺？欺天乎？且予与其死于臣之手也，无宁死于二三子之手乎？且予纵不得大葬，予死于道路乎？"[9.12]

也许这是好心办了坏事。但子路对老师的一片心意，实在难得。

儒家对于葬礼十分重视，尤其重视葬礼的等级规定。对于死去的人，要严格按照周礼的有关规定埋葬。不同等级的人，有不同的安葬仪式；违反了这种规定，就是大逆不道。孔子反对学生们按大夫之礼为他办理丧事，是为了恪守周礼的规定。

或许，这一次孔子病得很重，子路觉得老师是熬不过去了，于是赶快筹备丧事。

李零先生对这件事的评述是："子路对孔子无限忠诚，特别有感情，但经常挨孔子骂，为什么？原因是，他急脾气，热心肠，经常添油加醋，好心帮倒忙。""子路是好心办坏事，孔子破口大骂，他一定非常伤心。"对他的评述，我也只是同意一半。说"子路对孔子无限忠诚，特别有感情"是对的，说"孔子破口大骂"未必对，说子路"一定非常伤心"就肯定不对。

杨伯峻先生说："古代，诸侯之死才能有'臣'，孔子当时，可能有许多卿大夫也'僭'行此礼。"孔子于是很生气，就孔子其人而言，这肯定是对的。但由人之常情和上下语境来看，又未必是这样。

李泽厚先生的《论语今读》中有这样一段注："《正义》曰：夫子仕鲁为司寇，是大夫也。今子路尊荣夫子，欲用大夫丧葬之礼，故使门人为臣助治之。有臣死于臣手，礼也。夫子愿死于弟子者，以弟子情益亲也。"我深以为《正义》的说法是中肯的。一方面，子路的做法也不完全是没来由的胡闹，还是按规矩有道理的。而孔子也并非是真的在大骂子路，不过是表达更愿意死在学生怀里的愿望。这里面的细节我不想也没有能力追究。只是想说，无论从子路看，还是从孔子看，都可以发现子路和孔子的感情之深之真。这在今天难得，恐怕在当时也是很难得的吧。

《论语》中，还可以看到，孔子常常主动对子路进行亲切的教诲。

比如：

子曰："由！诲女知之乎？知之为知之，不知为不知，是知也。"［2.17］

瞧，这语气，是多么亲密，随便。《论语》中，大多是学生发问，孔子回答学生的问题，这样主动的教诲不是很多。这是对经常在身边的人才有的亲近态度。老师对学生，领导对下属，大致都是如此。不是喜欢的，如果没有问题，绝不会这样主动进行教诲。

再如：

子曰："由！知德者鲜矣。"［15.4］

这是对人事和世事极端感慨的一句话，恐怕不是可以随便对人说的，包括学生。表达的意思，恐怕有两个指向：一是感慨当世"知德"的人实在太少；二是感慨"知德"的人活得不容易。李零先生说"他很孤立"大概就是后一层意思。

还有：

子曰："由也！女闻六言六蔽矣乎？"对曰："未也。""居！吾语女。好仁不好学，其蔽也愚。好知不好学，其蔽也荡。好信不好学，其蔽也贼。好直不好学，其蔽也绞。好勇不好学，其蔽也乱。好刚不好学，其蔽也狂。"［17.8］

这段话的意思是：

孔子说："由呀，你听说过六种品德和六种弊病了吗？"子路回答说："没有。"孔子说："坐下，我告诉你。爱好仁德而不爱好学习，它的弊病是易受人愚弄；爱好智慧而不爱好学习，它的弊病是学问浮荡无根；爱好诚信而不爱好学习，它的弊病是由于轻信而受伤害；爱好直率却不爱好学习，它的弊病是说话尖刻；爱好勇敢却不爱好学习，它的弊病是犯上作乱；爱好刚强却不爱好学习，它的弊病是狂妄自大。"

《朱注》："六言皆美德，然徒好之而不学以明其理，则各有所蔽。"李零先生认为，这段话主要是针对子路的缺点讲的。我以为不妥。如果这段话是针对子路所讲，那么子路应该是一无是处了。"好仁不好学"，"好知不好学"，

"好信不好学","好直不好学","好勇不好学","好刚不好学",那还有什么优点呢?而从《论语》中,我们很容易发现,子路还是很好学的。他提的问题,应该是孔门学生中比较多的一个,就连孔子不也说"由也升堂"(11.15)了吗?我觉得,这段话只能表现孔子对子路殷切的希望,希望他能够在六德方面做到全面发展,且能够有德无蔽。李泽厚先生说,这是孔子在对子路传授自己非常实用的人生经验,这是"现实地处理人际关系和培育人性状态的实用教导"。很有见地。

也许理解可以有不同,但子路和孔子关系的亲近却是很明白的。

二

可以说,子路是孔子最值得信任的人。

子曰:"道不行,乘桴浮于海。从我者其由与!"子路闻之喜。子曰:"由也好勇过我,无所取材。"[5.7]

这是最有说服力的一段,也最为大家熟知。

对这一段的理解,也有许多不同:

杨伯峻先生的翻译是:

孔子道:"主张行不通了,我想坐个木排到海外,跟随着我的恐怕只有仲由吧!"子路听到这话,高兴得很。孔子说:"仲由这个人太好勇敢了,好勇的精神大大超过了我,这就没有什么可取的呀!"

钱穆先生的翻译是:

先生说:"在这世间,吾道是不能行了。我想乘木筏,漂浮到海外去,算只子路一人会和我同行吧!"子路听了大喜。先生说:"由呀!你真好勇过我,可惜我们没处去弄到这木筏啊!"

其他各家,说法也多有不同。主要分歧在于对"无所取材"的理解。除了杨伯峻先生理解为"没有什么可取",钱穆先生理解为"没处去弄到这木筏"以外,李泽厚先生理解为"不知道如何剪裁自己",李零先生理解为"造船的材料没处找",还有人理解为"其他方面,没有什么可取的"。种种解释,主要是两种意见：一是说子路的不足，一是说没有办法找到木筏。

我们以为，无论从说话的思路还是孔子的精神态度来看，这里把说话的重心转移到批评子路是毫无道理的。这段话的话头，是孔子表达自己“用之则行，舍之则藏”的用世态度。李零先生认为，这段话可能是说在周游列国的途中（前497—前484），或者返回鲁国之后。就是说，这是孔子表达自己周游列国遭遇冷落之后的感受和感慨，而不是教育子路也不是以子路为反面典型教育其他学生。恰恰相反，我以为这段话，表达了孔子对子路的特别喜欢。从人之常情的角度看，失意之时，失落之中，有一种逃离的想法，是多么正常。儿时的我如此，成年的我也是如此，近年的我还是如此。相信很多人也和我一样。大多数时候，我们不是不想逃，只是没有竹筏而已。孔子虽然被尊为圣人，但从其言行来看也不至于太上忘情，想逃离到海上去或者海外去，都是可以理解的。但他毕竟是儒家之圣祖，他是不可能真正出逃的（也无处可逃），所以还是找个没有筏子的借口再收回自己的心思，这是很自然的，很合情理的，这也正是他思想的矛盾之处。如果最后把矛头指向子路，就成了没有来由的骂人了。

在这失落之中，想到子路，正说明子路在他心中的可爱和可信任。这是人之常情，无论你用什么形式出逃，如果要找一个陪伴的人，肯定是选择你最信任的人。而孔子信任子路，恐怕又不仅仅是由于子路的勇，而更多的是由于子路的率真和忠诚。这在《论语》中是不难找到依据的。

如果我们立足人之常情反复揣摩“从我者其由与”这句话的意思，或许会玩味出孔子对子路的深度信任吧。对这句话，杨伯峻先生的翻译是“跟随着我的恐怕只有仲由吧”，钱穆先生的翻译是“算只子路一人会和我同行吧”，为什么“恐怕只有”，为什么“算只子路一人”呢？这一方面可以从子路和其他学生的角度看，也可以从孔子和子路之间的关系看。但不管哪个角度，都说明子路和其他所有学生比，是最值得信任的。所以，当孔子想到逃的时候，他就想到一个人，就是子路。这不会只是因为子路的勇。因为思“退”想“逃”，并不是和什么危险紧紧联系在一起的事情。即使在考虑到危险的时候，想到陪伴自己的那个人，也应该是自己最信任的人。

三

子路，是孔子批评得最多的一个学生。而在这些批评中，我们看到的，更多的是孔子对子路不同于一般学生的欣赏和喜爱。印象中，除了宰我，挨孔子骂多的学生就该是子路了。而论次数，大概是子路最多。

前文的有些例子已经可以说明这一点。这里再看几个例子。

子谓颜渊曰："用之则行，舍之则藏，惟我与尔有是夫！"子路曰："子行三军，则谁与？"子曰："暴虎冯河，死而无悔者，吾不与也。必也临事而惧，好谋而成者也。"［7.11］

这一次，子路是自己找骂的，问题出在小心眼作怪。看到老师表扬颜渊，把颜渊视为知己，他有点吃醋了。于是对老师提出了一个很尖刻的问题，老师自然没有好声气。但就是这样，我们还是从这并不严厉的批评中听出了些许嗔怪。

再如：

子曰："衣敝缊袍，与衣狐貉者立，而不耻者，其由也与？'不忮不求，何用不臧？'"子路终身诵之。子曰："是道也，何足以臧？"［9.27］

意思是，孔子说："穿着破旧的丝棉袍子，与穿着狐貉皮袍的人站在一起而不认为是可耻的，大概只有仲由吧。(《诗经》上说：)'不嫉妒，不贪求，还能有什么不好呢？'"子路听后，反复背诵这句诗。孔子又说："只做到这样，怎么能说够好了呢？"

这一段批评，和表扬紧紧联系在一起。首先是表扬子路具有良好的品德，不慕富贵，不愧贫困，不嫉妒，不贪求。子路便把老师表扬自己时引述的两句诗常常挂在嘴上，于是遭到老师的批评：满足于此，怎么会有更大的进步呢？子路的可爱，老师对子路的喜爱，表现得极其传神。

爱之深，则责之切。孔子对子路的批评，几乎都是在肯定优点的同时提出更高的要求，而且在孔子对子路的批评中常常隐含着对他的欣赏。

《子路、曾皙、冉有、公西华侍坐》是大家都很熟悉的一段。当子路脱口而出表达了自己“千乘之国，摄乎大国之间，加之以师旅，因之以饥馑，由也为之，比及三年，可使有勇，且知方也”的志向时，“夫子哂之”。于是曾皙问道：“夫子何哂由也？”孔子说：“为国以礼，其言不让，是故哂之。”孔子的笑，是一种批评，但也是一种欣赏。钱穆先生说：“孔子既喜子路之才与志，而犹欲引而进之，故微笑以见意。”“非笑子路之志，乃笑子路之直言不让耳。”我以为，这一说法可取。

在孔子对子路的批评中，主要是批评他的鲁莽和直率。但这在孔子内心大概也是矛盾的，一方面他觉得这样的鲁莽是难以有大作为的，但另一方面他又不喜欢曲里拐弯的人，而对这样的率真，骨子里是喜欢的。因为孔子也是一个喜欢直言不讳的人。在《季氏将伐颛臾》中，他明确表示“君子疾夫舍曰欲之而必为之辞”。

孔子的良苦用心是希望子路能够更好地把握率真的分寸。李泽厚先生《论语今读》在 17.8 的“记”中说：“此亦可释‘学’的重要，此‘学’即在如何掌握合适的‘度’”，“苟非其度，一切好品德也将是大毛病，亦见此‘学’非思辨，乃实践”。我觉得这段话也可以用来解读孔子对子路所有批评。

孔子对子路批评最重的大概是这一次：

子路使子羔为费宰。子曰：“贼夫人之子。”子路曰：“有民人焉，有社稷焉，何必读书，然后为学？”子曰：“是故恶夫佞者。”［11.25］

大意是：子路让子羔去做费地的长官。孔子说：“这简直是害人子弟。”子路说：“那个地方有老百姓，有社稷，治理百姓和祭祀神灵都是学习，难道一定要读书才算学习吗？”孔子说：“所以我讨厌那种花言巧语狡辩的人。”

理解这一段，我们可以分为两个问题来看。一是子路该不该让子羔去做费地的长官，一是子路是否是花言巧语狡辩的人。孔子一开始是批评前者，然后是批评后者，而以批评后者为重。李泽厚先生认为：“因为孔子一贯重视实践，强调力行，书本知识是次要的。子路用这话塞孔子的口，是以子之矛，刺子之盾。孔子似乎没话可说，只好如此回答，神态如见。”

可以说，子路这一次的确是很狡猾地在对付老师，惹怒了老师，挨了严厉批评，是自讨苦吃。不过，如果联系他的一贯表现，孔子批评这一次，倒是肯定了他一贯的直率和坦诚。就像我们做老师的，某一天发现一个一贯诚实的孩子撒了谎，于是很严厉地告诉他：你一向很诚实，可今天为什么要狡辩呢？

子路挨老师批评，有时候是由于他先批评老师引起的，而这又正反映了子路和老师关系的不同一般：

子路曰："卫君待子为政，子将奚先？"子曰："必也正名乎！"子路曰："有是哉，子之迂也！奚其正？"子曰："野哉，由也！君子于其所不知，盖阙知也。名不正则言不顺，言不顺则事不成，事不成则礼乐不兴，礼乐不兴则刑罚不中，刑罚不中，则民无所措手足。故君子名之必可言也，言之必可行也。君子于其言，无所苟而已矣。"［13.3］

我读这一段，觉得子路简直就是挑衅老师，是设计好一个圈套让老师钻。尽管孔子借题发挥阐述了一通"正名论"，而且这一段话流传非常之广，在儒家学术里有着很重要的地位。从论理的角度看，孔子的确很占上风，子路也只能垂手听老师训斥，不能置一词。但我分明觉得子路一定在窃笑，或者一边恭敬地听老师讲解，一边干脆就嘴角上挂着笑意：因为他很成功地逗了老师一次。

因为这样的提问，实在是没有来由。老师到卫国找工作，他干吗要横插这一杠子呢？而且顶撞得也很没有道理。"有是哉，子之迂也！奚其正？"听这口气，似乎子路倒成了老师。问题是他提出的，老师的回答也很诚恳，他竟然给老师当头一棒。而且听这语气：三个短句，两个反问，一个感叹，句式短促，态度强硬。这是极为不合情理的。难怪孔子痛斥一句："野哉，由也！"但说真的，这生气并不像是真的，比起批评冉有的那句"君子疾夫舍曰欲之而必为之辞"，要客气多了。有点像我们遇到调皮而又喜爱的学生故意刁难或者拿自己开心，骂上一句"你这家伙，真不像话！""你这小子，没大没小！"之类是很相似的。从人之常情看，特别是做老师的，发火，未必就是生气；骂人，或许正是喜欢。

说真的，写完这一篇，我是很心虚的。因为无论从学术还是学理上，我这些想法，可能都是站不住脚的。说到底，与其说子路是孔子最喜欢的学生，还不如说子路是我最喜欢的孔子的学生。当然，如果强词夺理，说我喜欢和说孔子喜欢，两者是并不矛盾的。后来从一些书中得知，钱钟书先生和一些颇有名望的学者也以为子路是孔子最喜欢的弟子，心里又多了一点底气。

《山居图》

子游——聪明乖巧的吴国“留学生”

子游

言子，名偃，字子游，是孔门中唯一的南方人，也是典型的南方人，聪明乖巧，机灵可爱，充满灵气。用苏州人的话说，什么事情他都“拎得清”。

最能表现子游聪明乖巧的，是这样一件事：

子之武城，闻弦歌之声。夫子莞尔而笑，曰：“割鸡焉用牛刀？”子游对曰：“昔者偃也闻诸夫子曰：‘君子学道则爱人，小人学道则易使也。’”子曰：“二三子！偃之言是也。前言戏之耳。”［17.4］

子游在鲁国当武城宰的时候，一天，孔子带着几个学生来到武城，听到了处处有弦歌之声，于是微笑着对迎接他的言偃说：“割鸡焉用牛刀？”意思是治理这个小地方还用得着以礼乐来教育吗。言偃恭敬地回答说：“以前老师曾教导我们，做官的学习了礼乐仁义就会有仁爱之心，老百姓学习了礼乐仁义就容易听使唤。”学生的回答使老师十分满意。孔子对随同他一起来的学生说：“言偃的话是正确的，我刚才那话不过是与他开个玩笑罢了。”可见，子游对孔子的思想，不仅能深刻理解，而且做到了身体力行，体现在自己的政务之中。不仅如此，我们还可以从中品读出许多有意思的东西。

这是《论语》中故事性很强的一段，气氛宽松和谐，孔老师也显得平易近人。他是难得和学生开玩笑的。

这段话看起来比较明白，但也有不同的理解。

钱穆先生以为“割鸡焉用牛刀？”一句有两解：“一言其治小邑，何必用礼乐大道。其实深喜之。一言子游之才而用于武城小邑，则深惜之也。然承上莞尔而笑，终是喜深于惜。”但也有人不这样理解。

李泽厚先生则以为："其实孔子并非开玩笑，割鸡本不必用牛刀，小官又何须大作。但孔子又不好认真如此说，当时神态似可见。"

李零先生则说："孔子到武城参观，大概觉得武城是个小地方，不是推行教化的理想地点，子游有点小题大做，所以跟他说，'割鸡焉用牛刀'。"

显然，两位李先生意见比较接近，都认为孔子在批评子游。

三个人的意见，基本上也是历代不同注家意见的综合，概括起来，其实就是两种：一是认为孔子是在批评子游，一认为孔子对子游的批评是假，欣赏表扬才是真。

我的意见和钱穆先生完全相同。不管怎么说，孔子的话实在不像是在批评。上文的"莞尔而笑"和下文的"二三子！偃之言是也。前言戏之耳"都是有力的证明。应该说，孔子的得意之情是溢于言表的，不仅表扬了子游，而且也表扬了自己，就像今天老干部看到自己精心栽培的部下完全坚持自己的政治路线而且大有成就，或者像教师看到自己的得意高足取得了辉煌成就。我觉得，"割鸡焉用牛刀？"理解为孔子故意卖个关子，或者欲扬先抑，或者是考验考验其他学生，也未尝不可。我不知道李泽厚先生的"孔子又不好认真如此说，当时神态似可见"的根据是什么。

这些自然不是我关注的重点，我要说的是子游的聪明过人，机灵可爱。我想，他一定知道孔子的批评其实是在表扬。如果往坏里想，武城中传来的唱歌弹琴的声音可能就是子游专门为孔子安排的，他知道他的老师需要什么。但更聪明的是，他知道老师不是在批评自己而恰恰把老师的话故意理解成是在批评自己，然后再针对老师的"误解"做一番表白，借此表现出自己对老师思想理解之深领悟之透运用之活，而且也是对老师思想的进一步宣扬。这样的聪明劲的确不是一般人所有的。你看：我在武城可是都按照你的思想在做的啊！瞧这话说得多甜，谁听了谁喜欢。要论智商，孔门弟子都不会低，聪明到这样的地步的实在不多。尽管手段不是特别高明，但事实证明效果不错。这样的聪明是取巧的讨好的，你听孔子的话："同学们，言偃的话是对的。我刚才说的话，只是开个玩笑而已。"就等于是号召大家向子游学习了，连自我否定的手法都用上了。如果将这样的应答和宰我、子路之流一比，其高人之处显而易见。我经常和学生说：说别人的不是难，说别人的好话更难。不要以为马屁好拍，对智商对语言素养对情商的要求都很高。——当然我只是纸上谈兵。

子游的聪明乖巧还表现在和人相处之中。

有一件事也是发生在孔子巡视武城的时候。

子游为武城宰。子曰：“女得人焉尔乎？”曰：“有澹台灭明者，行不由径，非公事，未尝至于偃之室也。”［6.14］

子游做了武城的长官，孔子问他：“你在武城得到人才没有？”子游回答说：“有一个叫澹台灭明的人，从来不抄小路，没有公事，从不到我屋子里来。”言下之意是此人行为端正，不对上司拍马奉承，是可以重用的一个人才。这说明，言偃很能识别人才，当了官以后，不是专喜听恭维话，不是喜欢成天在自己身边转的人。这已经难能可贵，我们今天的干部就有许多人做不到。

我相信孔子听完这样的汇报一定很是开心，而且受这段话的影响很大。

《史记·仲尼弟子列传》中说，澹台灭明，是武城人，澹台，姓，灭明，名，字子羽。少孔子三十九岁。“状貌甚恶。欲事孔子，孔子以为材薄。既已受业，退而修行，行不由径，非公事不见卿大夫。”“南游至江，从弟子三百人，设取予去就，名施乎诸侯。孔子闻之，曰：‘吾以言取人，失之宰我；以貌取人，失之子羽。’”我想，“行不由径，非公事不见卿大夫”，就应该指的是他在子游手下当差的时候，而且很有可能就是取了子游说的话。正因为这件事，孔子说出了一通自责的名言：“吾以言取人，失之宰我；以貌取人，失之子羽。”读了这段话，我除了为可怜的宰我抱不平之外，觉得这句话的确很有哲理，而且表现了孔子可贵的自责精神。

成就这一段佳话的就是子游。应该承认，子游说这样一段话，是要胸怀和胆识的。大家都知道，澹台灭明和子游是同学。同学同学，实在是一个极其微妙的关系。因同学而生忌恨之心的，和因同学结为死党的一样多。李斯和韩非是血淋淋的例子。不要说古人，我就知道某学校的校长和书记是大学同学，两个人斗得是你死我活。但子游就有这样的雅量，叫人佩服。他就能高调把澹台灭明当作人才推出来，而且把他说得这样优秀。这是很难得的，能这样做的人并不多。

更重要的是，澹台灭明还是孔老师退学的学生。尽管是老师让他退学，还是自己主动退学，不太明确，但应该是老师让他退的可能性大，“以为材薄”是个暗示。孔子不太欣赏澹台灭明还是很清楚的，所以后来他才自责。我不好悬猜澹台灭明怎样来到子游的手下当差，但我相信是子游主动聘请的。按一般情况，这时候老师问到手下人才情况，最好说说空话，或者干脆含糊其辞，避开澹台灭明说说其他人也是一个策略。但子游居然直接推出了被老师退学的澹台灭明，而且非常高调。这对子游来说很危险。大概由于孔子实在喜欢这个来自南方的聪明学生，居然一点没有生气。估计“割鸡焉用牛刀”的事在前，所以赞美澹台灭明时，孔老师心情很好，非但没有生气，还进行了一番自我反思。孔子极为重视发现人才、使用人才。他问子游的这段话，反映出他对举贤才的重视。当时社会处于大动荡、大变革时期，各诸侯国都重视接纳人才，尤其是能够帮助他们治国安邦的有用之才，这是出于政治的需要。从大处想，这大概也是孔子不生气的原因。更具体地说，这是子游时机抓得比较好。设想，如果不是在孔子主动关心人才问题时，情况可能要复杂得多。

当然，子游绝不是总是说别人好话的人，要是这样，也就算不得真的聪明，而是媚俗。这样的人，在孔门中也没有市场。子游也常常指出别人的不足，甚至措辞还比较激烈。比如：

子游曰：“吾友张也为难能也，然而未仁。”［19.15］

意思是，子游说：“我的朋友子张是很难得的了，但是还没有做到仁。”

子张也是子游的同学，也是孔门中一个有影响的学生，《论语》中他出场18次，看来很活跃。那么，子张到底有什么问题呢，子游说他“未仁”。《朱注》里说：“子张行过高，而少诚实恻怛之意。”就是说，子张有点张扬，不够诚实，缺少恻隐同情之心。但我们觉得《朱注》不甚可靠。倘若如此，上文的“为难能也”是指什么呢？

《论语·宪问》中有这样一段可以参证：

宪问耻。子曰:“邦有道,谷;邦无道,谷,耻也。”“克、伐、怨、欲不行焉,可以为仁矣?”子曰:“可以为难矣,仁则吾不知也。”[14.1]

以此参照,子游的朋友子张应该是一个很不错的人,已经达到了“可以为难”的境界了,而绝不至于像朱子所说的“少诚实恻怛之意”,因为倘如此是不能说是“为难能”的。子游的聪明就在于既充分肯定了朋友的长处,在为人和学问方面所达到的境界,但又非常明确地定性“但是还没有做到仁”。对人的评价这样拿捏得恰到好处,不是一般人能做到的。子张知道后是什么态度,《论语》中没有写。我觉得不大可能生气,但也不会太高兴。如果气度不是太狭小,自视不是太高,应该是高兴的。而现在我们看到的大多数情况是:只要是“哥们”,只要是同党,就一味说好话,简直完美无缺;只要是异己,只要自己看不惯,只要与自己的发展和进步有“冲突”,往往都是一无是处。可见,子游的聪明不仅仅是看人很审慎,表达很有分寸,而且品格上也不苟且。看来孔子很是喜欢,是有由来的。

还有一章可以作为证明:

子游曰:“子夏之门人小子,当洒扫应对进退,则可矣,抑末也。本之则无,如之何?”子夏闻之,曰:“噫!言游过矣!君子之道,孰先传焉?孰后倦焉?譬诸草木,区以别矣。君子之道,焉可诬也?有始有卒者,其惟圣人乎!”[19.12]

意思是,子游说:“子夏的学生,做一些打扫和接待客人的工作是可以的,可这些只是末节小事。根本的东西却没有学到,这怎么行呢?”子夏听了,说:“唉,言游错了。君子的道,哪些先传授,哪些后教诲呢?就和草木一样,都是分类区别的。君子的道,怎么可以欺骗学生呢?至于能够有始有终,对于小事末节和根本道理都学通了的,恐怕只有圣人吧!”

这一则故事写得也非常生动,很有意思。这一次子游的话说得很率直,有点尖刻,子夏的对答也很可爱。子夏和子游都是十哲,而且同列为“文学”科。李泽厚先生说“子夏传经,影响汉代至巨,乃孔门嫡传人也”,想必是有根据的。

他还罗列了对最后一句的不同理解："有强调无所谓本末，末即是本，洒扫应对即见本体，阳明学派所谓端茶童子即是圣人，在日常生活、普通行为中即可识本体、见心性、致高明，即一胜解，但此实受佛学禅宗影响故。大多解作教学需循序渐进，先小节，后大事，先实践，后理论，先末务，后本体。或解作因材施教，区别培植。"

钱穆先生则在此基础上有所发挥，他认为"有始有卒"一句的意思是：君子教人有序，先传以近小，后教以远大。所谓循循善诱。若夫下学而上达，本末始终一以贯之，则惟圣人为能。然则小学始教，人人可传，根本大道，则非尽人可得。此下孔门传经之功归于子夏，而《戴记》礼运大同之篇或谓原于子游之绪言，两人学脉，亦于此可见其有别。

可接着，他又在这一则的按语中说了一段和稀泥的话："今按：游、夏同列文学之科，子游非不知洒扫应对进退为初学所有事，特恐子夏之泥于器艺而忽于大道，故以为说。子夏亦非不知洒扫应对进退之上尚有礼乐大道，不可忽而不传。是两人言教学之法实无大异，读者若据'言游过矣'四字，便谓子游之言全非，则失本章之旨。"

我觉得先生最后的担心是多虑的，而"两人言教学之法实无大异"的结论，可能也是拉和劝的说法，以先生的眼力不会看不出两人之间的矛盾。

倒是李零先生说得痛快明白：

"'有始有卒者，其惟圣人乎'，有始有终，只不过是有恒者，根本不是圣人。子夏这么讲，是有违夫子之道的。

"子游和子夏皆长于文学，但彼此不合。

"子游批评子夏，认为他是有末无本。他的学生太注意礼仪的微末细节，失去了礼仪的根本，也就是道，捡了芝麻，丢了西瓜。子夏的特点是细，因为细，所以行动迟缓，孔子说'商也不及'（《先进》11.16），原因在这里。

"孔子批评子夏，他不敢不服；子游批评他，他不以为然。他说，学要循序渐进，贵在有始有终。没有始，焉有终。人都是从小事做起，没有小，焉有大。学道就要从'洒扫应对进退'这些小事做起。

"子夏重小道，子游重大道，这是两者的不同。"

李零先生的痛快，是挑明了子游和子夏的矛盾，而且似乎明确地站在了子游一边。

我引述三位意见的目的，是说对关键句和这段话宗旨的理解有很大差异，并想以此说明子游对子夏的做法很不以为然。这从“子夏之门人小子，当洒扫应对进退，则可矣，抑末也。本之则无，如之何？”这句话的语气和字里行间是能看出来的。子游的话毫不含糊，简洁明白，而子夏也看得清清楚楚，所以也毫不含糊，针锋相对，反唇相讥。

我要说的是，子游的聪明就在于：一方面鲜明地表达自己的观点；另一方面，又能容忍别人的陈述。即只是表达自己的观点，而不是要否定别人的观点。所以子夏一段慷慨陈词后，便不再纠结。如果稍加分析，就会发现子夏这一段话，语气是很强硬的，带着明显的情绪，一点也不心平气和。从表达的篇幅中，尤其是从一个“噫”字中可以很容易看出来。“言游过矣！”更是带着强烈的不满。再看句式，更是语气强烈。短短的一段话中，三个叹号，三个问号。但子游的聪明，就是不再说话。倘若子游再接着进行辩驳，或者引出孔子和其他人的话加以反驳，那就显得很无趣。子游不会这样傻。他的观点表达清楚了，你可以陈述，别人可以议论，他便不再言语。表达，是为了陈述自己的观点，而不是为了否定别人的观点。这样的智慧，并不是大家都能发现，都能理解，都能做到的。

当然，子游的聪明并不都表现在人际关系之中。他善于独自思考，并且常常能提出自己的看法。比如他关于“孝”的思考。

他先是向老师提出了这个问题：

子游问孝。子曰：“今之孝者，是谓能养。至于犬马，皆能有养；不敬，何以别乎？”［2.7］

然后又表达了自己的见解：

子游曰：“丧致乎哀而止。”［19.14］

前一则主要是提出问题，后一则是表达自己的看法。

前一则是说，子游向孔子请教什么是孝道。孔子说：“现在人们所谓的孝，往往是指能够赡养父母。其实，就连狗马之类都能够得到人的饲养。如果没有恭敬之心，那么赡养父母与饲养狗马之类又有什么区别呢？”孔子强调孝道的根本在于“敬”。

后一则表达子游自己对于“丧”的看法，大意是：“丧事做到尽哀就可以了。”这里值得关注的是“哀”。李零先生解释说：“‘哀’不同于‘恸’，只是淡淡的悲伤。”钱穆先生做了一点发挥：“丧礼只以致极乎居丧者之哀情而止，不尚文饰。然若过而至于毁身灭性，亦君子所戒。”两相比较，子游对于“孝”和“丧”还是有自己独到见解的。孔子无论是论孝还是论丧都是站在父母的立场，而子游则站在后辈的立场；或者说，孔子是站在“礼”的立场，而子游是站在人情的立场。

言偃到孔子这里求学，主要就是学习“礼”。这是周朝一种道德规范和等级关系具体表现的一门学问。它的使用范围非常广泛，当时的人评论一件事是否正确，总是以“礼也”和“非礼”来划分。“克己复礼”更是孔子的核心主张，这在《论语》中有多处表现。“孝”更是和“礼”紧密相连，也可以说是“礼”的一部分。“丧”则和“孝”紧密相连，也可以说是“孝”的一部分。可见，子游讨论的是一个重大命题。可贵的是他不仅仅提出问题，而且提出了自己的鲜明主张。并且这个观点很大胆，或者说是很超前。如果把这一观点和宰我关于居丧三年时间太长的观点进行比较，会发现两个人的观点十分接近。这里没有交代孔子的态度，但我们估计孔子对此肯定是清楚的，但并没有坚决反对。这就见出子游的聪明。

对事君和事友，子游也提出了非常独到而深刻的看法：

子游曰：“事君数，斯辱矣。朋友数，斯疏矣。”［4.26］

对这句话有不同的理解。钱穆先生注：“此数字有两读：一读色角反。逼促义，又烦琐义。一读世主反，数说义。事君交友，见有过，劝谏逼促，或过于烦琐，必受辱，或见疏。或求亲昵于君友，以逼促烦琐求之，亦必受辱，或见疏。若依数说义，于君友前数说己劳己长，或数说君友之短及其不是，亦将受辱见疏。”

钱先生说的两读，按照现在的注音，一是读 shuò，一是读 shǔ。我们见到的译文，基本都采取第一说。杨伯峻先生的翻译为：“对待君主过于烦琐，就会招致侮辱；对待朋友过于烦琐，就会反被疏远。”也有人译为：“劝谏君主过多，会遭到羞辱；劝谏朋友过多，则会被疏远。”似乎是取钱先生所列出的第二种理解。李零先生的解读不同一般，很有意思。他解读为：“人和人的关系不能太密切，来往不能太频繁。”当然，他并不是一般的翻译，但大意的理解还是和许多人不同。

我倒觉得，众多的不同理解正说明子游这句话说得精彩，说得丰富，寓意也丰富。

很多人在注说这一条时都要引出《论语·颜渊》中的一则：

子贡问友。子曰：“忠告而善道之，不可则止，毋自辱也。”［12.23］

大意是：子贡问怎样对待朋友。孔子说：“忠诚地劝告他，恰当地引导他，如果不听也就罢了，不要自取其辱。”

古人把君臣、父子、夫妇、兄弟、朋友称为“五伦”。伦，即人伦，就是人与人之间的道德关系。孟子认为：君臣之间有礼义之道，故应忠；父子之间有尊卑之序，故应孝；兄弟手足之间乃骨肉至亲，故应悌；夫妻之间挚爱而又内外有别，故应忍；朋友之间有诚信之德，故应善。所以，忠、孝、悌、忍、善为“五伦”关系的准则。

在人伦关系中，“朋友”一伦是最松弛的一种。对待朋友的错误，要开诚布公地劝导他，推心置腹地讲明利害关系，如果他坚持不听，也就作罢。这也是“善”的一种表现。因为朋友毕竟不是君臣，不是父子，也不是夫妻兄弟。如果别人不听，你一再劝告，就会自取其辱，也会惹得朋友不开心，甚至连朋友也会做不成。这是交友的一个基本准则。其实，孔子这里所讲的，是对别人作为主体的一种承认和尊重。应该说，孔子的交友观念是变通的，也是很宽容很实际的交友之道。

就交友这一点上看，子游和老师没有什么本质的区别。但他可贵的是将同样的道理延伸到君臣这一伦上。这是了不得的胆识。中国历史上历来赞赏的多是诤臣，甚至比忠臣还受到尊敬。死谏的故事和传奇总是脍炙人口。因为君臣这一伦是靠“礼义”维系的，这是关系到社稷的大事，是政治，是原则，是不能不尽忠的。可子游却大胆地说“事君数，斯辱矣”。胆是大了一点，但说的是真话。一是切合君主的人情，二是切合大臣的人情。君主也是常人，尽管“良药苦口，忠言逆耳”的道理都懂，但不喜欢听逆耳之言是人之常情，更何况是经常在耳边聒噪。从大臣的角度看，明哲保身，也是一般人的心态。死谏的大臣大多也是出于某种利益驱动和欲望的满足，尤其是遇到说多了嫌烦的君主。连圣君唐太宗也差点杀了魏征。这一点，子游看得很透，真是聪明了得。

按照我们今天的说法，子游是典型的留学生。从当时的交通条件来看，那距离比今天到美国都远，可见子游求学的决心。我甚至惊诧于子游通过什么途径知道鲁国有这样一位大儒，有这样一位教育家，不远万里来到鲁国，其好学精神感人至深。所以入学之后，学习认真，成绩优秀。孔子有弟子三千，贤人七十二，言偃即为七十二贤人之一。孔子授徒，设有德行、政事、言语、文学等“专业”。这些“专业”共有优秀学生十名，后人称为“十哲”。他们分别为：德行：颜渊、闵子骞、冉伯牛、仲弓；言语：宰我、子贡；政事：冉有、季路；文学：子游、子夏。因言偃名列第九，故后人又称为“十哲人中第九人”。又因言偃为孔子学生中唯一的南方人，所以又被称为“北学中国，南方一人”和“南方夫子”。可见，他在孔门中地位之高。后人称他为“言子”，就是出于对他的尊敬。

说孔门人才荟萃，是毫不夸张的。而要在那样的群体中得到老师的赏识，得到同学的认可，进入“前十名”，是不容易的。这可见子游无论是读书还是做人都很成功。这个成功，一是由于他的聪明好学，成就的确很突出；一是由于他很乖巧，察言观色，机敏灵活，善于处世。这一点上我是很有教训的，既不聪明，没有什么成就，又不会处世。真后悔早先没有好好读《论语》。

子夏——老师“可与言诗”的知音

子夏

子夏，名卜商，子夏是字，春秋末年人，“孔门十哲”之一，七十二贤之一，人称卜子。以“文学”著称，但性格勇武，颇通军事，是孔门难得的文武全才，是孔子弟子中颇具影响的一个。

很多人对子夏都作出了很高的评价。

有人说，孔门弟子之有著作传世者，以子夏为最多。相传《论语》为子夏与仲弓合撰。《毛诗》传自子夏，《诗序》即为子夏作，《仪礼·丧服篇》亦传自子夏。《易传》一卷，亦子夏所撰。汉人徐防有“诗、书、礼、乐，定自孔子；发明章句，始于子夏”之说。

有人说子夏在传播儒家学说上，独立形成一派，对传播孔子的思想做出了极其杰出的贡献。他一生博学笃志，传授五经，后世治五经的学者，大都认为他们的学说托之于卜商的传授；他不但学识渊博，整理和传播古代文献有着杰出的贡献，更重视躬行实践，讲究道德修养，为人师表，以身作则，为后人留下良好的形象。

还有人认为，子夏不仅在传播儒家经典、发扬儒家学说、继承和发展孔子思想方面贡献卓著，而且在培育具有法家思想特色的弟子等方面也有不同寻常的建树。子夏晚年，到魏国西河一带教学，李悝、吴起都是他的弟子，魏文侯也尊以为师，他开创的“西河学派”培育出大批经国治世的良材，并成为前期法家成长的摇篮。《史记》也说“如田子方、段干木、吴起、禽滑厘之属，皆受业于子夏之伦，为王者师”（《史记·儒林列传》）。

对这些说法，我自然无力定其是非。但说子夏做学问成就巨大，我是笃信的。因为我读《论语》，对他的印象就是：这是一个很地道的做学问的人。

这个印象首先来自这样一章：

子夏问曰："'巧笑倩兮，美目盼兮，素以为绚兮。'何谓也？"子曰："绘事后素。"曰："礼后乎？"子曰："起予者商也，始可与言《诗》已矣。"［3.8］

这一章，大意是，子夏问孔子："'美丽的笑容真好看啊，美丽的眼睛真明亮啊，再用素粉来打扮啊。'这几句话是什么意思呢？"孔子说："这是说先有白底然后画画。"子夏又问："那么，是不是说礼也是后起的事呢？"孔子说："商，你真是能启发我的人，现在可以同你讨论《诗经》了。"

大意是比较明白的，但如果要落实，却有很多的地方有不同理解。

首先，杨伯峻先生对这一章的翻译就很有意思：

"'有酒窝的脸笑得美呀，黑白分明的眼流转得媚呀，洁白的底子上画着花卉呀。'这几句诗是什么意思？"孔子道："先有白色底子，然后画花。"子夏道："那么，是不是礼乐的产生在（仁义）以后呢？"孔子道："卜商呀，你真是能启发我的人，现在可以同你讨论《诗经》了。"

不同的理解主要是这样几点：

一是"绘事后素"的理解。钱穆先生注释道："古人绘画，先布五采，再以粉白线条加以勾勒。或说：绘事以粉素为先，后施五采，今不从。"李零先生的解释是："'绘事后素'，有两说，一说据《礼记·礼器》的'白受采'，一说据《考工记》的'绘画之事后素功'。前者是白底施彩，后者是白色为彩画钩边，意思全不一样。这里应以前说为是。"两位先生的意见完全相反。我们所见的资料，赞同李说的多。

二是"礼后"的理解。本来，对"绘事后素"的理解就决定了对"礼后"的理解。但钱穆先生和李零先生又产生了分歧。钱穆先生说："子夏因此悟人有忠信之质，必有礼以成之。所谓忠信之人可以学礼，礼乃后起而加之以文饰，然必加于忠信之美质，犹以素色间于五采而益增五采之鲜明。"很显然，钱穆先生认为人"忠信之美质"是底子，"礼乃后起而加之以文饰"的。李零先生说："古人说'礼文'，'礼文'的'文'有如绘画的文彩，是画在'礼'的白底子上。子夏问'礼后乎'，意思是，'礼'就是画画的底子吗？孔子很高兴，认为子夏对《诗》的理解很对，对他很有启发性。"很显然，李零先生先生认为“礼”就是画画的底子，也就是人的“底子”。两位的理解也完全相反，我们看到的资料，赞同钱穆先生说法的为多。

三是孔子的话是对谁而言的。一是对子夏言说，如杨伯峻先生的翻译。一是对其他的人言说，钱穆先生就是这样的理解。

我引述这样的不同理解，只是想说明子夏提了一个很有意思的问题。首先这是一个学术性很强的问题。它既不像有些学生提出的一般意义上的“仁”“智”“孝”之类的比较抽象空泛的问题，也不像有些学生结合工作实际提出的有关做官做事的问题，而是由具体的诗句提出读《诗经》中产生的困惑。更可贵的是这个问题不是就事论事地理解几句诗的问题，而是在几句诗的理解中蕴含着更有价值的问题。所以，在孔子回答之后子夏很快追问了关于“礼”的理解。发现问题，主动迁移，由此及彼，提问的过程，提问的内容，都表现出子夏思维的主动性，和举一反三的优秀思维品质。而这些都是一个研究学问的人所不可或缺的。难怪孔子会很高兴地说：“卜商呀，你真是能启发我的人。现在可以同你讨论《诗经》了。”理解孔子这句话，我们一定要很好地体味这个“起”字。杨伯峻先生在注释这个“起”字时说：“友人孙子书（楷第）先生云：‘凡人病困而愈谓之起，义有滞碍隐蔽，通达之，亦谓之起。’”当然，“起”理解为“启发”意思已经明了，但结合孔子这样特定的对象和“起”特定字义来理解，肯定更能理解孔子对子夏的评价之高。

毫无疑问，“始可与言《诗》”的“诗”绝不是只指《诗经》，而是指“文学”。众所周知，十哲之中，子夏是列于文学的。

显然，这里的文学不是我们今天的文学，而是指通晓诗书礼乐等古代文献。用我们今天的概念，大致应该是学问。尽管杨伯峻先生认为《论语》11.3“这几句话不过是孔子对十个学生的一时的叙述”，但我们并不能因此就断定孔子是随意地评价。综合《论语》中的有关章节和后世种种资料看，孔子对子夏的评价很是中肯，即使是一时的叙述，即使当时子夏他们年纪还小，孔子的评价还是看出了子夏做学问的潜质的。总之，由这一章，我们可以看出子夏具有做学问的极其优秀的资质。联系起来看，“始可与言《诗》”的“诗”是指“文学”，其实也就是指“学问”。可见，孔子是早就看出子夏是做学问的料子。

子夏对什么是学问有自己的深刻的理解。

子夏曰："贤贤易色；事父母，能竭其力；事君，能致其身；与朋友交，言而有信。虽曰未学，吾必谓之学矣。"［1.7］

大意是，子夏说："一个人能够看重贤德而不看重女色；侍奉父母，能够竭尽全力；服侍君主，能够献出自己的生命；同朋友交往，说话诚实恪守信用。这样的人，尽管他自己说没有学习过，我一定说他已经有学问了。"

这一章也有许多不同理解。首先是"贤贤易色"是一般的泛指还是专指夫妻关系。杨伯峻先生主张是后者，他说："贤贤易色——这句话，一般的解释是：'用尊贵优秀品德的心来交换（或者改变）爱好美色的心。'照这种解释，这句话的意义就比较空泛。陈祖范的《经咫》、宋翔凤的《朴学斋札记》等书却说，以下三句，事父母、事君、交朋友，各指一定的人事关系。那么，'贤贤易色'也应该是指某一种人事关系而言，不能是一般的泛指。奴隶社会和封建社会把夫妻间关系看得极重，认为是'人伦之始'和'王化之基'，这里开始便谈到它，是不足为奇的。我认为这话很有道理。'易'有交换、改变的意义，也有轻视（如言'轻易'）、简慢的意义。因之我便用《汉书》卷七十五《李寻传》颜师古《注》的说法，把'易色'解为'不重容貌'。"其次是"易"的意思，李零先生认为古人有三说：一是代替的意思，即用重视德行代替重视容貌；二是改变的意思，即为尊重贤者而改变好色之心；三是轻视的意思，即看重贤德而轻视女色。他认为第一种最好，第三种最坏。李泽厚先生也是主张第一种理解。再次是"学"的理解。是泛泛的"学"呢，还是专指学问呢？是自谦没有"学"还是真的没有"学"呢？李泽厚先生有一段"记"专门讲了这个问题：

这两章都鲜明展示出孔学儒家的"学"，主要指现实的实践行为，而非书面的诵读研究。因此"学"在《论语》以及在儒学中有广狭两义。狭义才指"行有余力，则以学文"的"学"，即指学习文献知识，相当于今天的"学"：读书、研究等等，孔门当然也非常重视。但整个讲来，孔门更强调的是广义的"学"，即德行优于知识，行为先于语言。关于道德（行为）与知识（语言）的关系，可与希腊哲学和苏格拉底相比较其异同，本读各章均将提及这一问题。这也就是我以前提过的是“太初有为（道）”还是“太初有言（字）”的问题，中西差异似可溯源于此。

钱穆先生也主张要将这一章和前一章联系起来理解。前一章是：

子曰：“弟子入则孝，出则悌，谨而信，泛爱众，而亲仁。行有余力，则以学文。”［1.6］

大意是，孔子说：“弟子们在父母跟前，就孝顺父母，出门在外，要顺从师长；言行要谨慎，诚实可信，要广泛地去爱众人，亲近有仁德的人。这样躬行实践之后，还有余力的话，就再去学习文献知识。”

从孔子的主张看，他的“学”更注重德行，但正因为如此，他的“行有余力，则以学文”的“文”却是指学问。因为在这里“文”和“行”是对应的。而如果说后一章中子夏所说的这段话，实际是对这一章“行有余力，则以学文”一句的进一步发挥，那么子夏的对“学”的理解也应该是针对“学问”而言。其实，即使从文句来看，如果将子夏之“学”理解为泛指的“学”也是不通的，因为后一章“贤贤易色；事父母，能竭其力；事君，能致其身；与朋友交，言而有信”几句都是说“行”说“德行”。孔子之言和子夏之言关于学的主旨的理解完全一致，但立足点略有不同。孔子立足于言德，而子夏立足于言学。子夏认为，一个人有没有学问，他的学问的好坏，主要不是看他的文化知识，而是要看他能不能实行“孝”、“忠”、“信”等传统伦理道德。只要做到了后面几点，即使他说自己没有学习过，但他已经是有学问的人了。他不仅对孔子的学问观有全面理解，而且有深入的发挥。

我们说子夏具有做学问的素质，很重要的一点是他具有非常理性的逻辑思维。下面一章是大家比较熟悉的：

司马牛忧曰：“人皆有兄弟，我独亡。”子夏曰：“商闻之矣：死生有命，富贵在天。君子敬而无失，与人恭而有礼，四海之内，皆兄弟也。君子何患乎无兄弟也？”［12.5］

我在后面写司马牛一篇时也引述了这一章。意思是，司马牛忧愁地说：

“别人都有兄弟，唯独我没有。”子夏说：“我听说过：‘死生有命，富贵在天。’君子只要严肃认真地对待所做的事情，不出差错，对人恭敬而合乎于礼的规定，那么，天下人就都是自己的兄弟了。君子何愁没有兄弟呢？”

子夏的话包含三层意思。第一层是“死生有命，富贵在天”。看上去，这句回答有点驴唇不对马嘴。人家说没有兄弟，你说什么“死生有命，富贵在天”？但我们应该理解子夏这句话的重心在“命”和“天”。遇到没有兄弟这样的情况只能叫命。第二层意思是“君子敬而无失，与人恭而有礼，四海之内，皆兄弟也”。前一层言实，这一层言虚。即使没有兄弟，只要我们“敬而无失，与人恭而有礼”，所有人就都会是我们的兄弟。这是很有道理的。做人不到位，兄弟会成为陌路；做人让人敬佩，大家都会认你是兄弟。虽然转换了话题，但逻辑性很强，一点也不牵强附会。第三层是结论：“何患乎无兄弟也”。不要担心没有兄弟，而是要懂得什么才是兄弟，如何做才有真正的兄弟。一段话由实到虚，由个别到一般，不枝不蔓，结论可靠。这是典型的学者性的理性思维。虽然也有高度，虽然也上升到了一般规律，但不夸大，不文饰，真正是以理服人。

更可贵的是，子夏具有很强的领悟能力和融会贯通的能力。

樊迟问仁。子曰：“爱人。”问知。子曰：“知人。”樊迟未达。子曰：“举直错诸枉，能使枉者直。”樊迟退，见子夏曰：“乡也吾见于夫子而问知，子曰‘举直错诸枉，能使枉者直’，何谓也？”子夏曰：“富哉言乎！舜有天下，选于众，举皋陶，不仁者远矣。汤有天下，选于众，举伊尹，不仁者远矣。”［12.22］

大意是：樊迟问什么是仁。孔子说：“爱人。”樊迟问什么是智，孔子说：“了解人。”樊迟还不明白。孔子说：“选拔正直的人，把他们置于邪恶的人之上，这样就能使邪者归正。”樊迟退出来，见到子夏说：“刚才我见到老师，问他什么是智，他说‘选拔正直的人，把他们置于邪恶的人之上，这样就能使邪者归正’，这是什么意思？”子夏说：“这话说得多么深刻呀！舜有天下，在众人中挑选人才，把皋陶选拔出来，不仁的人就被疏远了。汤有了天下，在众人中挑选人才，把伊尹选拔出来，不仁的人就被疏远了。”

这一章我们在看到樊迟比较老实的同时，可以看到子夏的领悟能力。樊迟遇到问题来问子夏，这可见在樊迟心中子夏是能够领悟老师思想的优秀学生，而且很乐于帮助别人疏通疑难。事实上也果真如此。我们注意子夏的回答，他先说“富哉言乎！”这就是领悟能力的表现。樊迟对老师的话不明所以，而子夏从中读出了非常丰富的内涵。但接着并没有一层一层分析这句话的丰富内涵，而是列举一组例子来说明其中的道理：“舜有天下，选于众，举皋陶，不仁者远矣。汤有天下，选于众，举伊尹，不仁者远矣。”这样的说理方法表现了子夏超常的融会贯通能力，更重要的是针对樊迟这样悟性不是很高的比较老实的同学，让道理落地，用事实说理，恐怕是最好的方法。当然，说真的，并不是樊迟有多笨，而是孔子的回答实在太过智慧。樊迟问什么是仁，孔子说：“爱人。”樊迟问什么是智，孔子说：“了解人。”不要说樊迟一下子不明白，我们可能一下子也不明白。子夏不仅明白了，而且能够通俗易懂地进行讲解。这就是领悟能力和理解能力的不同寻常。

子夏不仅具有做学问的优秀资质，而且更知道如何才能做好学问。他围绕这个主题说了很多有见地的话。

子夏曰：“虽小道，必有可观者焉，致远恐泥，是以君子不为也。”［19.4］

大意是，子夏说：“虽然是小的技艺，也一定有可取的地方，但用它来达到远大目标就行不通了，所以君子不干这些。”

对这一章，李零先生根据文献提出了一些不同的见解，他说：

这段话，出自子夏之口，但《汉书·艺文志·诸子略》小说家序和《汉书·蔡邕传》却说是孔子的话。看来这也是孔子的话。至少汉代经师认为这是子夏接闻于夫子。

为什么孔子对子夏要讲这番话，请参看下19.12。子夏长于经艺，学问最好，但缺点是拘泥细节，孔子说：“小道当然有可观之处，但用于长远的事，却恐怕会有妨碍，所以君子不为！”

而从我们手边的其他一些资料看，都认为这段话就是子夏所言。可是子夏这段话到底要说什么呢？钱穆先生的理解是“重经世”，他说：

孔子之道大，博学多闻而一以贯之。小道窥于一隙，执于一偏，非谓其无所得，就其所见所执，亦皆有可观。但若推而远之，欲其达于广大悠久之域，则多窒泥而难通，故君子不为也。或曰：此重经世之义。小道，如农、圃、医、卜、百家众技，擅一曲之长，应一节之用者皆是。当与君子不器章参读。

李泽厚先生的理解是“重外王事业”，他说：

也许这就是“专家”与“思想家”“哲学家”“政治家”的不同？后者不是“专家”。但前者也不只是“小道”，也有大价值，并不亚于思想、哲学、政治。只因政治关系到千家万户、整个社会、国家，是以像是远大事业。此章亦证子夏颇重外王事业。

子夏的小道、大道具体指什么，或许还有其他不同说法。但我们由此看到的是，子夏做事是善于集中精力做大事，集中做自己认为最有意义的事，心中始终装着自己的远大目标，而不为那些看上去也有可取之处的小技艺所干扰。这就是一个真正做学问的人，尤其是做大学问的人不可缺少的。我们今天很少有真正的大学问家，经不住小技艺的干扰和诱惑，陶醉于“百家众技”和“一曲之长”恐怕是一个很重要的原因。

他还讲过类似的道理：

《松溪泛月图》

子夏曰："大德不逾闲，小德出入可也。"［19.11］

大意是，子夏说："大节上不能超越界限，小节上有些出入是可以的。"

什么是大节，什么是小节？有不同说法。李泽厚先生说"所谓'大节'当然是原则性、大问题，有关事业、方向、国家、社会等重大事务。'小节'是可说日常生活、起居交往等等。讲究修养的宋明理学家当然不能赞成小节可出入"。他在"注"中引了两条资料来说明后面一点：

《朱注》：大德小德，犹言大节小节。……吴氏曰，此章之言，不能无弊。

《集释》《反身录》：论人与自处不同，观人当观其大节，大节苟可取，小差在所略；自处则大德固不可逾闲，小德亦岂可出入？一有出入，便是心放，细行不谨，终累大德。

宋明理学家的担忧自然不是没有道理，但我们还是很赞同子夏的说法，至少这对于做学问做真学问做大学问的人来说，是非常有道理的。

他还说：

子夏曰："日知其所亡，月无忘其所能，可谓好学也已矣。"［19.5］

大意是，子夏说："每天能知道一些原来不知道的，每月都能不忘掉已经学会的东西，可以说是好学的了。"

这是说学习要积累，要温故知新。可见他是很懂得学习的。他又说：

子夏曰："博学而笃志，切问而近思，仁在其中矣。"［19.6］

大意是，子夏说："广泛地学习，而又坚守其志向，就切身有关的问题发问，而又从实际去思考，仁就在这中间了。"

这告诉我们治学做学问的几个重要条件。一是广泛地学习，二是志向坚定，三是就切身发问，四是联系实际思考。而"仁在其中"是对这几点的归结。

李泽厚先生在"注"中应用了《朱注》中的几句话，充分说明了这几点。

《朱注》：四者皆学问思辨之事耳，未及乎力行而为仁也。然从事于此，则心不外驰，而所存自熟，故曰仁在其中矣。……苏氏曰，博学而志不笃，则大而无成，泛问远思，则劳而无功。

而李零先生也有一段发挥：

学问学问，一方面是学，一方面是问。学，眼界要宽，精神要专，这是“博学”和“笃志”。问，一是问别人，二是问自己。“思”就是自己问自己。问和思，最大忌讳，是不着边际，“切”和“近”都有近的意思，可以互训，都是紧扣问题。

我认为，学术有两个层次，高低不同。学，学知识，分疆划界，只管自己这一行，一切以知识生产为中心。分工体系下的人，紧跟学术主流，亦步亦趋，书皮熟，资料熟，学界人头熟，学术动态熟，不是人做学问，而是学问做人，这只是预流、入流而已，问才是更高层次。它是以问题为中心，知识是工具和资料，研究是多学科会诊，分疆划界失去意义。

可见，子夏是很懂得学习的：

子夏曰：“百工居肆以成其事，君子学以致其道。”［19.7］

子夏说：“各种工匠住在作坊里来完成自己的工作，君子终身学习来掌握道。”

钱穆先生的下面一段话，对我们理解这一章很有帮助：

肆，官府造作之处。或说：市中陈列器物之所。今从前解。百肆中以成其器物，君子之于道亦然。非学无以明道，亦无以尽道之蕴而通其变化。学者侈言道而疏于学，则道不自至，又何从明而尽之？致者，使之来而尽之之义。君子终身于学，犹百工之长日居肆中。

可见，子夏告诉我们做学问是要靠日积月累的，而且这是一种简单反复的枯燥劳动，就像工匠在作坊里完成自己的工作，制造各种器物，是非要耐得住寂寞不可的。所以钱穆先生翻译“君子学以致其道”时特别强调“君子终身在学之中以求致此道”。这说明子夏是深得治学三昧的。做学问，和作坊的工艺制作的确有很多相似之处，单调，枯燥，一锤一锤，一刀一画，急不了，更不可偷工减料。而我们现在，什么都想机械化、数字化，速度快了，但品质不一样了。所以，瑞士的手工表仍是昂贵的工艺品。现在有很多人，说教育是农业，语文教学是农业，是很有见地的。比如读书，就真的没有什么速成的方法，就更不用说做学问了。应该说，子夏实在是做学问的行家，否则绝说不出这样的话。

子夏有一段关于交友之道的话，很值得我们关注。

子夏之门人问交于子张。子张曰："子夏云何？"对曰："子夏曰：'可者与之，其不可者拒之。'"子张曰："异乎吾所闻：君子尊贤而容众，嘉善而矜不能。我之大贤与，于人何所不容？我之不贤与，人将拒我，如之何其拒人也？"［19.3］

大意是：子夏的学生向子张问怎样交友。子张说："子夏说了些什么？"答道："子夏说：'可以相交的就和他相交，不可以相交的就拒绝他。'"子张说："我所听到的和这不同。君子尊敬贤人，也能够容纳众人，赞美好人而同情能力不够的人。如果我是大贤人，那我对人有什么不能容纳的呢？如果我不贤，那人家就会拒绝我，我怎么能去拒绝别人呢？"

子夏和子张同为孔子的学生，为什么两人交友的主张完全相反呢？一般的说法是孔子针对他们两人的不同特点因材施教。李零先生有一段话说得很透彻：

子夏和子张交友之道不同，似乎矛盾，前人说子张比子夏高，不对。他们所说，都是接闻于孔子。子夏听来的话，是针对子夏的毛病；子张听来的话，是针对子张的毛病，各有所指。我们都知道，孔子说"师也过，商也不及"(《先进》11.16)。这两个人的毛病，子张是过，子夏是不及。东汉蔡邕说'子夏之门人问交于子张，而二子各有所闻于夫子。然则其以交诲也，商也宽，故告之以距人；师也褊，故告之以容众。各从其行而矫之，若夫仲尼之正道，则泛爱众而亲仁。故非善不喜，非仁不亲，交游以方，会友以仁，可无贬也'(《正交论》)，这个说法最合理。子夏待人宽，所以孔子的忠告是，可交者交之，不可交者拒之，让他有所区别，别来者不拒。子张待人苛，所以孔子的忠告是，比你强的人要尊，比你差的人要容，人家的优点要欣赏，人家的不足要同情，让他宽容一点。两种答案，彼此撞车，原因在这里。这段话很能体现孔子的因材施教。孔子的话多半是针对学生的缺点，同样的问题往往有不同的答案。比如，同样是吃饭，一个胖子，一个瘦子，如果都来问吃什么好，对胖子，他会说'少吃多动'，对瘦子，他会说"大鱼大肉"，不能说哪个对，哪个不对。

这样解释当然是合乎情理的。但我以为又不全是如此，至少说他们各自的观点虽然是来自孔子的教育，但又经过内化成了自己的思想。只有这样，他们才会用来教导自己的学生。而从人之常情看，我更赞同子夏的观点。这是很实在也是很实用的交友之道。一个要做点正事，要做点自己事情的人，没有时间和所有人玩，也不能和所有人玩。这倒不是贤与不贤的问题。我以为，一是因为志趣问题，如果志趣不投，硬凑在一起，有意思吗？二是时间问题，精力问题。不管有没有共同话题，什么人都能凑到一起八卦一通。这样的人能做什么事情呢？子张在这里偷换了概念，我很不喜欢。他说："君子尊贤而容众，嘉善而矜不能。我之大贤与，于人何所不容？我之不贤与，人将拒我，如之何其拒人也？"他总是围绕一个"贤"字说话，而人家子夏说的是"可者"。"可者"是志趣相投，并非"贤者"。子张诡辩了，我不喜欢。而且他说的"尊贤而容众，嘉善而矜不能"也超越了交友之道。我觉得，一个做学问的人，就应该像子夏所说"可者与之，其不可者拒之"。滥交朋友，耽误时间，分散精力，消磨志向，是难有作为的。

子夏对做学问和做官的见解，我也非常赞同。

子夏曰："仕而优则学，学而优则仕。"［19.13］

大意是，子夏说："做官有余力就去学习，学习有余力就去做官。"

"学而优则仕"，是我们熟悉的名言，但我们以前有误解。一是误解为这是孔子的话，二是理解为"学习好就可以做官"。前一个误解问题不大，这思想和孔子的思想是一致的。后一个误解很可怕，今天看来，流毒甚广。子夏原来的意思是："做官有余力就去学习，学习有余力就去做官。"这真是很合理的要求，也是很高的要求。可惜，我们今天很多情况不是这样的。学问做不好，或者稍微有点成绩，就想办法去做官；做了官，并没有把官做好，却要处处显示自己是做学问的。这种人钱钟书先生在《读伊索寓言》中就写过："蝙蝠碰见鸟就充作鸟，碰见兽就充作兽。人比蝙蝠就聪明多了。他会把蝙蝠的方法反过来施用：在鸟类里偏要充兽，表示脚踏实地；在兽类里偏要充鸟，表示高超出世。向武人卖弄风雅，向文人装作英雄；在上流社会里他是又穷又硬的平民，到了平民中间，他又是屈尊下顾的文化分子：这当然不是蝙蝠，这只是——人。"我听到过有人很得意地说："我是某长中的最优秀的诗人，是诗人中最优秀的某长。"真让人敬佩不已。我想，他肯定没有听过子夏的教诲。

子夏曾经被孔子批评过几次，但孔子眼中子夏的缺点在我眼中都是优点。

子谓子夏曰："女为君子儒，无为小人儒。"［6.13］

大意是，孔子对子夏说："你要做君子儒，不要做小人儒。"

按照孔子因材施教的教育方式，子夏应该有"小"的毛病。可子夏"小"在哪里？什么是小人儒呢？有人说，"小人儒"是指地位低贱，不通礼仪，品格平庸的人。对照子夏的情形，似乎不是，至少没有多少根据。李泽厚先生也说"什么是'君子儒'，什么是'小人儒'，又是众说纷纭"。李零先生就认为："儒本是一种贱业，靠教书相礼，为人操办红白喜事，混饭吃。'小人儒'，学本事，只是为了混饭吃，没有理想。"李泽厚先生则以为是"大传统"（巫史文化之理性化）和"小传统"（民间巫师）之区分。他的说法自然也是一种见解。不过，他在"注"中所引的两条资料倒是很值得注意：

《集释》赵佑《温故录》：此小人当以'言必信，行必果，硁硁然，小人哉'语为之注脚。彼不失为士之次，此言儒一也。子夏规模狭隘，盖未免过于拘谨，故圣人进之以远大。《钱解》：推孔子之所谓小人儒者，不出两义：一则溺情典籍，而心忘世道，一则专务章句训诂，而忽于义理。子夏之学，或谨密有余，而宏大不足，然终不免于小人儒之讥矣。

钱穆先生的一段说法，应该就由这两则资料申发而来：

女，同汝。儒，《说文》术士之称。谓士之具六艺之能以求仕于时者。儒在孔子时，本属一种行业，后逐渐成为学派之称。孔门称儒家，孔子乃创此学派者。本章儒字尚是行业义。同一行业，亦有人品高下志趣大小之分，故每一行业，各有君子小人。孔门设教，必为君子儒，无为小人儒，乃有此一派学术。后世惟辨儒之真伪，更无君子儒小人儒之分。因凡为儒者，则必然为君子。此已只指学派言，不指行业言。

又按：儒本以求仕，稍后，儒转向任教。盖有此一行业，则必有此一行业之传授人。于是儒转为师，师儒联称，遂为在乡里教道艺之人。故孔子为中国儒家之创始人，亦中国师道之创始人。惟来从学于孔子之门者，其前辈弟子，大率有志用世，后辈弟子，则转重为师传道。子游、子夏在孔门四科中，同列文学之科，当尤胜于为师传道之任。惟两人之天姿与其学问规模，亦有不同，观子张篇子游、子夏辩教弟子一章可知。或疑子夏规模狭隘，然其设教西河，而西河之人拟之于孔子。其从学之徒如田子方、段干木、李克，进退有以自见。汉儒传经，皆溯源于子夏。亦可谓不辱师门矣。孔子之诫子夏，盖逆知其所长，而预防其所短。推孔子之所谓小人儒者，不出两义：一则溺情典籍，而心忘世道。一则专务章句训诂，而忽于义理。子夏之学，或谨密有余，而宏大不足，然终可免于小人儒之讥。而孔子之善为教育，亦即此可见。

由《温故录》《钱解》和钱先生的分析，可以看出子夏的缺点主要是“规模狭隘”。我是倾向于这种说法的。可能子夏的“小”主要表现在：一是心忘世道；二是忽于义理；三是宏大不足。当然，站在孔子那样的高度那样的立场那样的使命感，子夏是显得有点“小”，而从我这普通人来看，从人之常情来看，都算不得问题，甚至可以说是优点。做学问不就应该如此吗？而在我们今日，远不及子夏之“小”者，则常常自现其“大”。学问、心胸、人品都很小，却要处处摆出大气象：派头大，口气大，架子大，让人生厌。

孔子还批评过子夏“不及”。

子贡问：“师与商也孰贤？”子曰：“师也过，商也不及。”曰：“然则师愈与？”子曰：“过犹不及。”［11.16］

很清楚，孔子认为子夏的缺点是“不及”。可是在哪些方面“不及”呢？

他没有说，后人的猜测也颇多。李泽厚先生引《朱注》中的一段话表达了其中一个说法："子张才高意广，而好为苟难，故常过中。子夏笃信谨守而规模狭隘，故常不及。"这应该说是治学上的问题，子夏的"不及"似乎是做学问太严谨了。李零先生认为："子张，性格偏激，类似子路，孔子认为太过分。子夏，学问好，为人谦和，但孔子认为他的毛病是不足。"如果将前后句对应起来分析，子夏的不足也应该是性格上的，可能比较懦弱。当然，也有人认为这里的"过"和"不及"，既不是指才气，也不是指思想，既不是指治学，也不是指性格，而是指交朋友的问题。当然，可能几方面的毛病都有，甚至这种"不及"表现在许多方面。但我真不以为这是什么缺点，而只能说是特点。"笃信谨守""为人谦和""不滥于交友"对于做学问来说，尤其是我们通常理解的做学问，子夏的缺点实在不是什么缺点，因为孔子的学问，孔子的"言《诗》"，孔子的"君子儒"，都不是我们一般意义上的学问和学者。

孔子另一次批评是子夏在莒父做官的时候。

子夏为莒父宰，问政。子曰："无欲速，无见小利。欲速则不达，见小利则大事不成。"［13.17］

大意是：子夏做莒父的总管，问孔子怎样办理政事。孔子说："不要求快，不要贪求小利。求快反而达不到目的，贪求小利就做不成大事。"

这一次，孔子是批评子夏急于事功，急于求成。如果说缺点，这的确是子夏的缺点，也许他太想有所成就了。他做学问是这样，从政也是这样。其实，说到底，在孔子眼中，子夏仍然是"小"，小气象，小规模，小追求，所以一有机会，就提醒他，教育他，心放大一点。其实，大与小，实在是一件难说的事情。在孔子看来，子夏胸襟不大，但在我们看来，已经够大的了。他论《诗》说《诗》，他传布《春秋》，他曾作《易传》，他撰《丧服传》，赢得后世学者那么高的评价，气象还不够大吗？孔子的所有学生中，学术成就超过他的实在找不到。而在我们今天，更多的是大而空，大而无当，口气大，眼界大，野心大，但却不肯花功夫，不肯做实事，最后自然也没有什么实在的东西示人。所以，以我小人之心度之，倒是宁小而勿大的。我如此肯定子夏的学问精神和做学问的素养，自然与今天的风气有关。

第三辑　贤人俊采

《史记·孔子世家》记载:“孔子以诗、书、礼、乐教，弟子盖三千焉，身通六艺者七十有二人。”用唐初王勃《滕王阁序》“俊采星驰”的句子，来描写孔门人才之盛，可以说是恰到好处的。而这“身通六艺”的孔门七十二贤，不仅成就了孔门一时之盛，而且正是他们传承了孔子衣钵，光大了孔子的思想和学说。而更可爱的，是他们那一个个活脱脱的身姿和生动的风采。

子张——书生侠士

子张

子张，即颛孙师，字子张。虽然不是“十贤”，但也是孔门弟子中很有影响的一位，而且是个性非常鲜明的一位。据说对儒家学说的宣扬贡献也很大。孔子逝世以后，孔门弟子学术上逐步分化，到战国中后期，儒学在成为“显学”的同时，在儒家内部也形成了八个不同的派别。《韩非子》的《显学》篇说：“自孔子之死也，有子张之儒，有子思之儒，有颜氏之儒，有孟氏之儒，有漆雕氏之儒，有仲良氏之儒，有孙氏之儒，有乐正氏之儒。”（一说为子张之儒，子思之儒，颜氏之儒，孟氏之儒，荀氏之儒，漆雕氏之儒，仲良氏之儒，乐正氏之儒。孟氏之儒即为“亚圣”孟子开创，后来兼并子思之儒，成为儒学“思孟学派”）可见，“子张之儒”是战国时期以孔子弟子为代表的儒家八派之一。可这样一个开派宗师式的人物，却颇多争议甚至非议。而在我心中，子张是一个颇为狭义的人物。有资料说，郭沫若《儒家八派的批评》认为“子张氏的后学们似乎更和墨家接近”。我没有读过《儒家八派的批评》，但如果这一说法可靠，那么我的理解倒是和郭沫若先生的见识有相通之处的。

《论语》中很多章都表现了子张的侠义性格。比较明显的是下面两章：

子张问曰：“令尹子文三仕为令尹，无喜色；三已之，无愠色。旧令尹之政，必以告新令尹。何如？”子曰：“忠矣。”曰：“仁矣乎？”曰：“未知。焉得仁？”“崔子弑齐君，陈文子有马十乘，弃而违之。至于他邦，则曰：‘犹吾大夫崔子也。’违之。之一邦，则又曰：‘犹吾大夫崔子也。’违之，何如？”子曰：“清矣。”曰：“仁矣乎？”曰：“未知。焉得仁？”［5.19］

大意是，子张问孔子说："令尹子文三次做楚国宰相，没有显出高兴的样子；三次被免职，也没有显出怨恨的样子。（他每次被免职）一定把自己的一切政事全部告诉给来接任的人。你看这个人怎么样？"孔子说："可算得是忠了。"子张问："算得上仁了吗？"孔子说："不知道。这怎么能算得上仁呢？"子张又问："崔杼杀了他的国君齐庄公，陈文子家有四十匹马，都舍弃不要了，离开了齐国。到了另一个国家，他说'这里的执政者也和我们齐国的大夫崔子差不多'就离开了。到了另一个国家，又说'这里的执政者也和我们的大夫崔子差不多'又离开了。这个人你看怎么样？"孔子说："可算得上清高了。"子张说："可说是仁了吗？"孔子说："不知道。这怎么能算得上仁呢？"

这一章是子张和孔子讨论对令尹子文和陈文子两个人物的评价。孔子认为：令尹子文和陈文子，一个忠于君主，算是尽忠了，一个不与逆臣共事，算是清高了，但他们两人都还算不上仁。因为在孔子看来，"忠"只是仁的一个方面，"清"则是为维护礼而献身的殉道精神。所以，仅有忠和清高还是远远不够的。由对话我们可以看出孔子和子张对两个人物特点认识是一致的，但对两个人评价的态度，有差别。孔子既认为两个人一个忠一个清高很可取，但又认为他们都还算不上"仁"。从子张提问的口气和"算得上仁了吗？"的两次追问的口气，我们可以看出他对这两个人的评价显然比孔子要高得多。这一方面因为他对"仁"的理解还没有达到老师的高度和深度，另一方面是他对这种忠义精神和牺牲精神极为欣赏，对"忠"和"殉道精神"的强烈追求。

另一章是：

子张曰："士见危致命，见得思义，祭思敬，丧思哀，其可已矣。"［19.1］

大意是，子张说："一个士，遇见危险能献出自己的生命，看见可以有所得的时候能考虑是否合于义的要求，祭祀的时候严肃恭敬，居丧的时候哀伤，那也就可以了。"

《朱注》说："四者立身之大节，有不至，则余无足观。故言士能如此，则庶几可矣。"这是说，致命、思义、思敬、思哀四者，是一个士的重要标志。

钱穆先生说："本篇记弟子言。盖自孔子殁后，述遗教以诱后学，以及同门相切磋，以其能发明圣义，故编者集为一篇，以置《论语》后。"他还具体地说："致命犹授命，见危授命见《宪问》篇。见得思义见《季氏》篇。祭思敬丧思哀之义见《八佾》篇。此章言子张之言，亦平日所闻于孔子。'已矣'语辞，谓士能如此为可也。"钱穆先生的话自然是可信的。不过，虽然子张的话都是源自孔子，但并不能因此怀疑和否定子张自己是认同这样的观点的，而恰恰可以说，这些观点在子张的思想中是深深扎了根的。而且这四者，在子张看来，致命和思义两者是最最重要的。而见危致命，见得思义，则是侠义精神的核心内涵。聂政、荆轲、专诸、要离等古代侠客无不如此。见危致命，能让我们非常自然地想到"路见不平，拔刀相助"的通俗表达；见得思义，也使我们很容易想到"在江湖上混就讲一个'义'字"这样的说法。也许从话语方式来说，这两者的确有显著区别，但其内涵实质没有什么差别。而祭思敬，丧思哀，其实就是表现为一个真和一个诚。而真和诚则是"义"的具体表现，不过是表现的对象不是那么泛化，表现的形式有些特殊而已。急人之难，为朋友两肋插刀，不该得的不要，对人，尤其是对亲人一腔真情，对弱者充满怜悯，这都是侠义精神的具体体现。而子张正是如此。

前一章是"忠"，后一章是"义"。这都是侠的基本特征。

能够看出子张侠义精神的还有这样很有意思的一章：

子张问行。子曰："言忠信，行笃敬，虽蛮貊之邦，行矣。言不忠信，行不笃敬，虽州里，行乎哉？立则见其参于前也，在舆则见其倚于衡也，夫然后行。"子张书诸绅。［15.6］

大意是：子张问如何才能到处行得通。孔子说："说话要忠信，行事要笃敬，即使到了蛮貊地区，也可以行得通。说话不忠信，行事不笃敬，就是在本乡本土，能行得通吗？站着，就仿佛看到忠信笃敬这几个字显现在面前；坐车，就好像看到这几个字刻在车辕前的横木上，这样才能使自己到处行得通。"子张把这些话写在腰间的大带上。

这一章有两点很有意思。一是子张提出的问题：如何才能使自己到处都行得通呢？李零先生说："'行'，指出行，出远门。"很显然，子张有着强烈的

“行走天下”的想法。这就有点侠的味道。当然，孔子的回答也很有针对性。他说：你要想到处吃得开，首先要“言忠信，行笃敬”。钱穆先生说：“本章子张所问意在外，孔子教之使反就己身，此即宋儒所谓鞭辟近里之教。”所谓“意在外”，就是“行得通”。什么叫“行得通”？应该就是能在江湖上吃得开。二是孔子说出观点之后子张的做法：“子张书诸绅。”如果不是做作，就应该是非常诚恳地接受，我以为一定是后者。子张对老师的话肯定有强烈的共鸣，而这又和他很强烈地要远行天下有紧密关联。如果稍微加一点演义式的想象，子张大概很激动地说：“老师，你说得太好了！我就是这样想的。”于是把老师的话写在腰带上。

下面一章，也是很能看出子张的侠义精神的：

子夏之门人问交于子张。子张曰：“子夏云何？”

对曰：“子夏曰：‘可者与之，其不可者拒之。’”

子张曰：“异乎吾所闻：君子尊贤而容众，嘉善而矜不能。我之大贤与，于人何所不容？我之不贤与，人将拒我，如之何其拒人也？”［19.3］

这一章我们在写子夏时引述过，这是很有意思的一章。首先是子夏的学生。同样的问题，他们在问了子夏之后为什么又来问子张呢？以我的揣测是，他们或许不同意自己老师的看法，而且知道子张的意见和子夏的意见不同，所以来向师叔请教。子张自然也是聪明的，或者说很有点小狡猾，似乎他也是知道子夏的观点的，因此先问问子夏怎么说。然后对子夏的观点进行反驳，在反驳中表明自己的观点。“如果我是大贤人，那我对人有什么不能容纳的呢？如果我不贤，那人家就会拒绝我，我怎么能去拒绝别人呢？”这样的表达，尽管“我所听到的和这不同”的说法委婉而含蓄，但“君子尊敬贤人，也能够容纳众人，赞美好人而同情能力不够的人”的观点非常鲜明，也就是要多交朋友。在家靠父母，出门靠朋友，与人为善，广交朋友，都是充满侠义的江湖语言和江湖精神，也是江湖上立身行事的依靠。

我们从孔子对子张的一些委婉批评中也可以看出他的侠义特点。如：

子张问崇德辨惑。子曰：“主忠信，徙义，崇德也。爱之欲其生，恶之

欲其死，既欲其生，又欲其死，是惑也。‘诚不以富，亦祇以异。’”［12.10］

大意是：子张问怎样提高道德修养水平和如何辨别是非迷惑。孔子说：“以忠信为主，使自己的思想合于义，这就是提高道德修养水平了。爱一个人，就希望他活下去，厌恶起来就恨不得他立刻死去，既要他活，又要他死，这就是迷惑。”这章的最后一句“诚不以富，亦祇以异”，是《诗经·小雅·我行其野》篇的最后两句。这首诗表现了一个被遗弃的女子对其丈夫喜新厌旧的愤怒情绪。孔子在这里引此句，令人费解。一般认为这是“错简”，即是其他章的文句，因为书页的次序错了，而误接在这里。钱穆先生更是明白说“应在第十六篇《齐景公有马千驷》章，因下章亦有齐景公字而误”。于是有了许多不同的理解：有人按原诗翻译为：“即使不是嫌贫爱富，也是喜新厌旧。”杨伯峻先生按照朱熹《集注》的解释翻译为：“这样，的确对自己毫无好处，只是使人奇怪罢了。”钱穆先生翻译为：“既要他生，又要他死，这可算是惑了。”

我们的解读当然不会纠结于这些句子的不同理解，而是从这一章中看子张的性格。李零先生对这一章的解读非常切合我的想法，他说：

爱憎分明是美德，但不可走极端。好恶深，则偏见生。

子张的优点是正义感强烈，缺点是失之偏激。他问“崇德”“辨惑”。“崇德”是提倡道德，“辨惑”是保持理智。“惑”，是不理智。人，一时冲动，不顾一切，失去理智，叫“惑”。“辨惑”就是要保持清醒，不让过于激动的情绪控制自己的头脑。

孔子说，固守“忠信”，一切以“义”为转移，就是提倡道德。这条，子张没有问题。但一个人有正义感，不能太强烈，太强烈发展到偏激、不理智的地步，就过分了。“爱之欲其生，恶之欲其死。既欲其生，又欲其死”，就是属于“惑”。

“诚不以富，亦祇以异”，是出于《诗经·小雅·我行其野》，今本“诚”作“成”，应读为“诚”。该诗是描写弃妇之怨，这是最后两句。诗的意思是说，你之所以抛弃我，其实并不是因为她家比我家富，而只是因为你变了心。

这里是说，一个人好恶太深，就会像弃妇恨她的前夫，爱之深，也恨之切，完全失去理智，一会儿爱得要命，一会儿恨得要死，作寻死觅活状。

妇女，疼孩子，惯孩子，婆婆妈妈是源于生物本能，古人叫“妇人之仁”，疼男人，也这么疼。爱之深，必恨之切。孔子的爹死得早，他是跟妈长大的，对妇女很有体会。

我很认同李零先生的解读，但我的理解，和李零先生也有不同之处。一是在他看来，是子张的爱憎有点过分，有点偏激，这是有道理的，但我看到的是一个很义气的子张。为什么爱之则希望他生，恨之希望他死呢？当然是因为一个义字。这就是侠的思维。二是最后一句的理解。李先生认为是“一个人好恶太深，就会像弃妇恨她的前夫，爱之深，也恨之切，完全失去理智，一会儿爱得要命，一会儿恨得要死，作寻死觅活状”。如果按照李零先生的说法，孔子引用这两句诗是为了说明子张“婆婆妈妈”。我以为这说远了。我的理解是孔子引用这两句诗是为了说明子张对人对事爱憎过于分明，哪怕这人、这事和自己没有利害关系也没有紧密联系。喜欢的人，就把心掏给别人；不喜欢的人，就恨不得他死。即使同一个人，喜欢的时候，希望他一切都好；不喜欢了，或者发现他这个人不讲交情，不讲义气，就会怨恨他。不仅小说里这样的人物很多，生活中也不少。我自己的性格中就有着这样的成分。小时候，为了义气，没有一点道理地和别人打架，没有来由地喜欢一些人，讨厌一些人，而且喜欢和讨厌都是放在脸上的。才工作的时候，还因此和别人打了一架，还因此故意和领导顶牛。现在早就过了不惑的年纪，也没有彻底改变。所以我理解，孔子引用《诗经》中的句子，就是说子张对别人的态度完全是出于自己个人的爱憎。

还有一次批评更为直接：

子张问于孔子曰：“何如斯可以从政矣？”

子曰：“尊五美，屏四恶，斯可以从政矣。”

子张曰：“何谓五美？”

子曰：“君子惠而不费，劳而不怨，欲而不贪，泰而不骄，威而不猛。”

子张曰：“何谓惠而不费？”

子曰：“因民之所利而利之，斯不亦惠而不费乎？择可劳而劳之，又谁

怨？欲仁而得仁，又焉贪？君子无众寡，无小大，无敢慢，斯不亦泰而不骄乎？君子正其衣冠，尊其瞻视，俨然人望而畏之，斯不亦威而不猛乎？”

子张曰：“何谓四恶？”

子曰：“不教而杀谓之虐；不戒视成谓之暴；慢令致期谓之贼；犹之与人也，出纳之吝谓之有司。”［20.2］

大意是：

子张问孔子说：“怎样做就可以治理政事了呢？”

孔子说：“尊崇五种美德，排除四种恶政，这就可以治理政事了。”

子张说：“什么是五种美德？”

孔子说：“君子要给百姓恩惠而自己不破费，使百姓劳作而不使百姓怨恨，要有欲望而不贪，舒泰矜持而不骄傲，威严而不凶猛。”

子张说：“怎样叫作给人以恩惠却自己不破费呢？”

孔子说：“就着百姓能得利的地方引导他们去得利，不就是给了百姓恩惠而自己不破费吗？选择可以让百姓劳作的时间和事情去让百姓劳作，又有谁会怨恨呢？自己想要仁而就得到了仁，又还贪什么呢？君子无论人多人少，无论势力大小，都不敢怠慢，这不也就是舒泰矜持而不骄傲吗？君子端正自己的衣帽，严肃自己的目光，庄严地使人见了就生敬畏之心，这不也就是威严而不凶猛吗？”

子张问：“什么叫四恶呢？”

孔子说：“不经教化就加杀戮，叫作虐；不先告诫而要求立刻成功，叫作暴；开始不加督促，到时候又限期完成，叫作贼；同样是给人财物，却出手吝啬，叫作小气。”

孔子回答问政的话，不止一次。我们都知道他是因人施教的，所以每次回答大多不同。而不同的回答常常会结合提问人的特点——主要是缺点，以起到教化作用。我们由这一章可以归纳孔子批评这样一些缺点：惠而费，劳而怨，欲而贪，泰而骄，威而猛；不教而杀，不戒视成，慢令致期。不机械地对应，但还是可以看出孔子眼中的子张有鲜明的个性：性格有点张扬，自我感觉超好，形象让人生畏，行事比较简单，手段有点粗暴。我们由这些特点也可以看到子张身上豪侠的影子。也许对照孔子的仁政精神，子张的做法肯定是需要改正的，但也可以看到他的惩恶扬善、伸张正义的一面。

值得我们注意的是，子张的侠义精神，绝不雷同于一般的江湖好汉和侠士，他的义气，他的任侠，是以对道的坚守为基础的。

子张曰："执德不弘，信道不笃，焉能为有？焉能为亡？"［19.2］

大意是，子张说："固守德而不弘大，信仰道而不忠实，这样的人，怎能说他是有，又怎能说他是没有？"最后一个问句，杨伯峻先生的解释是"有他不多，没有他不为少"，李零先生和杨伯峻先生的理解差不多，还加了一句"无足轻重"。我如果说得再通俗明白一点，就是这种人有他等于没有他。言下之意，就是这种人简直可以说不算人。可见子张弘德和信道的坚决。《朱熹集注》说："有所得而守之太狭，则德孤；有所闻而信之不笃，则道废。"对子张的肯定是很中肯的。而康有为《论语注》则更是旗帜鲜明地为子张鸣不平："后人误尊曾子，遂抑子张，是非白黑，颠倒高下，此孔道所以不明也。"看来，江湖精神对道义的坚守不仅仅对江湖有价值，任何一种信念、信仰和文化都是需要的。如果联系实际，我们今天的社会就是太缺少子张这样的人了。很多人什么都不坚守了，连我都不能不感叹："焉能为有？焉能为亡？"

当然，江湖义气太重，侠义精神强烈，必然也会带来性格的另一面。这在子张身上表现得也比较突出。

首先是，有江湖精神的人，常常是非观比较简单，容易义气行事，而"过"是子张的最明显的特点。

子贡问："师与商也孰贤？"子曰："师也过，商也不及。"曰："然则师愈与？"子曰："过犹不及。"［11.16］

大意是，子贡问孔子："子张和子夏谁更好一些呢？"孔子回答说："子张过了，子夏不足。"子贡说："那么是子张好一些吗？"孔子说："过分和不足是一样的。"

中庸思想强调"过犹不及"。什么是"过"呢？孔子说："道之不行也，我知之矣。知者过之，愚者不及也。道之不明也，我知之矣。贤者过之，不肖者不及也。”可见，“过”是“知者”容易犯的错误。子张对于道的坚守，对于忠义的看重，肯定是正确的，但表现得都有些过头。“爱则欲其生，恨则欲其死”，而这也是许多讲求义气的人容易犯的共同错误。

其次是“辟”。这也是孔子明确指出的问题。

柴也愚，参也鲁，师也辟，由也喭。［11.18］

大意是，高柴愚直，曾子迟钝，颛孙师偏激，仲由鲁莽。很显然，孔子认为子张的性格有点偏执。

由下面这一章，我们也可以看出子张的性格的确比较偏激。

子张问仁于孔子。孔子曰：“能行五者于天下为仁矣。”“请问之。”曰：“恭、宽、信、敏、惠。恭则不侮，宽则得众，信则人任焉，敏则有功，惠则足以使人。”［17.6］

大意是：子张向孔子问仁。孔子说：“能够处处实行五种品德就是仁人了。”子张说：“请问哪五种？”孔子说：“庄重，宽厚，诚实，勤敏，慈惠。庄重就不致遭受侮辱，宽厚就会得到众人的拥护，诚信就能得到别人的任用，勤敏就会提高效率，慈惠就能够使唤人。”

孔子多次回答学生关于仁的提问，每次回答都不一样。当子张问什么是“仁”，孔子说仁就是“庄重，宽厚，诚实，勤敏，慈惠”。从关于子张的章节，我们可以看到勤敏、诚实应该是子张不缺少的，孔子或许主要是要告诉子张还要庄重，要宽厚，要慈惠。也许可以说，孔子认为子张还不够庄重，不够宽厚，不够慈惠。偏激的人常常如此。

再次是有点简单，容易被人利用。

子张问明。子曰：“浸润之谮，肤受之愬，不行焉，可谓明也已矣。浸润之谮，肤受之愬，不行焉，可谓远也已矣。”［12.6］

这一章的“明”，杨伯峻和李泽厚都翻译为“明白”，李零理解为“对小人看得清”。这一章的大意是：子张问怎样做才算是明白的人。孔子说：“像水润物那样暗中挑拨的坏话，像切肤之痛那样直接的诽谤，在你那里都行不通，那你可以算是明智的了。暗中挑拨的坏话和直接的诽谤，在你那里都行不通，那你可以算是有远见的了。”李零先生说：“这是针对子张的缺点吗？值得玩味。”我不知道李零由此玩味出了什么。李泽厚先生说这一章是主要针对当政者或者国君来说的，但我觉得应该是针对子张的缺点的。就我在《论语》中所读到的子张，联系自己的生活体验看，他可能很容易被人利用，很容易受人挑拨。

子张问：“士何如斯可谓之达矣？”子曰：“何哉，尔所谓达者？”子张对曰：“在邦必闻，在家必闻。”子曰：“是闻也，非达也。夫达也者，质直而好义，察言而观色，虑以下人。在邦必达，在家必达。夫闻也者，色取仁而行违，居之不疑。在邦必闻，在家必闻。”［12.20］

子张问：“士怎样才可以叫作通达？”孔子说：“你说的通达是什么意思？”子张答道：“在国家有名声，在家族中也有名望。”孔子说：“这只是有名声，不是通达。所谓达，那是要品质正直，好讲义气，善于揣摩别人的话语，观察别人的脸色，经常想着谦恭待人。这样的人，在国内一定会受到普遍尊重，在族内也会受到尊重。至于有名声的人，只是外表上装出仁的样子，而行动上却正是违背了仁，自己还以仁人自居不惭愧。但他在国君的朝廷里或大夫的封地里都会有名声。”

和孔子的所有学生一样，当然也和老师一样，子张自然也很想做官。但他对“做官（达）”的理解似乎很特别。什么是“达”，即通达，显达，古人主要指做官，所以古人说“穷则独善其身，达则兼济天下”。而子张认为“达”就是“在邦必闻，在家必闻”。在他看来，闻就是达。而什么是闻呢？闻，是有名望，是出名。甚至有人认为，“闻”是虚假的名声。但不管怎么说，闻并不是达。有注解家说，“达”要求士大夫必须从内心深处具备仁、义、礼的德行，注重自身的道德修养，而不仅是追求虚名。而子张认为，达就是闻。这就很有意思，也很能看出子张的特点，他可能很好虚名，他想达，但不是为达而达，而是为闻而达，为虚名而达。李零先生也说：“子张好名，把‘闻’‘达’混为一谈，以为只要有政声，或以事君出名，或以事卿出名，就是‘达’。”这算不算江湖习气呢？大概能算的。至少有联系。但他毕竟不是江湖侠客，毕竟是孔子的弟子。所以他的侠客理想还是想通过从政来实现。

说他想做官的还有这样一章：

子张学干禄。子曰："多闻阙疑，慎言其余，则寡尤；多见阙殆，慎行其余，则寡悔。言寡尤，行寡悔，禄在其中矣。"［2.18］

大意是：子张向孔子请教求官职得俸禄的方法。孔子说："说话多听，对有疑问的地方持保留态度，没有疑问的地方说话时也要谨慎，这样就可以少犯过错；做事多看，对不理解的地方持保留态度，对理解的地方做的时候也要谨慎，这样就可以减少懊悔。说话少犯过错，做事减少懊悔，官职俸禄就在这里面了。"

关于这一章，钱穆先生和李零先生各有一段话，我觉得很有意思。

钱穆先生说：

孔子不喜其门弟子汲汲于谋禄仕，其告子张，只在自己学问上求多闻多见，又能阙疑阙殆，再继之以慎言慎行，而达于寡过寡悔，如此则谋职求禄之道即在其中。

李零先生说：

"子张学干禄"，"子张"，颛孙师的字。他是孔门三期的学生。孔门十哲无子张，但古人却说，他是孔子"四友"之一，"自吾得师也，前有光，后有辉"，和颜渊、仲由、端木赐并称（《尚书大传·殷传》）。"干禄"，是谋求官职，挣俸禄。他性格外向，为人豪爽，是个小子路。这种性格和官场不合。他向孔子请教吃官饭，孔子劝他慎言慎行，多看多听，少干少说，说话干事都要留有余地。这是针对子张的性格，叫他别冒冒失失。现在在官场混，孔子的话也灵，可惜他自己没混出什么名堂。

两位先生的话，和我由此想到的子张的特点很吻合。子张直接的提问方法，表现了这是一个很坦率、很随性的人，想要什么就说什么，毫不遮掩，实实在在。当然就说话方式而言，并不像读书人，过于赤裸裸，很像江湖上人。看来子张喜欢痛快直接。孔子的话，也让我们看到了子张的特点，说话随便，心直口快，说话不动脑筋，做事也不谨慎，甚至不计后果，所以常常犯错误，常常后悔。孔子的话，其实已经很清楚，你是不适宜在官场上混的。子张一生没有从政，是否和孔子的话有关，不得而知，但肯定和他随便率性的性格有很大关系。

子张身上好像有很多坏毛病，他的几个同学都说到他和“仁”还有一段距离。我倒觉得他的所有缺点都是侠客的共同特点，或者都和江湖义气有关。

《江城秋访图》

樊须——老实的本分人

樊须

樊迟，姓樊名须，字子迟，一说是齐国人，一说是鲁国人。

樊迟比孔子小三十六岁，按照李零先生的说法，是孔门三期的学生。加上他没有跟孔子出国周游，所以真正在孔子身边学习的时间并不长。他受到人们关注，很重要的一个原因是他提问过关于种庄稼和种菜的问题，被孔子称为“小人”，于是引出一段公案。有人说孔子歧视劳动，有人认为孔子鄙视农业技术，还有人认为他瞧不起广大劳动人民，但也有人充分肯定他先进的社会分工思想。所以，很多《论语》注疏的本子，都要在这里费一番口舌。因此，也就有人说樊迟有违师道，是使老师被人误解，为老师惹麻烦的人。还有人因为樊迟反应比较慢一点，提了问题喜欢追问，就说他是孔门最迟钝的学生。

而我读《论语》，樊迟给我的印象就是老实。

我们先来看大家最关注的一章：

樊迟请学稼。子曰：“吾不如老农。”请学为圃。曰：“吾不如老圃。”樊迟出。子曰：“小人哉，樊迟也！上好礼，则民莫敢不敬；上好义，则民莫敢不服；上好信，则民莫敢不用情。夫如是，则四方之民襁负其子而至矣，焉用稼？”［13.4］

大意是：樊迟向孔子请教如何种庄稼。孔子说：“我不如老农。”樊迟又请教如何种菜。孔子说：“我不如老菜农。”樊迟退出以后，孔子说：“樊迟真是个小人！在上位者只要重视礼，老百姓就不敢不敬畏；在上位者只要重视义，老百姓就不敢不服从；在上位的人只要重视信，老百姓就不敢不用真心实情来对待你。要是做到这样，四面八方的老百姓就会背着孩子来投奔，哪里用得着自己去种庄稼呢？”

钱穆先生的译文，在最后一句中补充了一些内容，译为：政治能做到这地步，四方民众都会背负了他们的孩子来请入户籍，那就耕户日增，耕地日辟，何必自己学稼穑之事呀！补充了“耕户日增，耕地日辟”，孔子的逻辑就更清楚了。关于这一章，有不少争论。一个是孔子的思想是否为轻农，一个是“小人”是否为贬义。对后一个问题，李泽厚先生有一段话很有意思。他先引述了两段文献：

《正义》《周书·无逸》云：知稼穑艰难，则知小人之依。又云：旧为小人，爰暨小人。是小人即老农、老圃之称。《孟子·滕文公篇》：有大人之事，有小人之事，与此同也。古者四民各有恒业。

然后在“记”中说：

可见小人即老百姓，非道德贬义。从春秋战国起，中国崛起“士”阶层。“学而优则仕”一直是“士”的生活道路。汉代有察举，考试则为隋唐以来的政治体制。“士”的职责是“致君泽民”，“安邦定国”，管理政事，成为社会结构中的骨架和脊梁。在民主政治和现代官僚体制出现之前，中国文官体制是最完备和最有效的，其基本观念可说来自此处。孟子有“劳心者治人，劳力者治于人”这种明确表述。与此相反，从农家、墨家到毛泽东，中国思想史上一直又有废除劳心劳力区分、由生产者直接管理政务的乌托邦观念。樊迟大概也可算作其中的一位。老师不老说要复古吗？那么干脆回到帝王亲自耕织的“太平”时代去，岂不更好？于是问学稼学圃。但孔子不以为然。

对这个问题，李零先生也有一段说辞：

古代隐者有个特点，就是放弃城市生活，回家种地。比如《微子》18.6、18.7 的长沮、桀溺和荷蓧丈人，就是如此。当然，也有一些隐者是假装的，就像刘备种菜，只是韬晦之计。

孔子对种地没兴趣，他的兴趣是做官，当然得住在城里。

樊迟似乎是一位古代的重农派和民粹派。18世纪，法国有魁奈等人的重农派，反对重商派。19世纪，俄国有所谓民粹派，口号是“到民间去”，提倡到农村去教育民众，发动民众。契诃夫的小说《带阁楼的房子》(有电影)，故事中的姐姐就是民粹派，不让她妹妹和主人公好。我国古代也有重农抑商，提倡躬耕的一派。天子每年要躬耕籍田，祭祀先农，先农是神农（或后稷）。神农就是重农的象征。《汉志》九流十家有农家，经典就是《神农》。管子、李悝、商鞅，战国时期流行的法家，也是重农主义者。孔子不喜欢这一套。

樊须要跟孔子学种庄稼学种菜，是找错了人。孔子很不高兴，故意说反话，“吾不如老农”，“吾不如老圃”，等他走了，马上骂他为“小人”，原因是，他们政见不合。樊迟认为，只有躬耕力田，才有天下太平。孔子说，只要当领导的都喜欢“礼”、“义”、“信”，就能吸引民众，哪有种庄稼什么事。

二位先生都是有大学问的人，所以从社会分工和政治文化等角度去看樊迟，自然是有高度的，也是有道理的。但我却喜欢从常人的角度去看。我注意到一些资料说樊迟是农民出身。没有考证，不知是否可靠。但他一定和农民的关系很密切，有很强的农民意识和农业意识。这应该是肯定的。李零先生也说“此人喜欢种庄稼”。就我的立场（我是正宗农民出身，祖代务农，自己也做过几年正宗农民），樊迟未必就如二位所说有那样清晰的思想高度，是什么“复古”派，或是什么“重农派和民粹派”。“喜欢种庄稼”未必就是个“重农派”。对吧？不就是学生向老师提出个问题嘛。孔子的学生的确出现了不少政治家、思想家，但也未必每个人都要有一个门派的所属。

我自己觉得，我是很能理解樊迟的。孔子所讲的大道理当然都对，但他针对的是“在上位者”，即主要是统治者，至少是“有国有家者”。但人家樊迟或许根本就没有这样的想法，也没有这样的条件。就像我，从第一天被动地走上讲台做教师，就只想做一个学生喜欢的老师，把讲台站牢，从没想过做什么“家”。后来有两位很关心我的领导就这件事批评过我。一位对我说：你不要满足于做一个教书匠，要成为一个教育家。一位说：你不要满足做一个名师，要成为大家、大师。我从内心深处感激他们的厚爱和厚望，但我真的就少那么一股志气，少那么一份雄心。所以我就很理解樊迟。我想，他或许就没有成为"上位者"的追求，就想成为一个好农民，一个好菜农，或者自食其力，自己种庄稼，自己种种菜，或者，一边做点学问，一边种种庄稼。用毛主席的话说："自己动手，丰衣足食。"有野心，有雄心，固然很好；但没有野心，没有雄心，就未必不好。"不想做元帅的士兵不是好士兵"的道理是对的，但其中的"元帅"主要是虚指而不是实指。就想做个好士兵，也没有什么不好。就像学校里，大家都想做教育家，恐怕未必就是好学校；不要说教育家，所有教师都想当校长，就未必是好事。就现实而言，我觉得中国真的不缺少教育家，而是缺少好教师或者说是缺少好的教书匠。甚至我觉得中国教育搞不好，一个原因就是"教育家"太多了。每一个人都是一套"我以为"，夸夸其谈，口若悬河，理论是一套一套的。最后什么也做不了，什么也改变不了。

我还很赞赏樊迟很务实的思想。民以食为天，吃饭是个大问题。中国人都能吃饱饭的日子还没有多久，甚至现在还有人吃不饱，更何况那时候。樊迟脑子里想到种地种菜算不得什么错，也不一定是思想上主张什么派（当然，我读书太少，拿不出什么能够佐证的理据）。我以为错就错在他对老师的理解。一方面是，他以为老师什么都会，至少是什么都懂，那么大学问，种庄稼种菜一定也是专家。更大的问题是，他不知道老师的志趣所在兴趣所在，所以挨批也是应该的。但我喜欢樊迟小志向中表露的务实思想。我们今天不是也在说"空谈误国"吗？"大言"也是"误国"的。孔子的儒家思想对文化的巨大贡献是毋庸置疑的，但它的消极影响也不在小处。"好大言"似乎也是中国人的"丑陋"之一，似乎与孔子有点关系。老实人关心老实人的事，思考老实人的问题，实实在在。

认为樊迟反应迟钝比较笨的人，主要的根据是他问仁的事。樊迟先后三次问仁。

第一次是：

樊迟问仁。子曰："爱人。"问知。子曰："知人。"樊迟未达。子曰："举直错诸枉，能使枉者直。"樊迟退，见子夏曰："乡也吾见于夫子而问知，子曰'举直错诸枉，能使枉者直'，何谓也？"子夏曰："富哉言乎！舜有

天下，选于众，举皋陶，不仁者远矣。汤有天下，选于众，举伊尹，不仁者远矣。”［12.22］

对这段话的理解分歧不大。只是对“樊迟未达”的是“仁”“知”二者还只是“知”一者有不同理解。但从下文孔子的解释，以及樊迟和子夏的对话看，应当是后者。这一次，孔子的回答应该是不难理解的，但樊迟又着实不明白。这就的确可以看出樊迟在孔子的学生中悟性不是特别好。同时也可以间接地说明，前面一章中樊迟问种庄稼问种菜很可能并没有政治思想上的高度，而更可能只是一种很本分的想法。

李泽厚先生似乎也有和我相近的想法，他说：

关于樊迟“未达”（没有弄懂）的是“仁”、“知”二者，还只是“知”，后世各有不同解说。我倾向于樊不懂为什么“知”就是“知人”？“智”本比政治上“知人善任”要大得多呀！结合孔子对樊迟问学稼学圃的批评，结合子夏的一番历史学解释，看来这位樊先生不像孔子及其他学生那样把兴趣集中在政治上，大概有点“非政治倾向”或者倾向于农家的乌托邦政治，即大家都来耕田种菜，无须区分等级秩序、治者被治者等等，所以孔子老要“匡正”他。

我非常认同樊迟有“非政治倾向”的说法。

第二次是：

樊迟问知。子曰：“务民之义，敬鬼神而远之，可谓知矣。”问仁。曰：“仁者先难而后获，可谓仁矣。”［6.22］

大意是：樊迟问孔子怎么样才算是聪明，孔子说：“做符合民意事，尊敬鬼神但要离它们远点，就是聪明。”樊迟又问怎样才算仁，孔子说：“仁者吃苦在前，享受在后。”

对这章中有两个句子的理解有较大的差异。一句是“务民之义”。钱穆先生翻译为“只管人事所宜”；李泽厚先生的翻译是“尽力做对人民适宜合理的事情”；杨伯峻先生的翻译是“把心力专一地放在使人民走向‘义’上”；李零先生的理解是“即尽力引导人民趋向‘义’”。另一句是“先难而后获”。钱穆先生翻译为“难事做在人前，获报退居人后”；李泽厚先生的翻译是“困苦艰难在先而酬报果实在后”；杨伯峻先生的翻译是“付出一定的力量，然后收获果实”；李零先生的理解是“先苦后甜，先致力于耕耘，才谈得上收获”。我以为，从下句“敬鬼神而远之”看，李泽厚先生对“务民之义”的翻译似乎更贴近原义；从“仁”这个问题出发，“先难而后获”的要义应该是“先忧后乐”“吃苦在前，享乐在后”，钱穆先生和李泽厚先生的翻译更靠近原文。

这一次，樊迟似乎倒没有纠结。

第三次是：

樊迟问仁。子曰：“居处恭，执事敬，与人忠。虽之夷狄，不可弃也。”［13.19］

大意是，樊迟问怎样才是仁，孔子说：“平常在家庄重严谨，办事严肃认真，待人忠心诚意。即使到了夷狄之地，这些也不可背弃。”

有人怀疑这一章并不是问“仁”而是问“行”。钱穆先生和李零先生都关注了这种说法，但观点显然不同。

钱穆先生说：

《卫灵公篇》子张问行，子曰：“言忠信，行笃敬，虽蛮貊之邦，行矣。言不忠信，行不笃敬，虽州里，行乎哉？”与此章语相类。或疑此章问仁乃问行字误。然仁者人道，乃人与人相处之道。人道以恭敬忠信为主。夷狄亦人类，故虽至夷狄，此道仍不可弃。则本章明言仁，不必改字。或曰：虽至夷狄之邦，能恭敬忠信，亦不为夷狄所弃。则转言效应，与孔子平日教人意不类。且不为所弃，非不可弃。

李零先生说：

宋杨时《杨龟山文集》引胡德辉问，指出此章与《卫灵公》15.6的子张问行相似，“问仁”可能是“问行”之误，杨时加以否认，其实，胡德辉的怀疑很有道理。《卫灵公》15.6的原文是“子张问行。子曰：‘言忠信，行笃敬，虽蛮貊之邦，行矣。言不忠信，行不笃敬，虽州里，行乎哉？立则见其参于前也，在舆则见其倚于衡也，夫然后行。’子张书诸绅”。

樊迟问行，孔子讲了三条待人处世的原则：在家有礼貌，干事很敬业，对人很忠诚，就是到了夷狄之地，这三条也不能丢。

钱穆先生指出了可疑之处，但仍主张“本章明言仁，不必改字”；李零先生则明确说本章是“樊迟问行”。我也倾向于这一次并非问“仁”。如果这样说，樊迟一共问了两次仁。

前两章的先后顺序，本文和《论语》不一样。我觉得这样排比较合理(《论语》中的先后并不代表事情发生的先后)，问而不达，所以有机会再问，顺理成章。

这两章的确很有意思。

认为樊迟比较笨的人主要根据12.22。你看，老师讲了，他还不领会，还要再问同学，甚至同学解释了，还不能领会，还要再问。看上去，真的是不够聪明。但我看到的是他的老实。不懂就问，不懂再问，既问老师，也问同学，实在是一种难得的老老实实的学习态度。从我们的教学经验看，有些学生的学习态度是不老实的。不懂装懂，不懂以为懂，有问题不问，老师讲了，还没有懂，也不再追问。甚至明明有问题，你问有问题吗，都摇头说没有，可是一提问却答不出来。不单是学生，我们自己也有这样的情况；不单是我们今天的学生，孔子的学生一定也有。凭什么说樊迟就是笨呢？

我倒是觉得孔子这一次的回答，的确不是很好。既不是直接针对问题，也不是针对具体的提问对象。大家知道，孔子回答问题，一贯是“因材施教”，针对具体对象的，但我觉得这一次他的回答实在脱离了对象，让人摸不着头脑。樊迟既无“用人”地位又无“用人”的野心，为什么要从“用人”的角度来解释“仁”和“知”呢？难怪老实的樊迟一下子跟不上老师的思路。后一次再问，老师的话他一下子就明白了，因为老师的话针对性很强。

《论语》中，许多弟子都问到“仁”这个问题，但同一个人问不止一次，似乎不多。而且两次问的顺序也不一样。一次先问“仁”后问“知”，一次先问“知”后问“仁”。从这两次问的顺序不同，也可以看出12.22章在前，6.22章在后。第一次以为“仁”重要，所以先问“仁”，但第一次对“知”“未达”

其内涵，所以第二次先问“知”。如果说是三次，则还有一次只问“仁”不问“知”。大概以为“知”的问题懂了，而孔子每次的回答也不一样。

这里我注意到的两个问题，钱穆先生都注意到了，他的解释很有意思：

《论语》樊迟凡三问仁，两皆兼问知，而孔子所答各不同。解者每谓弟子问同而孔子答异，乃因材施教。然一人同所问，何以答各异。盖所问之辞本不同，孔子特各就问辞为答。记者重在孔子所答，略其问辞之详，但浑举问仁问知之目，遂若问同而答异。樊迟本章（指 6.22）所问，或正值将出仕，故孔子以居位临民之事答之。

若仅就 6.22 一章来看，钱穆先生的推测和分析是有一定道理的，但若综合 12.22 等章来看，理由就不是很充分了。如果抱着不敬而大胆臆测，孔子是否也有可能有时候回答问题，只是从自己的想法出发，而没有完全顾及提问的对象呢？这在常人是很可能的。我觉得孔子也有可能。因为樊迟“或正值将出仕”的依据，钱穆先生也没有列出。如果有，按照先生的治学，是会列出来的。

我说樊迟老实，由下面一章也可以看出。

孟懿子问孝。子曰：“无违。”

樊迟御，子告之曰：“孟孙问孝于我，我对曰：‘无违。’”樊迟曰：“何谓也？”子曰：“生，事之以礼；死，葬之以礼，祭之以礼。”［2.5］

意思是，孟懿子向孔子请教什么是孝道，孔子说：“孝就是不违背礼教准则。”

后来，有一次，樊迟为孔子驾车时，孔子告诉他说：“孟孙氏向我请教什么是孝道，我回答他说：‘不违背礼教准则。’”樊迟问：“这是什么意思呢？”孔子说：“父母活着的时候，要按照礼节侍奉他们；父母去世以后，要按照礼节安葬他们，按照礼节祭祀他们。”

这一章，看似简单明白，但有很多疑问。一是孔子为什么这样回答孟懿子的问题，二是孔子为什么要把他和孟懿子的对话告诉樊迟，三是孔子为什么不在回答孟懿子时就做具体解释。

第三个问题似乎很好回答，即孟懿子大概懂了，没有追问，所以孔子就不再解释。第一个问题也比较好回答，大概孟懿子“有违”，所以孔子针对他的问题作出回答。对这一点，李泽厚先生作出了明确的结论：

《杨注》：孟懿子，鲁国的大夫，三家之一。古代的礼仪有一定的差等，天子、诸侯、大夫、士、庶人各不相同。鲁国的三家是大夫，不但有时用鲁公（诸侯）之礼，甚至有时用天子之礼。这种行为当时叫作“僭”，是孔子所最痛心的。孔子这几句答词，或者是针对这一现象发出的。

三家“僭”礼的行为显然是属于“有违”。

剩下的是第二个问题。孔子为什么要把他和孟懿子的对话告诉樊迟呢？按照一般规律，也应该是樊迟存在“有违”的问题，但似乎找不到这样的依据。钱穆先生作过一段阐述，关注的问题似乎和这个问题有关。

樊迟果不达而问。孔子乃言无违者，无违于礼，能以礼事亲，斯为孝。父母有不合礼，子女不当顺其非，必自以合礼者事父母，斯对父母为至敬，此即是孝。若顺亲非礼，是谓其亲不足与为善，又自陷非礼，此乃违逆其亲之甚。故无违为孝，乃为懿子一人言之。不违礼为孝，乃为天下万世一切人言之。其父果贤，子不违，仍是不违礼。孔子两次所言，义本相通。或说，时三家僭礼，故孔子以无违于礼警懿子，欲樊迟之转达。但孔子何不直告，而必待樊迟之再问而转达？似成曲解。若懿子能无违其父使之学礼之命，则其儆三家之僭者亦寓乎其中，可不烦樊迟之再达。

钱穆先生对“无违”又作了自己的发挥，他对有人认为孔子“以无违于礼警懿子，欲樊迟转达”这一说提出疑问，他认为“孔子何不直告，而必待樊迟之再问而转达”。

依我理解，孔子主动把他和孟懿子的对话告诉樊迟，原因就是樊迟比较老实，或者用一些人的说法，就是樊迟比较笨一点，反应慢一点，老师想看看他的理解能力，或者说训练一下他的思维能力、分析能力、理解能力。反正一个驾车一个坐车，“闲着也是闲着”。这也合乎孔子的一贯教育风格，随时随地，春风化雨。我想钱穆先生也是领会到这一层的，他说“樊迟果不达而问”。一个“果”字很有意思。说明孔子估计樊迟不能理解，果然，樊迟就是问了：“何谓也？”这说明老师对学生的了解，也说明了学生的老实。

关于樊迟，《论语》中还有一章，也很有意思。

樊迟从游于舞雩之下，曰：“敢问崇德、修慝、辨惑。”子曰：“善哉问！先事后得，非崇德与？攻其恶，无攻人之恶，非修慝与？一朝之忿，忘其身，以及其亲，非惑与？”［12.21］

大意思，樊迟陪着孔子在舞雩台下散步，说：“请问怎样提高品德修养？怎样改正自己的恶念？怎样辨别迷惑？”孔子说：“问得好！先努力致力于事，然后才考虑收获，不就是提高品德了吗？专攻击自己的过错，不攻击别人的过错，这不就是去除恶念吗？由于一时的气愤，就忘记了自身的安危，以至于牵连自己的亲人，这不就是迷惑吗？”

老实的樊迟，或者说笨笨的樊迟，得到老师的表扬，那不容易。可为什么这个问题提得好呢？这便是一个有意思的问题。钱穆先生有一段解释，也很有意思：

舞雩之处，有坛墠树木，故可游。于问答前着此一语，此于《论语》为变例。或说：《春秋》鲁昭公逊齐之年，书：“上辛大雩，季辛又雩。”传曰：“又雩者，非雩也，聚众以逐季氏也。”昭公欲逐季氏，终为季氏所逐，樊迟欲追究其所以败，遂于从游舞雩而发问，而言之又婉而隐，故孔子善之。今按：孔子晚年返鲁，哀公亦欲逐季氏。推樊迟之年，其问当在哀公时，不在昭公时，则寓意益深矣。然如此说之，终嫌无切证。或又曰：樊迟录夫子之教而书其地，示谨也。编者从而不削耳。

钱穆先生这段话中，有些内容我并不十分明白，但大意还是清楚的。他说有人以为樊迟得到老师表扬，是因为巧妙地利用对话的环境提出问题，是为了探讨昭公为季氏所逐的原因，委婉而含蓄，寓意深刻。着眼首句，这个分析很有道理，但从孔子的答话来看，似乎就不很妥帖，因为孔子的答话并没有针对这个问题。

更多的人认为孔子的答话是针对了樊迟的缺点。对这一点，李泽厚先生说得很明白。

“德者，得也”，但应是付出艰难劳力的“得”，才是“德”。不劳而获，捷径而取，过于计算，患得患失，等等均非“崇德”。“樊迟勇而志于学，质朴而狭隘，意其为人，必预事而计得，恕己而严人，忿而不思难者也”(《论语稽》)，所以孔子这么回答，均有所指而言。这里的“是非”、“迷惑”就都不是从认识论上讲，而是从伦理学和心理学上讲的。

李零先生的看法似乎和李泽厚先生差不多：

人的优缺点总是形影相随，孔子的谈话都是因材施教。子张正义感强，但流于偏激。针对这一点，孔子跟他强调，主要是“辨惑”，即不要好恶过深，失去对人的理智判断。樊迟的优点是求知心切，说干就干，非常勇武，但缺点是性格外向，脾气急躁，缺乏耐心。孔子针对这一点，一是告他“先事后得”，即不要急于求成；二是告他不要对人心存恶念，最好多反省自已的过错，少计较别人的错误；三是告他不要逞一时之愤，随便发脾气，不顾自已，也不顾父母。

从两位李先生的分析看，樊迟的确有鲜明的个性，或者说缺点比较明显，头脑不够灵活，似乎有点不拐弯，有点一根筋，甚至有点愣头青。这与我的感觉他老实是不矛盾的。这类人，大多是老实人，是实在人，缺少权谋机变，而老实人，有时候也让人觉得“质朴而狭隘”“脾气急躁，缺乏耐心”。据说，鲁哀公十一年（前 484 年）齐师伐鲁，冉求率“左师”御敌，冉求认为他能服从命令，以其为车右。鲁军不敢过沟迎战，他建议冉求带头，冉求纳之，鲁军大获全胜。可以是个证明。

老实，有两种。一种是鲁迅先生所说的“无用”，一种是不灵活，很多事情“拎不清”。樊迟应该是后一种。孔子话说完之后，樊迟没有再追问，不知他有没有听懂，更不知他是怎样理解的。

《踏歌图》

司马耕——忧伤的孤独者

司马耕

司马牛，姓司马，名耕，字子牛。关于司马牛名和字的关系，有很多不同的说法，杨伯峻先生，李零先生，都有自己的见解，各说都有自己的道理。

一般的说法类同于伯牛。《说文》：“耕，犁也。”“牛，大牲也。”在古代耕必有牛。司马耕，字子牛。由农垦之义，引指具体的耕牛。名与字相联表达意义。“子牛”之“子”表示的是对男子的尊称。春秋时男子取字最普通的方式之一是加“子”字。称呼时，这个“子”有时可以省去。司马耕，可以直接称为司马牛。

司马牛在《论语》中出现的次数不多，一共三次，但特点鲜明。司马迁《史记·仲尼弟子列传》中说“牛多言而躁”，接着就引了司马牛问仁的一则。说真的，就这一则我实在看不出司马牛的“多言而躁”。我将《论语》中写到司马牛的三则放到一起读，或者说联系起来思考，我对他的印象是：这是一个忧伤的人。用现在流行的话说，就是有点纠结。

让我感到司马牛忧伤的主要是这样一则：

司马牛忧曰：“人皆有兄弟，我独亡。”子夏曰：“商闻之矣：死生有命，富贵在天。君子敬而无失，与人恭而有礼，四海之内，皆兄弟也。君子何患乎无兄弟也？”［12.5］

司马牛忧愁地说：“别人都有兄弟，唯独我没有。”子夏说：“我听说过：‘死生有命，富贵在天。’君子只要严肃认真地对待所做的事情，不出差错，对人恭敬而合乎礼的规定，那么，天下人就都是自己的兄弟了。君子何愁没有兄弟呢？”

我能想象出司马牛问到这个问题的神情和心情。他是那么孤独，那么忧伤，甚至有点可怜。子夏的回答，可以说很有高度，但真的解决不了问题。

关于司马牛有没有兄弟，有不同观点。大多人认为是有的，而且不止一个。钱穆先生就明确说："司马牛兄向魋，魋又有兄巢，有弟子颀、子车，皆与魋在宋作乱。"他还在"今按"中解释道："《左传》桓魋诸兄弟为乱而败，魋奔卫，牛致邑与珪而适齐。魋后奔齐，牛复致邑而适吴。吴人恶之而返。赵简子召之，陈成子亦召之，因过鲁而卒于鲁郭门之外。牛之诸兄弟，全是戾气，惟牛凄然孤立，流离无归，忧可知矣。"这短短的一段话中有着比较复杂的故事，要搞清楚不很容易，甚至可能就搞不清楚。但钱先生的意思是明白的：司马牛兄弟五人，但另外四个全不是好人。先生还在解释"商闻之"一句时说："魋、巢等或奔或死，牛身栖异国，故有独无兄弟之感。"

李零先生也认为司马牛有不止一个兄弟，但对忧愁原因的理解和钱穆先生不全相同："他说他没有兄弟，其实并不是真的没有。他有四个兄弟，巢、魋（司马桓魋）、子颀和子车。他之所以这样讲，是因为司马桓魋作乱，他们都参加，他不认为这些兄弟是兄弟。"

钱穆先生认为司马牛孤独感主要来自"牛身栖异国"，而李零先生则认为主要是情感上"不认为这些兄弟是兄弟"。当然可以是两者兼而有之。

但杨伯峻先生有不同说法：

人皆有兄弟，我独亡——自来的注释家都说这个司马牛就是宋国桓魋的兄弟。桓魋为人很坏，结果是谋反失败，他的几个兄弟也都跟着失败了。其中只有司马牛不赞同他这些兄弟的行为。但结果也是逃亡在外，死于道路（事见《左传》哀公十四年）。译文姑且根据这种说法，但我却认为，孔子的学生司马牛和宋国桓魋的弟弟司马牛可能是两个不同的人，难于混为一谈：第一，《史记·仲尼弟子列传》既不说这一个司马牛是宋人，更没有把《左传》上司马牛的事情记载上去，太史公如果看到了这类史料而不采取，可见他是把两个司马牛作不同的人看待的。第二，说《论语》的司马牛就是《左传》的司马牛者始于孔安国。孔安国又说司马牛名犁，又和《史记·仲尼弟子列传》说司马牛名耕不同。如果孔安国之言有所本，那么，原本就有两个司马牛，一个名耕，孔子弟子；一个名犁，桓魋之弟。但自孔安国以后的若干人却误把名犁的也当作孔子弟子。

我非常赞同杨先生的见解，甚至怀疑死在鲁国郭门外的那个司马牛就不是孔子的弟子司马牛。从情理看，他既没有参与作乱，又不赞同作乱，为什么也要东奔西跑地逃难呢？可惜我没有学力加以考证。另一个原因，就是从人情的角度看，无论是因为政治立场问题不认他的兄弟还是因为一人漂泊异乡（这在孔子学生中绝不是一人，连离乡最远的子游也没有这样的孤独感）而认为自己没有兄弟，只是一种主观上对兄弟的不承认。然而，不承认并不是一般意义上的“没有兄弟”。从人之常情的角度看，如果因为兄弟作乱而不愿意承认自己有兄弟，更不应该主动和别人倾诉没有兄弟的孤独。要不，岂不成了提醒别人注意自己那些作乱的兄弟吗？有人认为，司马牛并非是说自己没有兄弟，而只是用这样的说法宣布他不承认巢、魋、子颀和子车是他的兄弟，甚至要说这与儒家一贯倡导的“悌”的观念是相违背的，但由于他的兄弟们“犯上作乱”，因而子夏劝慰司马牛，说只要自己的言行符合于“礼”，那就会赢得天下人的称赞，就不必发愁自己没有兄弟，因为“四海之内皆兄弟也”。这里有两个疑问必须得到解决：一个是司马牛和子夏的这段对话一定是在桓魋等作乱之后；二是司马牛有机会也有必要做这样的“断绝关系”的申明。最为重要的是，只有司马牛真的没有兄弟，他这样的孤独感才真实而自然。换一个角度，也正是真的没有兄弟，才形成了他孤独而忧郁的性格。钱钟书先生在《谈中国诗》中说过一个比喻：鞋子形成了脚，脚也形成了鞋子。用在这里也是可以的。

我们从这一章中，没有看到那么多的政治色彩，而看到的就是一个性格内向，忧伤甚至有点忧郁的司马牛。因为不仅这一章，另外两章也是如此。

司马牛问君子。子曰：“君子不忧不惧。”曰：“不忧不惧，斯谓之君子已乎？”子曰：“内省不疚，夫何忧何惧？”［12.4］

大意是：司马牛问怎样做一个君子。孔子说：“君子不忧愁，不恐惧。”司马牛说：“不忧愁，不恐惧，这样就可以叫作君子了吗？”孔子说：“自己问心无愧，那还有什么忧愁和恐惧呢？”

有人也把这一章和宋国“犯上作乱”的大夫桓魋联系在一起。说桓魋在宋国遭到宋国国君的打击，全家被迫出逃。司马牛逃到鲁国，拜孔子为师，并声称桓魋不是他的哥哥。所以这一章里，孔子回答司马牛问怎样做才是君子的问题，是有针对性的，即不忧不惧、问心无愧。连钱穆先生也持这一说：“孔子亦非教司马牛恝然与其兄而无动于心，此有义命之辨，学者当从实境中磨炼。”虽然他是强调，今天的读者尤其是学者要从中获得一般意义的道理，但言下之意还是认为孔子是针对司马牛和桓魋的关系讲的。估计这一说法的源头是孔安国的《正义》，因为程树德的《论语集释》这一则的“集解”，第一条就是“孔曰牛兄桓魋将为乱。牛自宋来学，常忧惧，故孔子解之”。我总觉得这太像演义和传奇，首先和《左传》“魋后奔齐，牛复致邑而奔吴。吴人恶之而返。赵简子召之，陈成子亦召之，因过鲁而卒于鲁郭门之外”的说法就矛盾。依照这样的解释，孔子不仅不像疏导，倒像针对司马牛的“弄虚作假”谎称没有兄弟隐瞒家庭“历史问题”而说的。而这实在不是孔子的做派。我以为孔子的回答恰恰是针对司马牛的多愁的性格特点而回答，才更符合孔子的一贯风格（这样的例子在《论语》中很多）。

其实，我们应该注意到，这则对话中，后一次问答完全是由司马牛引起的。本来孔子根本就没有讲后层内容的准备。本来“司马牛问君子。子曰：‘君子不忧不惧。’”对话已经完成，可是司马牛还要问：“不忧不惧，斯谓之君子已乎？”这就引出了孔子的后一句：“内省不疚，夫何忧何惧？”可见，“内省不疚”并非是针对司马牛，而是一般意义的教育，是针对所有人而言的。而我们可以从司马牛的这一句重复提问的话中看到他内心的纠结和性格的忧郁。在另一则问话中也是如此。

司马牛问仁。子曰：“仁者，其言也讱。”曰：“其言也讱，斯谓之仁已乎？”子曰：“为之难，言之得无讱乎？”［12.3］

大意是：司马牛问怎样做才是仁。孔子说：“仁人说话是慎重的。”司马牛说：“说话慎重，这就叫作仁了吗？”孔子说：“做起来很困难，说起来能不慎重吗？”

和上一则相同，本来一问一答就可以结束的对话，司马牛却总要再重复追问。而这样的重复性提问，有这样几种可能：一是反问，表示怀疑；二是进一步追问，表明思考的深入；三是下意识地重复，大多没有具体目的。从内容和情形看，第一种的可能性不大。从一般情况，师生之间，应该是第二种可能性大。但每次都是如此或者常常如此，就更多的是一种焦虑心理的表现。生活中这样的人并不少见。你告诉他要下雨了，他会随口说："要下雨了吗？"你告诉他要吃饭了，他会随口说："要吃饭了吗？"《论语》中涉及司马牛的一共三章，两章司马牛的提问都是如此，再综合另一章的内容，我觉得司马牛这样的重复提问，很可能是性格的表现。这是一个忧伤甚至忧郁的人。他的性格忧伤或忧郁是否是有个叫桓魋的哥哥作乱的原因，我们不得而知。

《范湖草堂图》

子禽

子禽——眼光独特的“借读生”

子禽，姓陈名亢，字子禽，一字子元，又字子亢。郑玄注《论语》说他是孔子的学生，但《史记·仲尼弟子列传》却没有写到他，所以有人说子禽并不是孔子的学生。对此，有一种解释是他可能是子贡的学生，因为他总是向子贡提问题，所以《史记·仲尼弟子列传》没有他。这样说自然有些道理，但如果不能证明孔子的再传弟子《史记·仲尼弟子列传》都没有收入，收入的都是孔子亲自教授的学生，其根据就很不充分。所以，我想，借用现在的学籍概念说，他大概是孔子的借读生，也就是没有学籍的学生。

很多人都说子禽的特点是好学，我倒发现他的想法也总是不同常人，他看问题的角度总和别人不太一样。

《论语》中，子禽出场三次。三次都是他主动提问，三个问题都很有质量，也都很有意思。

第一次是：

子禽问于子贡曰：“夫子至于是邦也，必闻其政。求之与？抑与之与？”子贡曰：“夫子温、良、恭、俭、让以得之。夫子之求之也，其诸异乎人之求之与！”［1.10］

这一段我们在写子贡时引述过，是为了说明子贡如何看待孔子。从这一章，我们可以看出子禽看问题的深刻。

《论语》中，学生提问是很常见的事，但基本都是着眼于学习内容提出问题，问仁，问孝，问友，问忠，问信，问宽，问礼，问乐，问君子，问善人。

基本都是求教如何做人，都是围绕德行这个主题。但子禽不同，他更感兴趣的是人的行为，而且是祖师爷的行为（如果他真是子贡的学生的话），由行为探求根源，有很强的针对性。在这一则里，他关注的问题是孔子是如何获得预闻各个国家政事的机会的。孔子的学生关注政事的很多，总体上孔子也是鼓励他们这样做的。但能这么深刻地思考，尤其是对老师的预政行为进行研究的并不多。可见子禽其人不同凡响。

还有一章更能说明他的特点。

陈亢问于伯鱼曰："子亦有异闻乎？"对曰："未也。尝独立，鲤趋而过庭。曰：'学《诗》乎？'对曰：'未也。''不学诗，无以言。'鲤退而学《诗》。他日又独立，鲤趋而过庭。曰：'学礼乎？'对曰：'未也'。'不学礼，无以立。'鲤退而学礼。闻斯二者。"陈亢退而喜曰："问一得三。闻《诗》，闻礼，又闻君子之远其子也。"［16.13］

大意是：陈亢问孔子的儿子伯鱼："你在老师那里听到过什么特别的教诲吗？"伯鱼回答说："没有呀。有一次，他独自站在堂上，我快步从庭里走过。他问道：'学《诗》了吗？'我回答说：'没有。'他说：'不学诗，就不懂得怎么说话。'我回去就学《诗》。又有一天，他又独自站在堂上，我快步从庭里走过，他问道：'学礼了吗？'我回答说：'没有。'他说：'不学礼就不懂得怎样立身。'我回去就学礼。我就听到过这两件事。"陈亢回去高兴地说："我提一个问题，得到三方面的收获，听了关于《诗》的道理，听了关于礼的道理，又知道君子并不偏爱自己的儿子。"

这一章，大家都比较熟悉。"不学《诗》，无以言"几乎是尽人皆知的名言。"庭训"和"庭闻"已经成为典故。唐代王勃的《滕王阁序》中就有"他日趋庭，叨陪鲤对；今兹捧袂，喜托龙门"的句子。但大家似乎都不太关注子禽提问的真正动机。我总觉得这并不是一个好学所能解释的。以我的小人之心揣度，子禽问这个问题时，心里是有个预设的，即老师一定私下里对自己的儿子有很多教诲。李零先生也这么看，他说："这段对话，奥妙是，陈亢好奇，他想，孔鲤是孔子的儿子，一般人听不到的教诲，没准从他那儿可以打听到。""过去有些老先生，想法和手艺人差不多，一定要把绝活留在家里，传子不传媳，更别说学生了。有人甚至招儿子当研究生，或把研究生招为乘龙快婿。孔子对儿子不是这样。”李先生的意思和我想的差不多。因为在日常生活中这样的情形是比较普遍的。有个老师教两个班级数学，做其中一个班级的班主任。于是另一个班级的学生，就经常想办法打听这位老师是否在自己的班级讲了什么他们不知道的题目，或者布置了什么他们没有的作业。从子禽最后一段话里我们也能看出这一点："我提一个问题，得到三方面的收获，听了关于《诗》的道理，听了关于礼的道理，又知道君子并不偏爱自己的儿子。""又知道君子并不偏爱自己的儿子"，暗含着本来以为孔子也会偏爱自己的儿子的。而这些是孔子的其他学生所没有想到的。可以看出，子禽有着其他学生所没有的聪明和精明，不仅想到这一点，而且还居然直接问老师的儿子。后者更是其他学生和一般人所做不到的。我看到过有资料上说，孔鲤比子禽要大20多岁。以这样的关系，这样的年龄差距，一般人想到也做不出的，而子禽能够想到而且做到。除了好学，他显然还有其他过人之处。

联系另外一章，子禽的这一特点表现得更加明显。

陈子禽谓子贡曰："子为恭也，仲尼岂贤于子乎？"

子贡曰："君子一言以为知，一言以为不知，言不可不慎也。夫子之不可及也，犹天之不可阶而升也。夫子之得邦家者，所谓立之斯立，道之斯行，绥之斯来，动之斯和。其生也荣，其死也哀，如之何其可及也？"［19.25］

大意是，陈子禽对子贡说："你是谦恭吧，仲尼难道比你还贤能吗？"

子贡说："君子一句话就表现出他有知，一句话也可以表现出他的不知，所以说话不可以不慎重啊。老师的高不可攀，正像天是不能靠梯子爬上去一样。老师如果成为诸侯或卿大夫来治理国家，那就会像人们所说的那样，教百姓立于礼，百姓就能立；引导百姓，百姓就会跟着走；安抚百姓，百姓就会来归顺；动员百姓，百姓就会同心协力。他活着大家都尊敬他，他死了大家都哀痛。我们怎么能赶得上呢？"

这一则我们在写子贡时也引述过。但从子禽的角度看，这段又有一番意思。

这里，子禽明目张胆地对孔子进行了挑衅，当然说他挑拨子贡和老师的关系也并不牵强。子贡聪明能干是不容怀疑的，但说子贡贤于孔子，这显然不合实际。有人说，子禽也就是说说子贡的好话而已。这当然可以理解，如果他就是子贡的学生，则更在情理之中。但为什么要拿子贡和孔子比呢？而且很明确地说孔子不如子贡。难怪子贡生气了，要骂他是小人。“君子一言以为知，一言以为不知，言不可不慎也。”你子禽说出这样的话来，实在不是君子。即使我们不从这样有些阴暗的心理角度看子禽，也至少可以看出他看人看事看问题是不同于常人的。

据说，陈亢的哥哥子车在卫国因病去世，他嫂子与家大夫商量要举办殉葬礼，对陈亢说：“您哥哥不幸去世，我们准备为他举行隆重的殉葬礼。”陈亢说：“殉葬并不合乎周礼。真要殉葬的话，用你们两个人才比较合适。因为哥哥在世时，是你们奉养的啊。”一句话说得嫂子和家大夫竟再也不敢提“殉葬”的话了。陈亢的意见当然是不错的，但说话尖刻亦可见一斑。

我不能断定这个事情是否真实，但根据我对子禽的理解，这样的话很像子禽说的。

《溪山清远图》

曾参

曾参——以仁为己任的君子

曾参，字子舆，春秋末期鲁国人，儒家主要代表人物之一，孔子的后期弟子，世称“曾子”。十六岁拜孔子为师，勤奋好学，颇得孔子真传，积极推行儒家主张，传播儒家思想。曾提出“慎终（慎重地办理父母的丧事）追远（虔诚地追念祖先），民德归厚（人民的道德风气就会归于淳朴忠厚）”的主张；又提出“吾日三省吾身”（《论语·学而》）的修养方法（即“为人谋而不忠乎？与朋友交而不信乎？传不习乎？”）。他的修齐治平的政治观，省身、慎独的修养观，以孝为本的孝道观影响中国两千多年，至今仍具有极其宝贵的社会意义和实用价值。相传他著述《大学》《孝经》等儒家经典，将孔子的言行整理成《论语》，后世儒家尊他为“宗圣”。孔子的孙子孔伋（字子思）师从于他，又传授给孟子。因此，曾子上承孔子之道，下启思孟学派，对孔子的儒学学派思想既有继承，又有发展和建树，是孔子学说的主要继承人和传播者，在儒家文化中具有承上启下的重要地位。曾子以他卓越的建树与孔子、颜子（颜渊）、子思、孟子比肩共称为五大圣人，在儒学发展史乃至中华文化史上均占有重要的地位。

关于他的形象有多种近乎传奇的说法，有人说曾子性情沉静，举止稳重，为人谨慎，待人谦恭，以孝著称。至今广泛流传着许多他孝的故事，他是《二十四孝》中“啮指痛心”的主角。据说，齐国欲聘之为卿，他因在家孝敬父母，辞而不就。我读《论语》，觉得曾子在孔门中几乎是可以和颜渊比肩的好学生，但不同的是，他的优秀不像颜渊那样表现在德行、好学等多方面，而主要就是表现在仁德，而尤为可贵的是他自觉地以仁为己任。如果说颜渊是孔门的三好学生，那么曾子可以说是孔门弟子中仁德的典范。

二

说曾子自觉以仁为己任，是有直接根据的：

曾子曰："士不可以不弘毅，任重而道远。仁以为己任，不亦重乎？死而后已，不亦远乎？"［8.7］

大意是，曾子说："士不可以弘大刚毅，因为他任重而道远。以实现'仁'作为己责，难道这责任还不重大么？这个责任到死才能终止，难道还不遥远么？"

这一章的"弘毅"有不同理解。钱穆先生的理解是:弘，弘大。毅，刚毅。李泽厚的理解和钱穆先生一致。杨伯峻先生根据章太炎先生的说法以为"弘毅"就是"强毅"，翻译为"刚强而有毅力"。李零先生也认为"'弘毅'，'弘'，也可能是强字之误"，并说明"杨伯峻引章太炎说，读为'强毅'"。可见他是基本赞同杨先生的观点的。但他接下去的几句解说对我们理解曾子倒是很有意义。他说："'强毅'即'刚毅'。《子路》13.27：子曰：'刚、毅、木、讷近仁。'"这也就是他和杨伯峻先生的不同之处。杨先生认为"弘毅"就是"强毅"，意思是"刚强而有毅力"。李零先生觉得"弘毅"就是"强毅"，是"近仁"。几位大家的理解应该说没有大的区别。杨、李的说法似乎更贴近"仁"的主题，钱、李的说法对士的要求更宽泛一些，既要"弘大"又要"刚毅"。我倾向于李零先生之说，因为这样更能见出曾子对自己的要求之高要求之严，而这也是曾子的一贯风格，他既然明确宣称要"仁以为己任"，自然会以"仁"的标准要求自己，他认为"士"要"仁以为己任"，当然自己先要"近仁"。当然，我并不是纠结于"弘毅"的理解哪一种更好，只是由此揣读出曾子献身于仁的自觉和决心的难能可贵。《论语》中，明确要把"仁"的实现作为自己重任的似乎只有曾子一个人，而且我们以为他也始终是"一以贯之"的。

对这一章，李泽厚先生的一段解读是很有意思的：

这几章连续记曾参。曾子唯唯诺诺，战战兢兢，突出是宗教性道德。似乎刻板、迟钝和笨拙，孔子也说“参也鲁”。但同时也有如此感人的充满情感的不朽语言，这正是宗教性特征。宗教性的学派一方面强调严格要求、恪守小节，同时也要求在从小节做起的各种礼仪制度中，树立起刚强不屈的伟大人格。这伟大人格的建树以及各种道德行为的可能，并不是凭一时的勇敢、情绪，而是从小处做起的长期锤炼的成果。中国所谓“慷慨从仁易，从容就义难”，就是这个道理。所以它不是“引刀成一快，不负少年头”（汪精卫）一时的豪情侠气，而是“于人曰浩然，沛乎塞苍冥”（文天祥）那种死囚三年终不为屈的“视死如归”。这才是曾参讲的“士不可以不弘毅，任重而道远”，孟子讲的“我善养吾浩然之气”，孔子讲的“岁寒知松柏之后凋”的不屈不挠、坚持到底的韧性精神，这种人格精神具有宗教性质和宗教情感，值得提倡和发扬。连上述指斥曾子的康有为也赞叹“真孔子之学也”。

李先生强调了曾子的言行具有明显而强烈的宗教色彩。而我们看到的是曾子对仁的信仰和为之奉献一切的高度自觉和决心，这实在是让人很敬佩的。或许李泽厚先生的理解和我某种意义上是一致的，他的话可以从另一个侧面印证我的理解是有一定道理的。

二

曾子很多话，直接内容似乎并不是说仁，但背后都指向仁德。

下面一章是大家都熟知的，而且都知道这表达了曾子严于律己、勤于自我反省的代表性的主张。不过，我还是从他对人的态度中读到他所执着的“仁”字。

曾子曰：“吾日三省吾身。为人谋而不忠乎？与朋友交而不信乎？传不习乎？”［1.4］

大意是，曾子说：“我每天多次反省自己，为别人办事是不是尽心竭力了呢？同朋友交往是不是做到诚实可信了呢？老师传授给我的学业是不是复习了呢？”

这一章看起来意思明白，其实多处有不同理解。传不习：一是指老师所传授给自己的学问。旧注曰：“受之于师谓之传。”一是指自己传授给别人的。“三省”有三种解释：一是三次检查；二是从三个方面检查；三是多次检查。其实，古代在有动作性的动词前加上数字，表示动作频率高，不必认定为三次。当然，这些不同的解释，不管哪一种，都能看出曾子律己之严。

春秋时代，社会变化十分剧烈，反映在意识领域中，即人们的思想信仰开始发生动摇，传统观念似乎已经在人们的头脑中出现危机。于是，曾子提出了“反省内求”的修养办法，不断检查自己的言行，使自己修养成完美的理想人格。《论语》中孔子多次谈到自省的问题，要求弟子自觉地反省自己，进行自我批评，加强个人思想修养和道德修养，改正个人言行举止上的各种错误。这种自省的道德修养方式在今天仍有值得借鉴的地方，因为它特别强调进行修养的自觉性。正因为如此，曾子的“三省”精神无论在当时还是在今天都得到了人们的肯定。可我更关注的是这严格律己的背后是什么，我以为仍然是曾子“仁以为己任”的品德和追求。我们看他反思的三项内容：一是忠，二是信，三是习。忠是第一。值得注意的是忠的内涵。

在这里，曾子还提出了“忠”和“信”的范畴。很多人以为，忠的特点是一个“尽”字，办事尽力，死而后已，如后来儒家所说的那样，“尽己之谓忠”。但程树德先生并不同意这样的理解，他在这一章的“余论”中说：

《四书辨疑》：只以尽己为忠，义有未备。天下之事，亦有理所当隐不当尽者，其父攘羊而子证之，此亦尽己之谓，圣人未尝以忠直许之也。况尽己以实，只是一意，忠与信不可辨也。忠信理虽相近，要之自是两事。曾子分明说在两处，解者不可相混无别也。《语录》曰：“忠信只是一事。”又曰：“做一事说也得，做两事说也得。”此说意持两端，无真正可凭之理。盖忠当以心言，信当以言论。心无私隐之谓忠，言有准实之谓信。此乃忠信之别也。黄氏《后案》：《注》谢说“曾子专用心于内”，东发先生曰：“专用心于内，近时禅学之说耳。后有象山因谓今传于世者皆外入之学，非孔子之真，遂于《论语》之外自谓得不传之学，皆谢氏之说也。”陆稼书谓省兼内外。内不欺于心，外不谬于事，皆当省诸身。专用心于内，非经怡也。诸书言子夏之徒有田子方而流为庄周，子贡之徒有鬼谷子而流为苏秦、张仪，本无确据。即信有之，将邢恕之过必咎程子乎？谢说过矣。

他从忠和义的区别之处，解释忠和信的内涵："心无私隐之谓忠，言有准实之谓信。"我以为是颇有见识的。他在这一章的"发明"中又说：

《反身录》：贤如曾子，犹日三省。若在吾人，资本中下，尤非曾子可比，千破万绽，其所当省者，岂止于此？故必每日不论有事无事，自省此中能空净不染乎？安闲恬定乎？脱洒无滞乎？视听言动能复礼乎？喜怒哀乐能中节乎？纲常伦理能不亏乎？辞受取予能当可乎？富贵贫贱能一视乎？得失毁誉能不动乎？造次颠沛能一致乎？生死利害能不惧乎？习气俗念能消除乎？自察自审，务要无入而不自得，才是学问实际，否则便是自欺。

程先生的主旨自然是说我们平常人更应反省自己的一言一行。如果换一个角度解读，推出如下的结论不知是否有道理：比之于我们，曾子可以说是做到了空净不染，安闲恬定，脱洒无滞，视听言动能复礼，喜怒哀乐能中节，纲常伦理能不亏，辞受取予能当，富贵贫贱能一视，得失毁誉能不动，造次颠沛能一致，生死利害能不惧，习气俗念能消除。我想，从"贤如曾子，犹日三省。若在吾人，资本中下，尤非曾子可比，千破万绽，其所当省者，岂止于此？"这些句子出发，我的推断应该不是牵强附会的。

从忠的对象而言，"为人谋而不忠乎"是泛指对一切人，而不是我们今天更多所理解的国家国君。有学者指出，"忠"在先秦是一般的道德范畴，不只用于君臣关系。至于汉代以后逐渐将"忠"字演化为"忠君"，这既与儒家的忠有关联，又有重要的区别。应该说，曾子的意思是，对包括君主在内的所有人都要尽心尽力。

其他两字我们不再细究，由"忠"字的解读，不难看出曾子反省的三个方面是完全站在仁道的高度，而不是立足一般的人际关系角度进行的自我反思。这和他"仁以为己任"的自觉追求和责任承担是极其一致的。

而这样的"忠"在曾子的思想中是"一以贯之"的。

子曰："参乎！吾道一以贯之。"曾子曰："唯。"子出，门人问曰："何谓也？"曾子曰："夫子之道，忠恕而已矣。"［4.15］

大意是，孔子说："参，我讲的道可以用一个中心线索来贯穿。"曾子说："是。"孔子出去之后，同学便问曾子："这是什么意思？"曾子说："老师的道，就是忠恕罢了。"

李泽厚先生在"记"中说，"这章非常著名而异解甚多"。分歧主要在"一以贯之"和"忠恕"二字。众说之中，我觉得钱穆先生的解读更切合我的理解：

忠恕而已矣：尽己之心以待人谓之忠，推己之心以及人谓之恕。人心有相同，己心所欲所恶，与他人之心之所欲所恶，无大悬殊。故尽己心以待人，不以己所恶者施于人。忠恕之道即仁道，其道实一本之于我心，而可贯通之于万人之心，乃至万世以下人之心者。而言忠恕，则较言仁更使人易晓：因仁者至高之德，而忠恕则是学者当下之功夫，人人可以尽力。

李零先生对"恕"的解读，我也非常认同：

"忠恕"，"忠"，是尽心诚意，为自守之德；"恕"是尊敬对方，为待人之德。这是"仁"的两个不同侧面。

《广雅·释诂四》："恕，仁也。"古人说，恕和仁，意思差不多。但严格讲，两者还不完全一样。仁是人其人，拿人当人；恕是如其心，将心比心。恕字从心如声，古人常说"如心为恕"（如《左传》昭公六年孔疏），这是拆字为解。准确地说，就是推己及人，设身处地为他人着想，"以心揆心曰恕"（《楚辞·离骚》王逸注），"以己心为人心曰恕"（《中说·王道》阮逸注）。孔子说，"己所不欲，勿施于人"，正是这个意思。我们要注意，恕不等于宽恕。今语所谓宽恕，强调的是宽。

综合钱李二位的解读，正是我们从这一章读出的基本结论。孔子一以贯之的道到底是什么，或许有很大的解读空间。但忠恕之道是孔子思想的重要内容，作为仁的基本要求，它贯穿于孔子思想的各个方面，这是没有分歧的。

而曾子心目中的一以贯之的道（既是他自己的，也是他所理解的老师的），就是“仁”。忠是仁，恕也是仁。可见曾子的确是时时刻刻把仁放在心头。智者见智，仁者见仁。这应该是最典型的例子。

下面一章，可以说是曾子忠恕仁道的典型体现：

曾子有疾，孟敬子问之。曾子言曰：“鸟之将死，其鸣也哀；人之将死，其言也善。君子所贵乎道者三：动容貌，斯远暴慢矣；正颜色，斯近信矣；出辞气，斯远鄙倍矣。笾豆之事，则有司存。”［8.4］

大意是：曾子生病，孟敬子去探望他。曾子说：“鸟将死，叫声悲哀；人将死，言辞亦善。君子重道有三个方面：庄重，可以避免急躁和怠放；肃然，就能接近于诚信；慎言，可避免粗野和悖理。至于祭祀和礼节仪式方面的细节，有主管这些事务的官吏负责。”

关于这一章各句的不同理解，钱穆先生有比较全面的罗列：

曾子言曰：此处何以不径作“曾子曰”，而作“曾子言曰”？或说：一人自言曰言，两人相对答曰语。此处乃曾子自言。然《论语》凡一人自言，不必都加言字，亦不应孟敬子来问病，而曾子一人自言，不照顾问病者。又一说：曾子不言己病，独告以君子修身之道，记者郑重曾子此番临终善言，故特加一言字，而曾子病之不起，亦见于言外。两义相较，后说似胜。

鸟之将死，其鸣也哀；人之将死，其言也善：此两语相连，可有两解。一曰：鸟畏死，故鸣哀。人穷反本，故言善。死到临头，更何恶意，故其说多善，此曾子之谦辞，亦欲敬子之信而识之。又一说：鸟兽将死，不遑择音，故只吐哀声。人之将死，若更不思有令终之言，而亦哀惧而已，则何以别于禽兽？后说曲深，不如前解平直，今从前解。

君子所贵乎道者三：此君子以位言。

动容貌，斯远暴慢矣：动容貌，今只言动容。一说：人能动容对人，人亦不以暴慢对之。又一说：能常注意动容貌，己身可远离于暴慢。暴，急躁。慢，怠放。今从后说。

正颜色，斯近信矣：正颜色，今只言正色。一说：人能正色对人，则易启人信。或说：人不敢欺。又一说：能常注意正颜色，己身可以曰近于忠信。今从后说。

出辞气，斯远鄙倍矣：辞，指言语。气，指音声。出者，吐辞出音之爽朗明确。倍，同背，违悖义。一说：人不敢以鄙陋背理之言陈其前。又一说：己身可远于鄙倍。今从后说。

笾豆之事，则有司存：笾豆，礼器。笾，竹为之。豆，木为之。有司，管事者。曾子意，此等皆有管理专司，卿大夫不烦自己操心。存，在义。

读这一章，我特别关注孟敬子这个人。因为他是一个什么样的人，关乎我们对曾子的理解。可是，钱穆先生先是说："孟敬子，鲁大夫仲孙捷。"后又说："或说：孟敬子为人，举动任情，出言鄙倍，且察察为明，近于苛细，曾子因以此告。此说近推测。"我不知道钱穆先生为什么认为"此说近推测"。从常理看，曾子的一席话总要有针对性，就情境而言只能是针对孟敬子。那么，孟敬子身上就应该有曾子所担心的某些缺点，而且一定很严重，否则不会选择这样特殊的时候，也不会采用这样特殊的方式和他说这样的话。可不知是什么缘故，李泽厚先生、杨伯峻先生、李零先生对孟敬子其人都并不在意。于是我只能再翻程树德先生的《论语集释》。说真的，我很怕读这本书，一是字号较小，二是比较繁琐，更重要的是自己功力不够，读起来还是比较吃力。但程树德先生倒没有让我失望。他在"发明"之后用"按"引出一段文字：

敬子为人，证之《檀弓》，其举动任情，出言鄙倍。曾子亦知其不可教，特因其问疾而来，尚有一线好贤之诚，故以将死之言先明己意，而后正言以告之，仁之至，义之尽也。所言必系对症下药，盖敬子承屡朝奢僭之后，容貌颜色辞气之间多不中礼，且察察为明，近于苛细，故以此教之，即孟子所谓不屑之教诲也。后儒乃以为修身之要，为政之本，失其旨矣。

这段文字尤其能够印证我对曾子的印象，即这一章非常典型地表现了曾子的"仁至义尽"。在生命的最后时刻，还要抓住机会教化这"知其不可教"的孟敬子，其"仁以为己任"的精神实在感人至深。抓住了这一关键之处，这一章的其他各句都应该围绕这个宗旨去解读。

不过钱穆先生有几句话说得倒是极其恰当:“然曾子此章，有据有守，工夫平实，病危临革而犹云云，可见平日修养之诚且固。”我想钱穆先生“平日修养之诚且固”的意思应该和我说的“仁以为己任”的精神是一致的。

下面这一章，大多以为是说曾子好学的，其实也有仁道在背后。

曾子曰:“以能问于不能，以多问于寡;有若无，实若虚，犯而不校。昔者吾友尝从事于斯矣。”[8.5]

大意是，曾子说:“有才能还能向没有才能的人请教，懂得多的还能向懂得少的人请教;有才能像没有才能一样，学识充实像学识空虚一样，被人冒犯不去计较。从前我的朋友(颜渊)就是这样做的。”

对这一章，大多数读者都关注曾子的好学精神。分析者众多，我不再引述。共同点是都关注的前面几句。只有李泽厚先生说“这有些近乎道家了，但仍不同”，见解有些特别。但我想他是特别关注“有若无，实若虚”这两句了。而我特别关注的是“犯而不校”这一句。有读者认为，这句表现出一种宽阔的胸怀和忍让精神，我以为这是没有读出内在的精神。我从中读出的是曾子的“仁德”。我后来在程树德先生的《论语集释》中还的确找到了一些根据。他在“发明”中有这样一段话:

《岭云轩琐记》:唐一菴先生与门人讲“犯而不校”云:“今人但知颜子不校难及，不知一犯字学他不来。”问:“何说?”曰:“颜子持己应物，绝不得罪于人，故人有不是加他，方说得是犯。若我辈人有不是加来，必是自取，何曾是犯。”以此知先生克己不可及，而能如此讲书者鲜矣。

这段话的核心是说:颜子被人冒犯而不计较，我们很难做到;而他行为“持己应物，决不得罪于人”才是一般人最难做到的。就是说，颜子真正做到了无一点不是处，别人对他不敬才可以说是“犯”;而我们大多数人遭别人的“犯”自身总是有不是之处的。程树德先生说唐一菴先生“克己工夫不可及”，我们拐一个弯看出颜子“克己工夫不可及”也应该是可以的。什么叫“克己”呢?《论语·颜渊》:“颜渊问仁。子曰:“克己复礼为仁。一日克己复礼，天下归仁焉！为仁由己，而由人乎哉？”很显然，孔子认为“克己复礼”就是仁。因此，曾子才对颜渊的“克己”如此赞许。我们有理由相信“仁以为己任”的他也应该是“克己”的，是要让自己的行为合乎仁的要求的。对照曾子“日三省吾身”的做法，我们相信他也是能做到的。

三

我们从曾子对君子的定位中也可以看出他对仁德的执着。

曾子说：“可以托六尺之孤，可以寄百里之命，临大节而不可夺也，君子人与？君子人也。”［8.6］

大意是，曾子说：“可以托付幼小的君主，可以托付国家的政权，生死存亡的紧急关头不会动摇、屈服。这样的人是君子么？是真正的君子！”

钱穆先生对这一章“君子人也”一句的解读，我觉得非常有道理：

君子人也：此处君子有两说：一，受托孤之责，己虽无欺之之心，却被人欺。膺百里之寄，己虽无窃之之心，却被人窃。亦是不胜任。君子必才德兼全，有德无才，不能为君子。此说固是。但后世如文天祥、史可法，心尽力竭，继之以死，而终于君亡国破。此乃时命，非不德，亦非无才，宁得不谓之君子？故知上句不可夺，在其志，而君子所重，亦更在其德。盖才有穷时，惟德可以完整无缺。此非重德行而薄事功，实因德行在我，事功不尽在我。品评人物，不当以不尽在彼者归罪于彼。

钱穆先生从人情、情势的角度说明虽然“君子必才德兼全”，但“事功不尽在我”，品评人物应该“重德行而薄事功”。这比之于将这一章理解为“有道德、有知识、有才干的人，可以受命辅佐幼君，可以执掌国家政权，这样的人在生死关头决不动摇，决不屈服，这就是具有君子品格的人”，要高明得多。我也觉得曾子所崇敬的君子主要不在才能而在仁德。当然，如钱穆先生所说，德才兼备自然最好，但无德之人则决不可托，不可托幼主，也不可以托国家。至于生死存亡的紧急关头不动摇、屈服，更与才能关系不大。可见曾子眼中的君子最最重要的便是坚守仁德。德行高尚，方可称君子。

而曾子对政务的态度，其仁德思想表现得更为鲜明和强烈：

孟氏使阳肤为士师，问于曾子。曾子曰："上失其道，民散久矣。如得其情，则哀矜而勿喜！"［19.19］

《论语》中没有写到曾子做官。孟氏任命阳肤做典狱官，阳肤向曾子请教。曾子说："在上位的人失去了道义，百姓早就离心离德了。你如果能审出犯罪的实情，应该怜悯同情他们，不要高兴得意！"

据李零先生说，这里的孟氏就是前面提到过的孟敬子。关于这一章，李泽厚先生有一"注"一"记"非常简明：

【注】

《集释》《集解》马曰：民之离散，为轻漂犯法，乃上之所为，非民之过。当哀矜之，勿自喜能得其情。《尚书大传》马曰，听讼虽得其指，必哀矜之，死者不可复生，断者不可复续也。

【记】

即不要以为自己能破案能判决而高兴。这确是"仁人之言"，曾参优秀的一面。曾的形象似乎是仁慈、刚毅而迂腐。人各有所长所短，不应求全责备，过度赞美（如朱注）或贬低（如康注），都大可不必。

可见，这一章对曾子仁德的表现非常鲜明。学生要去做官，临行请教老师为官之道。曾子不说施行政治的理想，不说处理政事的方法，却说了这样一句哀矜百姓的要求，可见他的心中是始终装着仁德的。更值得注意的是，他并不是指导学生取悦于民，因为"民散久矣"的根本原因是"上失其道"，所以你必须这样做，也只能这样做。这就表明曾子对仁的理解既不教条，也不简单，让人更加敬畏。所以，孔子认为曾子"鲁"，我是很为其不平的。

四

曾子追求仁德的自觉，从他的交友之道中也可以看出：

曾子曰："君子以文会友，以友辅仁。"［12.24］

大意是，曾子说："君子以文章学问来结交朋友，依靠朋友帮助自己培养仁德。"

钱穆先生在解释"以友辅仁"时说："既为友，则可进而切磋琢磨以共进于道。不言辅德而言辅仁，仁者人道，不止于自进己德而已。"钱穆先生由"不言辅德而言辅仁，"读出曾子推己及人的仁德之心，而我还由此读出仁德在曾子心中的突出地位。同样的思想还体现在另一则之中：

曾子曰："堂堂乎张也，难与并为仁矣。"［19.16］

这一章的大意似乎非常明白，但却着许多不同说法。钱穆先生罗列其中的不同后，表达了自己的见解：

堂堂，高大开广之貌。子张之为人如此，故难与并为仁。盖仁者必平易近人，不务于使人不可及。

兵书言堂堂之阵，又如言堂堂之锋，皆有对之难近之义。或说，堂堂指容仪言。然本章当与上章合参，上章之"难能"，犹此章之"堂堂"，子游、曾子乃评子张为人，决不仅言其容仪。容仪之训虽出汉儒，不可从。又说：难与并为仁矣，为使己与子张各得一国以行仁政，不及子张。以此合之上章未仁之说，显为冲突。或又说：子游言与子张友，仅希其难能，尚未敢及于其仁，此益不通。宋儒说《论语》，有过于贬抑孔门诸贤处，固是一病。清儒强作回护，仍失《论语》之本义。姑拈此例，庶学者能超越汉、宋，平心求之，斯《论语》之真，亦不难得。

所以钱穆先生的翻译为：曾子说："堂堂乎我的朋友子张啊，难乎和他同行于仁道了。"

李泽厚先生未作任何议论，先引述了《朱注》和《康注》：

《朱注》：堂堂，容貌之盛。言其务外自高，不可辅而为仁，亦不能辅人之仁也。范氏曰，子张外有余而内不足，故门人皆不与为仁。子曰刚毅木讷近仁，宁外不足而内有余，庶可以为仁矣。

《康注》：郑氏玄曰：子张容仪盛。……《列子·仲尼篇》：师之庄，贤于丘也。又曰：师能庄而不能同，恐其矜己或绝物，则难并为仁也。曾子守约，与子张相反，故不满之。……孔子许子张，几比于颜子，可为定论，论人当折衷于孔子。记论语者当为曾子后学，而非子张之徒，故记本师之言，犹荀子之非思、孟耳，未可为据。朱子误尊曾子过甚，于是不考，而轻子张为行过高而少诚实恻怛之意，则大误矣。

然后翻译道：曾子说："堂皇得很啊，子张，难得和他一道履行仁德了。"

李零先生认为这段话是"褒贬都有"。他的分析是：

"堂堂"本来是好词，但不能太过分。太过分，就成了北京话说的"牛牛的"、"劲劲儿的"。子张一本正经，老拿着股劲儿，让人难以接近，这是他的缺点。

曾子对子张的评价是，他看上去挺威风，但一点不随和，难以相处，没法和他一块儿追求仁。《列子·仲尼》也说"师能庄而不能同"。

这段话，旧注都说，是批评子张相貌堂堂，仁行浅薄，但清王闿运正好相反，说这是夸子张，谓子张高不可及，根本没法比（《论语训》）。

我看，这话是褒贬都有。曾子认为，子张还没达到仁。

而杨伯峻先生的理解又有不同，他的翻译是：

曾子说："我的朋友子张是难能可贵的了，然而还不能做到仁。"

看来要搞清这句话的真正意思很不容易。于是我就往简单处想：首先是，曾子说这句话是什么目的？是夸子张，还是损子张？或者是像李零所说的"褒贬都有"？我觉得明确说子张是"吾友"，直接批评贬损的可能性便不大。如果说是夸，夸子张什么呢？夸他外表堂堂？我们当然不知道子张是否外表很帅，但夸他帅的目的又是什么呢？夸“难能可贵”？什么地方难能可贵，又让人不得要领。其次，从前后两句关系看，应该是转折关系，也就是说，句子的重点应该在后句，前句是铺垫。因为后句是不满和失望，所以前句应该是肯定，至少应该是有所肯定的。不满和失望的是什么呢？是子张没有达到仁，还是不能和他一起追寻仁实践仁呢？我觉得联系曾子的一贯言行应该是后者。而从全句中，我们也能读出一种很遗憾的口气。这就切合曾子和子张的朋友关系，也切合曾子自己“仁以为己任”的追求。本来想和好朋友一起挑起兴仁德于天下的重任，但遗憾的是朋友却不适宜，于是喟然有叹。这样的分析是合乎情理的。当然，也可能前后句不是转折关系而是因果关系，即前半句是后半句的原因。这样对前半句的理解就只能是“贬”了，但对后半句的意思影响不大。也许我先入为主了。我觉得曾子对朋友的选择和取舍，有着鲜明的标准，就是一切从仁德这样的大原则出发。可能这在孔子看来都有点“鲁”，但这份真诚和自觉不能不令我们敬畏！

五

说到曾子，自然不能不说他的孝。但我们从他的孝中读出的，更多的仍是仁。《论语》中表现曾子之孝的有四章。第一章是：

曾子曰：“慎终追远，民德归厚矣。”［1.9］

对这一章，有人的解读是，孔子并不相信鬼神的存在，但他却非常重视丧祭之礼。在孔子的观念中，祭祀已经被异化，不单是祭祀亡灵，而是把祭祀之礼看作一个人孝道的继续和表现，通过祭祀之礼，可以寄托和培养个人对父母和先祖尽孝的情感。还认为，儒家重视孝的道德，是因为孝是忠的基础，一个不能对父母尽孝的人，他是不可能为国尽忠的。所以忠是孝的延伸和外化。关于忠、孝的道德观念，在《论语》中时常出现，表明儒家十分重视忠孝等伦理道德观念，希望把人塑造成有教养的忠孝两全的君子。这是与春秋时代宗法制度相互适应的。只要做到忠与孝，那么，社会与家庭就可以得到安定。对这样的解读，我感到它没有抓住要领，而且有些牵强。孝与忠的关系，提倡孝的目的是否是为了提倡忠，这都有一个历史过程。所谓儒家也不是一个一直内涵固定的概念，更不可以一个“儒家”把从孔子到明清的所有“儒”圈定在一起。至少说，我们不能以后世之儒去解读曾子这样的先世之儒、古代之儒。我觉得还是钱穆先生的解读更为深入就里、切中肯綮：

儒家不提倡宗教信仰，亦不主张死后有灵魂存在，然极重葬祭之礼，因此乃生死之间一种纯真情之表现，即孔子所谓之仁心与仁道。孔门常以教孝导达人类之仁心。葬祭之礼，乃孝道之最后表现。对死者能尽我之真情，在死者似无实利可得，在生者亦无酬报可期，其事超于功利计较之外，乃更见其情意之真。明知其人已死，而不忍以死人待之，此即孟子所谓不忍之心。于死者尚所不忍，其于生人可知。故儒者就理智言，虽不肯定人死有鬼，而从人类心情深处立教，则慎终追远，确有其不可已。曾子此章，亦孔门重仁道之一端也。

“曾子此章，亦孔门重仁德之一端也。”我也以为，曾子提倡“慎终追远”目的是为了“民德归厚”。什么是“厚德”呢？就是仁德。这就是曾子耿耿于怀的。

曾子有疾，召门弟子曰：“启予足！启予手！《诗》云：‘战战兢兢，如临深渊，如履薄冰。’而今而后，吾知免夫！小子！”［8.3］

这一章一般都翻译为：曾子得了重病，把学生召集到身边说：“看看我的脚，看看我的手（是否完好）！《诗经》上说：‘战战兢兢，如临深渊，如履薄冰。’从今以后，我的身体不会再受到伤害了，弟子们！”

意思是，曾子借用《诗经》里的三句，来说明自己一生谨慎小心，避免损伤身体，尽到了对父母的孝心。据《孝经》记载，孔子曾对曾子说过：“身体发肤，受之父母，不敢毁伤，孝之始也。”就是说，一个孝子，首先应当爱护父母给予自己的身体，包括头发和皮肤都不能有所损伤，这就是孝的开始。曾子在临死前要他的学生们看看自己的手脚，以表白自己的身体完整无损，是一生遵守孝道的。

钱穆先生对“吾知免夫”的所指还提供了不同的解读：

吾知免夫：一说：引《大戴礼》曾子大孝篇，乐正子春引曾子曰：“父母全而生之，子全而归之，可谓孝矣。”《孝经》云：“身体发肤，受之父母，不敢毁伤。”将死知免，免即全而归之。或说：免谓免于刑戮，毁伤亦指刑言，古者墨、劓、剕、宫，皆肉刑。孔子曰：“君子怀刑。”其称南容，曰：“邦无道，免于刑戮。”曾子此章，亦此义。乐正子春下堂伤足之所言，则失其初旨而近迂。今从后说。

钱穆先生的意思是，“知免”不是免于自我损伤，而是免于“刑戮”。而李泽厚先生对这一章的理解，几乎完全不同于其他人，他在“记”中说：

“战战兢兢”今日仍是口语，不必译，译了反失风味。“启”，开也，以意忖之，可能是叫学生们拿开衾从而摆正他的手脚。旧译多作“看我的脚，看我的手”，虽强为之说，实不知所云。文天祥“唯其义尽，所以仁至”，“而今而后，庶几无愧”，由责任感（义）而天地感（仁），战战兢兢，谨守无失，义也；吾知免夫，终于解脱，仁也。义尽而后仁至也。比曾子又更光大。

康有为的议论，前言已谈过，此处不重复。总之颜、曾等人所传确在孔学的宗教性道德，宋明理学光大发扬之，形成孔孟程朱陆王之“道统”。今日现代新儒学以之为中国文化之“精髓”、“命脉”，过矣。

钱穆先生和李泽厚先生的所有解读，或许我没有能够完全读懂，但有些并不苟同。比如李泽厚先生的翻译：

曾子病重，把学生们叫来，说：“摆正我的脚，摆正我的手。《诗经》说：‘战战兢兢，好像面临无底的深渊，好像行走在薄冰之上。’从今而后，我知道可以不必如此了，学生们啊。”

按照这样的翻译，似乎曾子是一生谨言慎行，恪守仁道，现在终成正果，寻得了最后的放松。

我是很难得其中的深味的。我自己肤浅的解读是，曾子得了重病，估计自己不久于人世了，于是把学生叫过来，让学生看看自己的手脚是否都还完好。其实他是知道自己的手脚是完好的。我想，这样一方面是有点得意，有点炫耀；一方面也是对学生进行直观的教育。你们看：在无道之邦，我能够做到了免于“刑戮”。换一个角度，就是在这无道之邦，我始终能够以仁德约束自己，做到了尽心尽力。尽管有人考证，说这一次曾子并没有死。但我们可以看得出，曾子以为自己在劫难逃了。死没死，关系不大，关键在“将死”。所以，如果联系他当初“仁以为己任”的志向，我这样的解读就更有点道理了。钱穆先生还有一段话也是能够侧面证明我的想法的。他说：

今按：《论语》言“杀身成仁”，《孟子》言“舍生取义”，曾子临终则曰“吾知免夫”，虽义各有当，而曾子此章，似乎气象未宏。然子思师于曾子，孟子师于子思之门人，一脉相传，孟子气象固极宏大。论学术传统，当通其先后而论之。谓曾子独得孔门之传固非，谓曾子不传孔子之学，亦何尝是。学者贵能大其心以通求古人学术之大体，以过偏过苛之论评骘古人，又焉所得。

钱穆先生是把曾子“吾知免夫”这句话和《论语》中的“杀身成仁”、《孟子》中的“舍生取义”同等看待的，除了“气象未宏”，精神实质完全一样。他要求我们论学术传统一定要通其先后。由此可以说，我对曾子的解读还算不得断章取义。

我们从曾子对孝的内涵的理解，也可看出他心中的孝是服从于仁的，或者说是仁的一种体现，一个方面。

曾子曰：“吾闻诸夫子：孟庄子之孝也，其他可能也；其不改父之臣与父之政，是难能也。”［19.18］

大意是，曾子说：“我听老师说过：孟庄子的孝，别的其他人也可以做到，而他不改变父亲的旧臣和父亲的政治措施，这是难以做到的。”

对这一章基本意思的理解分歧不大，后人讨论的大多是对曾子主张的不同评价。李泽厚先生的一段“记”便是代表性的意见：

“一朝天子一朝政”，后世亦然。包括许多“圣君”，也都如此。康熙政宽，雍正纠之以猛，乾隆又再纠偏。这无关乎孝或不孝。孔门因抱着氏族礼制不放，仍旧强调“三年无改为父之道”，这对当时及后世早无意义。法家早就批评儒家不知时移世变，死守旧制，自然行不通。曾参派包括后世宋明理学，在高扬宗教性道德树立人性、人格方面有伟大的建树，包括理论与实践方面均如此。但在建立社会性道德及维系中国传统社会如此久长的政教体系上，却远不及子贡、子夏、荀子、董仲舒以及后世许多讲经世致用的政治家、思想家了。后面的这条线索，研究总结得很不够，以致让前者专美于前。当然，这两根线索又常是相互交织错综甚至混同难分（黄宗羲、王船山等人均如此），但仍应可在理论逻辑上将它们分析清楚。康注即讲可以改变为父之政，即是此后线索，但康乃现代人，当然如此。

按我们今天某种看法，孝是天伦之情，与政没有必然联系。将孝和政紧密联系到一起，这便将孝社会会、政治化。在曾子当时，孝是政的一部分，政也是孝的一部分，而且是其中最主要的一部分。所以曾子认为，孟庄子种种孝的行为之中，其他方面一般人都能做到，能够不改变父亲的旧臣和父亲的政治措施是一般人所做不到的。当然，这样的孝与政的关系定位，是孔子明确的。他说："父在，观其志；父没，观其行；三年无改于父之道，可谓孝矣。"（《学而》1.11）因此曾子明确说这是听老师说的。曾子对孟庄子的夸赞，表明了他对老师思想坚决拥护和继承，所以我们可以说，曾子积极践行和倡导孝道，完全是出于仁政和仁德。

《溪山清远图》

原思

原思——自我克制的孔门管家

原思在孔子学生中算不得名人，虽然也名列七十二贤，《论语》中出场两次，但读《论语》他给我的印象还是比较深刻的。

记住原思，是因为这一章：

原思为之宰，与之粟九百，辞。子曰："毋！以与尔邻里乡党乎！"[6.5]

大意是：原思做孔子的管家，孔子给他九百俸米，原思推辞不要。孔子说："不要推辞。有多就给你的乡亲们吧。"

关于这一章的解读，大多着眼于孔子。说孔子提倡周济贫困者，是极富同情心的做法，是以"仁爱"之心待人。而我关注的却是原思，他为什么要推辞孔子给他的俸米呢？据说，孔子当时正在鲁国任司法官，原思做他家的总管。替老师管家，拿工资不是应该的吗？

不少学者认为，理解这一章应与上一章联系起来思考。

李零先生关于这一章的一段说明就是将这一章和前一章联系起来分析的：

"原思为之宰"，"原思"，原宪字子思，这里是以字称。他是孔门三期的学生。战国秦汉时期的古书，经常拿他和子贡作对比，子贡是孔门中最阔的学生，他正好相反，是个穷困潦倒的人。"为之宰"，一般认为，是指原思给孔子当宰，当他的大管家，为他理财。但这话有点突兀，好像上面还有话。学者考虑，它也许和上一章有关。此章和上一章是对比，集解分两章，朱合为一章。

"与之粟九百"，孔子觉得，子华很阔，根本用不着接济，真正需要接济的是原思，所以给他"粟九百"。"九百"下面缺量词。司马迁说孔子见卫公公，他曾向孔子打听，孔子在鲁国挣多少，孔子说，"奉粟六万"（《史记·孔子世家》)，前人猜测，“六万”是六万斗。如果真是这样，这里的“九百”就是九百斗。这个数字不小，但他不要。孔子说，你就别拒绝了吧，自己不吃，总可以分给乡里乡亲呀。

上一章，冉求请粟，是锦上添花；这一章，孔子与粟，是雪中送炭。

遗憾的是，李零先生的这段话，着眼点也在孔子。但他的话多少还是给了我们一点启发。李零先生说：“战国秦汉时期的古书，经常拿他和子贡作对比，子贡是孔门中最阔的学生，他正好相反，是个穷困潦倒的人。”这使我确信自己思考的问题值得关注。原思穷困潦倒，为什么嫌俸米多呢？前一章中，冉有恰恰相反，要千方百计地为公西华多发俸米呢？当我读到下面这一章时，这个问题就有了答案：孔子要原思周济乡邻，是仁；原思推辞俸米，也是仁。

宪问耻。子曰：“邦有道，谷；邦无道，谷，耻也。”“克、伐、怨、欲不行焉，可以为仁矣？”子曰：“可以为难矣，仁则吾不知也。”［14.1］

大意是：原宪问孔子什么是可耻。孔子说：“国家有道，做官拿俸禄；国家无道，还做官拿俸禄，这就是可耻。”原宪又问：“好胜、自夸、怨恨、贪欲都没有的人，可以算做到仁了吧？”孔子说：“这可以说是很难得的，但至于是不是做到了仁，那我就不知道了。”

为什么好胜、自夸、怨恨、贪欲都没有的人，还算不得仁呢？钱穆先生有一段话说得比较明白：

可以为难矣：四者贼心，遏抑不发，非能根绝，是犹贼藏在家，虽不发作，家终不安，故孔子谓之难。其心仁则温、和、慈、良。其心不仁，乃有克、伐、怨、欲。学者若能以仁存心，如火始燃，如泉始达，仁德日显，自可不待遏制而四者绝。颜渊从事于非礼勿视、听、言、动，乃以礼为存主，非求克、伐、怨、欲不行之比，故孔子不许其仁。

意思是“克、伐、怨、欲不行”只是被动地克制这些不仁的意念和行为，内心还是有“非仁”的，所以算不得“仁”。孔子这样说自然有道理，但说真的，有点苛求。我觉得，能克制就很不错了。现在我们有多少人能够克制呢？

当然，我由此看到原思的老实可爱，更看到了他具有强烈的自我克制意识和能力。

原思问耻，说明他心中有“耻”，他在思考关于“耻”的问题。有人从来不想，什么好处都想办法捞过来。这就叫无耻。很多领导什么表彰都有，什么好处都要。这就是没有克制能力。原思凡是想到有个“耻”字，所有言行就谨慎。所以老师给他的俸米多了，他就推辞。不是不想要，而是能够克制“贪念”，其实他家里老穷老穷的。没有钱的人，钱更容易看得重。原思能够推辞俸米，很不容易，所以孔子说“难”。孔子从大处说明什么叫“耻”之后，原思还要联系具体的实际问题再问：“克、伐、怨、欲不行焉，可以为仁矣？”这说明，原思思考耻的问题，是立足于仁的。这说明他心中不仅仅有耻，而且有仁。

这样一想，就理解原思为什么要推辞老师给的俸米了。

《高逸图》

有子——思想深刻的老师“替身”

有子

有子，姓有名若，子有是字，时人尊称为有子。在《论语》中，记载的孔子学生，一般都称字，只有曾子和有若称“子”。因此，许多人认为《论语》即由曾子和有若的弟子所著述。钱穆先生就认同这种说法。

关于有子，《孟子·滕文公上》中有这样一段话：

昔者孔子没，三年之外，门人治任将归，入揖于子贡，相向而哭，皆失声，然后归。子贡反，筑室于场，独居三年，然后归。他日，子夏、子张、子游以有若似圣人，欲以所事孔子事之，强曾子。曾子曰：“不可。江汉以濯之，秋阳以暴之，皓皓乎不可尚已。”

大意是：孔子死的时候，门徒们都为他守孝三年，三年以后，大家才收拾行李准备回家。临走的时候，都去向子贡行礼告别，相对而哭，泣不成声，然后才离开。子贡又回到孔子的墓地重新筑屋，独自守墓三年，然后才离开。后来，子夏、子张、子游认为有若有点像孔子，便想用尊敬孔子的礼来尊敬他，他们希望曾子也同意。曾子说：“不可以，就像曾经用江汉的水清洗过，又在夏天的太阳下曝晒过，洁白无瑕。我们的老师是没有谁能够相比的。”

这段话是否可靠，不得而知。但由于这段故事，有若像孔子之说一直流传。《史记》也说：“孔子即殁，弟子思慕。有若状如孔子，弟子相与并立为师，师之如夫子时也。”据说有若不仅形貌似孔子，而且十分勤奋好学，颇得孔子真传，很受后代的尊崇。那么《论语》中的有子到底是一个什么样的人呢？我的印象是，他看问题的确要比其他人要深刻独到，见解要高人一等。

比如他对孝的看法：

有子曰："其为人也孝弟，而好犯上者，鲜矣；不好犯上，而好作乱者，未之有也。君子务本，本立而道生。孝弟也者，其为仁之本与？"［1.2］

大意是，有子说："孝顺父母，顺从兄长，而喜好触犯上层统治者的人，是很少见的；不喜好触犯上层统治者，而喜好造反的人，从来没有过。君子专心致力于根本的事务，根本建立了，治国做人的原则也就有了。孝顺父母、顺从兄长，这就是仁的根本啊！"

孝，在《论语》中是一个经常被提及的话题，但看得像有子这样深刻的却不多。我们来看一下其他人口中的孝，如：

子曰："父在，观其志；父没，观其行；三年无改于父之道，可谓孝矣。"［1.11］

大意是，孔子说："当他父亲在世的时候，（因为他无权独立行动，）要观察他的志向；在他父亲死后，要考察他的行为；若是他对他父亲的合理部分长期不加改变，这样的人可以说是尽到孝了。"

孟懿子问孝。子曰："无违。"樊迟御，子告之曰："孟孙问孝于我，我对曰：'无违。'"樊迟曰："何谓也？"子曰："生，事之以礼；死，葬之以礼，祭之以礼。"［2.5］

大意是：孟懿子向孔子请教什么是孝道。孔子说："不违背。"有一次，樊迟为孔子驾车时，孔子告诉他说："孟孙氏向我请教什么是孝道，我回答他说：'不违背。'"樊迟问："这是什么意思呢？"孔子说："父母活着的时候，要按照礼节侍奉他们；父母去世以后，要按照礼节安葬他们，按照礼节祭祀他们。"

孟武伯问孝。子曰："父母唯其疾之忧。"［2.6］

大意是：孟武伯向孔子请教什么是孝道。孔子说："让父母只担心子女的疾病。”（一说子女的孝心表现在父母生病的时候。）

子游问孝。子曰：“今之孝者，是谓能养。至于犬马，皆能有养。不敬，何以别乎？”［2.7］

大意是：子游向孔子请教什么是孝道。孔子说：“现在所谓的孝，往往是指能够赡养父母就可以了。其实，就连狗马都能够得饲养。如果没有孝敬之心，那么赡养父母与饲养狗马之类又有什么区别呢？”

子夏问孝。子曰：“色难。有事，弟子服其劳；有酒食，先生馔，曾是以为孝乎？”［2.8］

大意是：子夏向孔子请教什么是孝道。孔子说：“子女侍奉父母能保持和颜悦色的态度是最难的。如果遇到事情，年轻的儿女承担起来，有了好吃的酒食，让父母享用，这难道就算是尽孝了吗？”

子曰：“事父母几谏，见志不从，又敬不违，劳而不怨。”［4.18］

大意是，孔子说：“侍奉父母，（父母有不对的地方）要委婉地劝说他们。即使父母不采纳，还是要对他们恭敬顺从，为他们做事而不埋怨。”（一说“劳而不怨”意思是“虽然操心忧劳，但不怨恨”。）

子曰：“父母在，不远游，游必有方。”［4.19］

大意是，孔子说：“父母在世，不要远离家乡；不得已要出远门，也必须得有明确的去处。”

子曰：“父母之年，不可不知也。一则以喜，一则以惧。”［4.21］

大意是，孔子说：“父母的年岁不能忘记。一来为他们长寿而高兴，二来为他们的衰老而担心。”

曾子曰：“吾闻诸夫子：孟庄子之孝也，其他可能也；其不改父之臣与父之政，是难能也。”［19.18］

大意是，曾子说："我听老师说过：孟庄子的孝，其他方面别人也可以做到，但他不改变父亲的旧臣和父亲的政治措施，这是别人难以做到的。"

无论是孔子论孝还是曾子论孝，都是着眼于孝的表现和要求，孔子多次论孝都只是从不同角度阐发孝的内涵。而有子论孝却不是只着眼于孝的表现，而是从"道"的角度，从"仁"的根本的角度阐发孝的深刻意义，这是需要政治胸怀和政治眼光的。有若认为，人们如果能够在家中对父母尽孝，对兄长顺服，那么他在外就可以对国家尽忠，忠以孝悌为前提，孝悌以忠为目的。在家中实行了孝悌，统治者内部就不会发生"犯上作乱"的事情；再把孝悌推广到劳动民众中去，民众也会绝对服从，而不会起来造反，这样就可以维护国家和社会的安定。他由"孝弟"到不"犯上"，由不"犯上"到不"作乱"的严谨的逻辑推导，也显示了他思维的缜密和深刻。"君子务本，本立而道生。孝弟也者，其为仁之本与？"从"君"的角度切入，从"务本"的角度进行申发，使人不能不佩服他思想的高度和认识的深度。在中国古代思想里，道有多种含义。有子的道，毫无疑问是指孔子提倡的仁道，即以仁为核心的整个道德思想体系及其在实际生活的体现。简单讲，就是治国做人的基本原则。仁是孔子哲学思想的最高范畴，又是伦理道德准则。为仁之本，即以孝悌作为仁的根本。也有一种解释，认为古代的"仁"就是"人"字，为仁之本即做人的根本。不管如何理解，有子的思想高度都是不能不承认的。

再如他对礼的理解。

有子曰："礼之用，和为贵。先王之道，斯为美；小大由之，有所不行。知和而和，不以礼节之，亦不可行也。"［1.12］

正如李泽厚先生所说，这一章有多种不同理解。他在"记"中说：

这章多不同解释，大有异说。或断句"知和，而和不以礼节之"（崔适《论语余说》）亦可。许多注家释"和"为音乐的和，并说即使音乐的"和"也不是目的，而仍服务于"礼"。此说似亦可通。拙著《华夏美学》首章讲"礼乐"传统，对"礼"、"乐"的对立和互补讲得较多。实际上，在氏族社会和远古传统中，"礼"即人文，涵盖一切，包括"乐"在内。"礼""乐"虽并提，"乐"毕竟仍是礼制的一个方面，"乐"的"和"也仍是实现、辅助、从属和服从"礼"的。

他对这一章的翻译是：

有子说："礼的作用，以恰到好处为珍贵。前代圣王的规矩，这样算美，不管大小事情都如此。也有行不通的时候，即如果为恰当而恰当，不用礼来规范衡量，那也是行不通的。"

钱穆先生的翻译和他相近，但有所不同：

有子说："礼之运用，贵在能和。先王之道，其美处正在此，小事大事都得由此行。但也有行不通处。只知道要和，一意用和，不把礼来作节限，也就行不通了。"

而杨伯峻先生的翻译差异则比较大：

有子说："礼的作用，以遇事都做得恰当为可贵。过去圣明君王的治理国家，可宝贵的地方就在这里；他们小事大事都做得恰当。但是，如有行不通的地方，便为恰当而求恰当，不用一定的规矩制度来加以节制，也是不可行的。"

而李零先生的解说则更有意思：

这段话，有点绕，如何标点是问题。

"礼之用，和为贵；先王之道，斯为美"，这是一层。有子的意思是说，礼的功用主要是调和，先王之道是以和谐为美，即俗话说的"和为贵"。

"小大由之"，是总结上文。这里的"由之"是顺道而行的意思。《泰伯》8.9："民可使由之，不可使知之"，"由之"也是这个意思。上文说，礼是为了和，和最重要，所以小事大事都要依照和的原则来办。

"有所不行"，是另一层意思，和前面相反。前面说，小事大事都要依和而行，这是基本原则，通常要这么办。这里是说，情况也有例外。什么是例外？我在这句话的下面点了冒号，冒号的下面是说明。它的意思是说，和当然很好，但也不能太过分，为和而和；即使是和，不以礼节之，也不可行。

礼是处理差别的，通过差别，建立秩序，秩序就是和。和不是平等，而是不平等，或曰以不平等求平等。真正的平等只是理想，古人叫“大同”(《礼记·礼运》)。孔子也梦想大同，但他知道，礼是大同讲不成了才讲。所以他讲“君子和而不同”(《子路》13.23)。和谐社会是小康，不是大同。

商周社会，好比一个大村子，里面有宗族祠堂，王就是族长，定下家规家法，管这个村子，协调村里的各种关系，长幼尊卑，井然有序，这就是和。人是生下来就不自由，也不平等，和卢梭的说法相反。礼，最重要的用途，就是和稀泥，想方设法，把不平等控制在合理的范围内，不至闹出乱子。礼和德不同，不是个人修养，而是习惯和传统，约束人行为的规范。

对我来说，这几位都是大家。但在我看来，几位的解读都有可推敲之处。关键是“小大由之”一句到底说谁？是说古代的先王，还是用假设的句式说一般的情形呢？李泽厚先生、钱穆先生和杨伯峻先生都认为是说古代先王。但倘若如此，那么这段话的重心就变成在评说古代先王，而不是讨论“礼”的问题。因为“知和而和，不以礼节之，亦不可行也”是说明“小大由之，有所不行”的原因。这显然和有子说话的用意不够一致。而从先王的角度看，既然说他们“不管大小事情”都以“和为贵”，既然肯定“先王之道，斯为美”“在能和”，既然“过去圣明君王的治理国家，可宝贵的地方就在”“他们小事大事都做得恰当”，怎么“也有行不通的时候”呢？总之，我觉得“小大由之”如果语义靠前，是说古代先王的做法，总有点别扭。

李零先生的意见比较特别。他认为“小大由之”是独立成句，总结上文。这样，句义就不是言说古代先王，而是指向开头的话题“礼之用”；而且突出了这个短句在这段话中的地位。他概括了前一层的意思是“上文说，礼是为了和，和最重要，所以小事大事都要依照和的原则来办”。他认为：“‘有所不行’，是另一层意思，和前面相反。前面说，小事大事都要依和而行，这是基本原则，通常要这么办。这里是说，情况也有例外。”但既然“小事大事都要依和而行”，为什么还要有特殊情况呢？还是有点别扭。

因此，我认为这一章的大意是，有子说：“礼的应用，以和谐为贵。古代君主的治国方法，可宝贵的地方就在这里。但不论大事小事只顾按和谐的办法去做，有的时候就行不通。（这是因为）为和谐而和谐，不以礼来节制和谐，也是不可行的。”

依据这一章，很多人以为是有子提出了“礼之用，和为贵”的学说。有子认识问题的深刻性，却由此可见。他首先从用的角度论“礼”就不同于其他人。礼也是《论语》中的一个核心话题。议论者颇多，但有的着眼于礼与仁，有的着眼于礼与孝，有的着眼于礼与忠，有的着眼于礼与乐，有的着眼于礼与政，几乎是这样一种横向的思维，都是着眼于具体的运用，唯有有子从抽象的上位进行思维。更可贵的是，他不仅思维的立足点更高，而且还提出了具体的原则“和为贵”。这就远远高于那些只是着眼于礼的具体运用和体现的思考。《礼记·中庸》写道：“喜怒哀乐之未发谓之中，发而皆中节谓之和。”杨遇夫《论语疏证》写道：“事之中节者皆谓之和，不独喜怒哀乐之发一事也。和今言适合，言恰当，言恰到好处。”和成为儒家所特别倡导的伦理、政治和社会原则，有子是有贡献的。而有子的过人之处还不止于此。他还说：“小大由之，有所不行。知和而和，不以礼节之，亦不可行也。”他提出了抽象的原则，却不以为这是放之四海而皆准的真理。不论大事小事，不顾具体情况教条地去做，有时候就行不通。就是说，和不是灵丹妙药，更不是一个公式和公理。为和谐而和谐，不以礼来节制和谐，也是不可行的。凡事不管大小不管具体情况都讲和谐，或者为和谐而和谐，不受礼文的约束也是行不通的。这是说，既要遵守礼所规定的等级差别，相互之间又不要出现不和。在奴隶社会，各等级之间的区分和对立是很严肃的，其界限丝毫不容紊乱。上一等级的人，以自己的礼仪节文显示其地位；下一等级的人，则怀着畏惧的心情唯命是从。但到春秋时代，这种社会关系开始破裂，臣弑君、子弑父的现象已属常见。对此，有子提出“和为贵”，其目的是为缓和不同等级之间的对立，使等级之间关系不至于破裂，以安定当时的社会秩序。但其超越时代的意义不容怀疑。其思想方法更值得我们学习。礼的运用，最高原则是和；和的体现，又必须受到礼的节制。什么叫辩证法？这就是辩证法。真的不能不佩服有子的思想高度和先进性。

有子的长处是善于透过事物的表象看问题，能够看到事物之间的内在联系。

有子曰："信近于义，言可复也。恭近于礼，远耻辱也。因不失其亲，亦可宗也。"［1.13］

大意是，有子说："讲信用要符合于义，（符合于义的）诺言才能实行。向人恭敬要符合于礼，才能远离耻辱。所依靠的都是可靠的人，也就值得效法了。""因不失其亲，亦可宗也"一句有多种不同理解。钱穆翻译为"遇有所因依时，必先择其可亲者，亦可依若宗主了"。李泽厚先生翻译为"所依靠的不脱离自己的亲族，这就可以效法"。杨伯峻的翻译为"依靠关系深的人，也就可靠了"。这里我综合了各家之说。

这段话从"义"的高度看"信"，从"礼"的高度看"恭"，从所依靠的人看人，眼光无不独到。信，是说话算数，是"仁"的重要表现之一；而义是儒家的伦理范畴，是指思想和行为符合"礼"的标准。有子的意思很清楚，信，有的符合义，有的并不符合义，只有符合义的信才是可取的，才是可行的。后来信和义常常组合在一起用，可能也有这个意思。恭，是一种态度，礼是儒家思想和行为的标准。同样，恭，未必符合礼，符合礼的恭，才能使人远离耻辱。我们今天看到的恭，有很多就不是符合礼的恭。比如谁有权，就对谁恭；谁有钱，就对谁恭。这就是失去了礼。有子告诉我们，不符合于礼的话绝不能讲，讲了就不是"信"的态度；不符合于礼的事绝不能做，做了就不是"恭"的态度。这讲的是为人处世的基本态度。为官、为学、为师不都应该如此吗？

尤为可贵的是，有子这种深刻的思想绝不是高谈阔论脱离实际，而是体现在具体实际问题的处理之中的。其实，前面一章已经充分体现了这一点。再如：

哀公问于有若曰："年饥，用不足，如之何？"有若对曰："盍彻乎？"曰："二，吾犹不足，如之何其彻也？"对曰："百姓足，君孰与不足？百姓不足，君孰与足？"［12.9］

大意是，鲁哀公问有若说："遭了饥荒，国家用度困难，怎么办？"有若回答说："为什么不实行彻法，只收十分之一的田税呢？"哀公说："现在收十分之二，我还不够，怎么能实行彻法只收十分之一的田税呢？"有若说："如果百姓的用度够，您怎么会不够呢？如果百姓的用度不够，您怎么又会够呢？"

彻，是西周奴隶主国家的一种田税制度。旧注曰："什一而税谓之彻。"二，是抽取十分之二的税。从鲁哀公和有子思想的对照中，我们就很容易看出有子思想的高明之处。鲁哀公的思维代表了常人的思维，也是一般政治家的思维。鲁国所征的田税是十分之二的税率，即使如此，国家的财政仍然十分紧张。是啊，我按照百分之二十收税，钱都不够用，再减掉一半，这日子怎么过呢？可有子不是这样想的。"百姓足，君孰与不足？百姓不足，君孰与足？"有若的观点是，削减田税的税率，改行"彻税"即什一税率，使百姓减轻经济负担，经济就会得到发展，经济发展了，老百姓有钱了，国家的赋税就有了源头。很多人认为，他的思想代表了儒家学派的经济思想，其核心是"富民"思想，是要藏富于民。只要百姓富足了，国家就不可能贫穷。反之，如果对百姓征收过甚，这种短期行为必将使民不聊生，国家经济也就随之衰退了。这种以"富民"为核心的经济思想在今天也不落后。而我们更佩服的是，有子透过表面的数字，看到的是君和民的关系，看到的是流和源的关系，看到的是近和远的关系，这体现了一个真正的政治家、经济学家的远大眼光。其思想的深邃，让今天的我们也不得不佩服。

《雪中归牧图》

公西赤——谦和低调的“小相”

公西赤

公西华，姓公西，名赤，字子华，春秋末年鲁国人，七十二贤人之一。

说到公西华，大家公认的是他具有非常优秀的外交才能。这样说直接的根据是：

孟武伯问：“子路仁乎？”子曰：“不知也。”又问。子曰：“由也，千乘之国，可使治其赋也，不知其仁也。”“求也何如？”子曰：“求也，千室之邑，百乘之家，可使为之宰也，不知其仁也。”“赤也何如？”子曰：“赤也，束带立于朝，可使与宾客言也，不知其仁也。”［5.8］

大意是，孟武伯问孔子：“子路有没有做到了仁？”孔子说：“我不知道。”孟武伯又问。孔子说：“仲由嘛，拥有一千辆兵车的国家里，可以让他管理军事，但我不知道他是不是做到了仁。”孟武伯又问：“冉求这个人怎么样？”孔子说：“冉求这个人，可以让他在千户人家的大邑或百辆兵车的大夫封地当总管，但我也不知道他是不是做到了仁。”孟武伯又问：“公西赤又怎么样呢？”孔子说：“公西赤嘛，可以让他穿着礼服，站在朝廷上，接待贵宾，我也不知道他是不是做到了仁。”

显然，孔子对公西华的外交才能是充分肯定的，就像肯定子路的军事才能和冉求的行政才能。而且后来公西华的确出使齐国，据说就是孔子推荐的。

子华使于齐，冉子为其母请粟。子曰：“与之釜。”请益。曰：“与之庾。”冉子与之粟五秉。子曰：“赤之适齐也，乘肥马，衣轻裘。吾闻之也：君子周急不继富。”［6.4］

大意是：公西华出使齐国，冉求替他的母亲向孔子要些谷米。孔子说：“给他一釜。”冉求请求再增加一些。孔子说：“给他一庾。”冉求却给了五秉。孔子说：“公西赤到齐国去，乘坐着肥马驾的车子，穿着又暖和又轻便的皮袍。我只听说过：君子救急，不继富。”

孔子说他“到齐国去，乘坐着肥马驾的车，穿着又暖和又轻便的皮袍”，可见公西华到齐国去的确是出使。可是，我觉得公西赤除了外交的才能比较突出，就性格而言，一个重要的特点是谦和低调。

子曰：“若圣与仁，则吾岂敢？抑为之不厌，诲人不倦，则可谓云尔已矣。”公西华曰：“正唯弟子不能学也。”［7.34］

大意是，孔子说：“说到圣与仁，我怎么敢当？只能说我努力去做而从不厌烦，教导别人从不厌倦，就是如此罢了。”公西华说：“这正是我们学不到的。”

本来，在老师面前谦虚一点，低调一点是常情。但孔子的学生在孔子面前并不都是老实低调的，比如宰我，比如子路，比如冉求。变着法子和孔子玩点小手腕的并不少。即使低调，即使说老师的好话，表达的方式也各有不同。比如颜渊夸老师，是这样说的：“仰之弥高，钻之弥坚，瞻之在前，忽焉在后。夫子循循然善诱人，博我以文，约我以礼，欲罢不能。既竭吾才，如有所立卓尔。虽欲从之，末由也已。”再比如子贡夸老师，是这样说的：“无以为也！仲尼不可毁也。他人之贤者，丘陵也，犹可逾也；仲尼，日月也，无得而逾焉。人虽欲自绝，其何伤于日月乎？多见其不知量也。”稍加比较，我们就会发现公西华为人老实，话说得朴实：“这正是我们学不到的。”丝毫不加修饰，更没有夸大。说“学不到”，而不说“需要学”，一是对老师的尊崇，也是对自我的批评和对自我的清晰定位，这就是低调。综合其他章看，公西华是真诚自然毫不做作的。比如下一章：

子路问：“闻斯行诸？”子曰：“有父兄在，如之何其闻斯行之？”冉有问：“闻斯行诸？”子曰：“闻斯行之。”公西华曰：“由也问闻斯行诸，子曰：‘有父兄在。’求也问闻斯行诸，子曰：‘闻斯行之。’赤也惑，敢问。”子曰：“求也退，故进之；由也兼人，故退之。”［11.22］

大意是，子路问：“听到了就行动起来吗？”孔子说：“有父兄在，怎么能听到就行动起来呢？”冉有问：“听到了就行动起来吗？”孔子说：“听到了就行动起来。”公西华说：“仲由问：‘听到了就行动起来吗？’你回答说：‘有父兄健在，怎么能听到就行动起来呢？’冉求问：‘听到了就行动起来吗？’你回答：‘听到了就行动起来。’我被弄糊涂了，冒昧地再问个明白。”孔子说：“冉求总是退缩，所以我鼓励他；仲由好勇过人，所以我约束他。”

《论语》中，公西华出场就四次，没有一次主动的提问。这一次是他提问，但也算不得是主动。是两个同学问了同一个问题，老师的回答不一样，他搞不明白，于是向老师提出自己的疑惑。值得注意的是，他不是提出自己思考的问题，诸如“仁”，诸如“孝”，而是在老师解答了其他同学的问题之后，表明他自己还不能理解。如果是高调一点的，绝不会在这个时候这样提问；如果滑头一点，也不会在这个时候这样提问。而且提问时，首先申明“我被弄糊涂了”。大概孔子很喜欢这样的“知之为知之，不知为不知”，所以没有批评，而是耐心予以解答。一般说，老老实实的学生，老师都是喜欢的，哪怕天资差一点。

下面一章中学教材里有，大家非常熟悉，我们在冉求一篇中也引述过：

子路、曾皙、冉有、公西华侍坐。子曰：“以吾一日长乎尔，毋吾以也。居则曰：‘不吾知也！’如或知尔，则何以哉？”子路率尔而对曰：“千乘之国，摄乎大国之间，加之以师旅，因之以饥馑，由也为之，比及三年，可使有勇，且知方也。”夫子哂之。“求，尔何如？”对曰：“方六七十，如五六十，求也为之，比及三年，可使足民。如其礼乐，以俟君子。”“赤，尔何如？”对曰：“非曰能之，愿学焉。宗庙之事，如会同，端章甫，愿为小相焉。”“点，尔何如？”鼓瑟希，铿尔，舍瑟而作，对曰：“异乎三子者之撰。”子曰：“何伤乎？亦各言其志也。”曰：“莫春者，春服既成，冠者五六人，童子六七人，浴乎沂，风乎舞雩，咏而归。”夫子喟然叹曰：“吾与点也！”三子者出，曾皙后。曾皙曰：“夫三子者之言何如？”子曰：“亦各言其志也已矣。”曰：“夫子何哂由也？”曰：“为国以礼。其言不让，是故哂之。”“唯求则非邦也与？”“安见方六七十如五六十而

非邦也者？”“唯赤则非邦也与？”“宗庙会同，非诸侯而何？赤也为之小，孰能为之大？”［11.2］

大意是：子路、曾皙、冉有、公西华四个人陪孔子坐着。孔子说：“我年龄比你们大一些，不要因为我年长而不敢说。你们平时总说：‘没有人了解我呀！’假如有人了解你们，那你们要去做什么呢？”子路赶忙回答：“一个拥有一千辆兵车的国家，夹在大国中间，常常受到别的国家侵犯，加上国内又闹饥荒，让我去治理，只要三年，就可以使人们勇敢善战，而且懂得礼仪。”孔子听了，微微一笑。孔子又问：“冉求，你做什么呢？”冉求答道：“国土有六七十里或五六十里见方的地方，让我去治理，三年以后，就可以使百姓饱暖。至于这个地方的礼乐教化，就要等君子来施行了。”孔子又问：“公西赤，你做什么？”公西赤答道：“我不敢说能做到，而是愿意学习。在宗庙祭祀的活动中，或者在同别国的盟会中，我愿意穿着礼服，戴着礼帽，做一个小小的司仪。”孔子又问：“曾点，你做什么呢？”这时曾点弹瑟的声音逐渐放慢，接着“铿”的一声，离开瑟站起来，回答说：“我想的和他们三位说的不一样。”孔子说：“那有什么关系呢？也就是各人讲自己的志向而已。”曾皙说：“暮春三月，已经穿上了春天的衣服，我和五六位成年人、六七个少年，去沂河里洗洗澡，在舞雩台上吹吹风，一路唱着歌走回来。”孔子长叹一声说：“我是赞成曾皙的想法的。”子路、冉有、公西华三个人都出去了，曾皙后走。他问孔子说：“他们三人的话怎么样？”孔子说：“也就是各自谈谈自己的志向罢了。”曾皙说：“夫子为什么要笑仲由呢？”孔子说：“治理国家要讲礼让，可是他说话一点也不谦让，所以我笑他。”曾皙又问：“那么是不是冉求讲的不是治理国家呢？”孔子说：“哪里见得六七十里或五六十里见方的地方就不是国家呢？”曾皙又问：“公西赤讲的不是治理国家吧？”孔子说：“宗庙祭祀和诸侯会盟，这不是诸侯的事又是什么？像赤这样的人如果只能做一个小相，那谁又能做大相呢？”

这里我们单看公西华。曾皙的话，人们的理解分歧比较大，暂且丢开不说。毫无疑问，子路、冉求、公西赤三个人相比，公西赤的志向最小。子路要治理的是“千乘之国”，即使“摄乎大国之间，加之以师旅，因之以饥馑”，“比及三年，可使有勇，且知方也”。其志可以说不在小处。冉求是要治理“方六七十，如五六十”的地方，也可以“比及三年，可使足民”，虽然说“如其礼乐，以俟君子”，但用孔子的话说：“安见方六七十如五六十而非邦也者？”志向也算不得小。而公西华说的便不是治国，尽管孔子也说“宗庙会同，非诸侯而何？赤也为之小，孰能为之大？”但毕竟他只是参与诸侯间的活动，最多是一个主持人，或者说叫司仪，而不是以一国之主的身份参加会盟。从表达看，他谦和低调的特点更为明显。尽管表达的是一个并不夸大的志向，他还是强调“非曰能之，愿学焉”。而且给人的感觉并不做作和矫情。

也许，正是这样的低调和谦和，才使他更适宜成为一个外交人才。

《潇湘图》

林放——知礼的“编外学生”

林放

林放，应该是孔子的学生，钱穆先生就注“或曰孔子弟子”，但李零先生对此有怀疑，他说：

> “林放”，鲁人，或以为是孔子的学生，但我们从下文3.6看，他可能是为季氏掌礼的专家。

还有人说他是七十二贤之一。但在有些资料的七十二贤名单里，却查不到他。看来，林放，即使他是孔子的学生，即使他是七十二贤之一，相对讲也是一个比较普通的学生，《论语》中只出现两次。

我之所以注意到他，是因为替他抱不平。

季氏旅于泰山，子谓冉有曰：“女弗能救与？”对曰：“不能。”子曰：“呜呼！曾谓泰山不如林放乎？”［3.6］

大意是：季孙氏去祭祀泰山。孔子对冉有说：“你难道不能劝阻他吗？”冉有说：“不能。”孔子说：“唉！难道说泰山神还不如林放懂得礼（居然接受这不合规矩的祭祀）吗？”

这一章的话语重心，或者说孔子的主要意思当然是责骂冉有。冉有当时是季氏的家臣，孔子当着冉有的面这样骂季氏，毫无疑问也是责骂冉有不懂礼。就具体情境而言，冉有挨骂是应该的。只有天子才可以祭泰山，而季氏居然也祭泰山，这是严重地违背了周礼的行为。季氏不懂礼，而作为家臣的冉有你为什么不尽责尽力地阻止呢？而就孔子对冉有的了解，他知道冉有很可能根本就没有阻止。但让人不理解的是，孔子为什么这样说话呢？——难道说泰山神还不如林放懂礼吗？这让人有点摸不着头脑。我就想，林放是个什么样的人呢？如果是他的学生，似乎不太应该这样说。现在我们老师说某某人很差，说：“他难道还不如我们班的某某同学吗？”这样是不行的，也不应该这样说。如果林放不是孔子的学生，这样说则更不妥当。如果按照李零先生的说法，他“是为季氏掌礼的专家”，则更不能这样说，而且逻辑上也矛盾，“泰山不如林放”的意思就更不好理解了。孔子为什么这样贬损林放呢？后来一想，或许孔子和学生关系非常好，这也是一种亲近，一种略带调侃式的表扬，似乎也能说得通。如果我要批评某某名声很大的名人在某方面之差，就可以开玩笑地说：“他还不如我们班的某某同学呢！”虽稍显牵强，还勉强说得通。

后来联系到“林放问礼”一章，我为自己这样的解释找到了一点依据，对林放的理解也更为深刻：这的确是一个很知礼、很关注礼、很懂得礼的人。

林放问礼之本。子曰：“大哉问！礼，与其奢也，宁俭；丧，与其易也，宁戚。”［3.4］

大意是：林放问礼的根本是什么。孔子说：“你问的这个问题，意义重大。礼，与其仪式上奢侈铺张，不如节俭；丧，与其仪式上讲究周到，不如内心真正哀伤。”孔子在这里虽然没有正面直接回答林放的问题，但还是明确解答了礼的根本问题。即礼的根本不在形式而在内心，不能只停留在表面仪式上，更重要的是要从内心和感情上体悟礼的根本，符合礼的要求。

《论语》中，涉及礼的章很多，但师生问答讨论礼的并不多；《论语》中，孔子的学生提的问题很多，但直接问礼的并不多。林放能够问礼，说明他对这个问题特别关注。从孔子的评价看，他问的是礼的根本问题，这就说明他不仅关注礼，而且有自己的思考；不仅思考，而且思考很有深度。南怀瑾先生在《论语别裁》中也说：“林放这个人问孔子，礼的根本是什么？这个问题太大了，我们讲过的，中国文化这个‘礼’字，如果谈到根本，是哲学最高的问题，也是宗教哲学最高的问题。宇宙万有怎样来的？哪一天开始的？这个本体论，也就是礼的根本所在。所以林放问礼的根本是什么，孔子说，他这个问题太大了。孔子不跟他谈哲学，不谈文化的精神，只答复他关于礼仪的问题。”

一个能从哲学高度，从文化精神的高度思考礼的根本问题的人，一定是一个很关注礼、很懂得礼的人。

林放问礼处

孔鲤

孔鲤——难为的圣人之子

孔子的儿子孔鲤，字伯鱼，是孔子唯一的儿子。他有名，因为他是孔子的儿子；他活得并不快乐，遭受误解，也因为他是孔子的儿子。他爸爸是圣人，他儿子孔伋，也就是子思，因为写了《中庸》，阐述爷爷的思想有功，被称为“述圣”。只有他很普通，很平常，什么都不是。论基因，他既有圣人老爸，又有“述圣”的儿子，应该不差。为什么他比较普通平常呢？我的理解是，就因为他是圣人的儿子。

孔鲤的诞生，是件隆重的事。

《孔子家语·卷九·本姓解》：“至十九，娶于宋之亓官氏，一岁而生伯鱼，鱼之生也，鲁昭公以鲤鱼赐孔子，荣君之贶，故因以名曰鲤，而字伯鱼，鱼年五十，先孔子卒。”

大意是：孔子十九岁的时候，娶宋人亓官氏为妻。一年后，亓官氏为孔子生下一子。孔子当时是管理仓库的一个小官，但得到鲁昭公赏识。鲁昭公派人送来一条大鲤鱼，表示祝贺。孔子觉得国君亲自赐物是莫大的荣幸，因此给自己的儿子取名为鲤，字伯鱼。（据说，孔氏的后世子孙因此讳鲤鱼而称之为“红鱼”，祭祖时不用鲤鱼而用鲫花鱼）后来，伯鱼只活了五十岁，在孔子前面死去了。

孔鲤的名字是一个典型的政治产物，缺少的是一个父亲，尤其是一个学问广博的父亲，为儿子取名的色彩和心意。而其字伯鱼，也看不出圣人孔子作为父亲对儿子的用心和寄托。今天看起来似乎是有点典雅色彩的，但其实就是“大鱼”的意思，和大狗、大牛毫无区别。原因很简单：一是因为孔鲤是老大，二是因为这鱼是国君送的。或许后一个原因更重要。

隆重的开场，并不意味着故事的精彩。我想，孔鲤的一生一定活得很压抑。只活50岁，先孔子而亡，妻子改嫁。这个悲剧是否与生活压抑有关，我不敢肯定。但就《论语》中的几章内容看，我觉得孔鲤生活得并不快乐。

《论语》中第一章提到孔鲤是：

颜渊死，颜路请子之车以为之椁。子曰：“才不才，亦各言其子也。鲤也死，有棺而无椁。吾不徒行以为之椁。以吾从大夫之后，不可徒行也。”［11.8］

这一则似乎和孔鲤关系不大，我们在写孔子时引述过，是为了说明他的常人之心。大意是：颜渊死了，（他的父亲）颜路请求孔子卖掉车子，给颜渊买个外椁。孔子说：“（虽然颜渊和鲤）一个有才一个无才，但他们都是我们各自的儿子。孔鲤死的时候，也是有棺无椁。我没有卖掉自己的车子步行而给他买椁。因为我曾做过大夫，是不可以步行的。”

或许也有人觉得，这一段可以看出孔子和孔鲤的感情之深。父子之情自然是无可怀疑的。但孔子这一番话的重心却不在父子之情。恰恰相反，说“孔鲤死的时候，也是有棺无椁。我没有卖掉自己的车子步行而给他买椁”，正是为了说明车子对他的重要，说明自己“从大夫之后，不可徒行”。而且在和颜渊的对比中表达了“孔鲤无才”的意思，让我们感到他对孔鲤的失望。说孔子是天才，或许是没有争议的。作为天才的孔子，对孔鲤有些失望，也是非常正常的。我看到很多老师也是如此，自己数学教得很棒，就是教不好儿子，嫌儿子笨。孔子的学生虽不能说都是天才，但“十哲”“七十二贤”哪一个不是了得。相比之下孔鲤就显得很一般，显得反应慢一点了，可能思考也不是很积极。整个《论语》中就没有他的提问。他肯定不是没有问题，一是不够主动，另一个原因就是怕父亲。这很正常。但这对孔鲤的心理影响很大。总是生活在圣人的阴影之下和贤人的群体之中，一定很是压抑。我很理解他。

我们再看下一章：

陈亢问于伯鱼曰："子亦有异闻乎？"对曰："未也。尝独立，鲤趋而过庭。曰：'学《诗》乎？'对曰：'未也。''不学《诗》，无以言。'鲤退而学《诗》。他日又独立，鲤趋而过庭。曰：'学礼乎？'对曰：'未也。''不学礼，无以立。'鲤退而学礼。闻斯二者。"陈亢退而喜曰："问一得三。闻《诗》，闻礼，又闻君子之远其子也。"［16.13］

这一则我们在写子禽时也引述过。大意是：陈亢问孔子的儿子伯鱼："你在老师那里听到过什么特别的教诲吗？"伯鱼回答说："没有呀。有一次，他独自站在堂上，我快步从庭里走过。他问道：'学《诗》了吗？'我回答说：'没有。'他说：'不学诗，就不懂得怎么说话。'我回去就学《诗》。又有一天，他又独自站在堂上，我快步从庭里走过，他问道：'学礼了吗？'我回答说：'没有。'他说：'不学礼就不懂得怎样立身。'我回去就学礼。我就听到过这两件事。"陈亢回去高兴地说："我提一个问题，得到三方面的收获，听了关于《诗》的道理，听了关于礼的道理，又知道君子并不偏爱自己的儿子。"

对这一则，人们关注的是孔鲤和孔子对话的内容，或者是子禽一问三得的聪明。我在这里要说的是孔鲤和孔子的距离。陈亢退而喜曰："问一得三。闻《诗》，闻礼，又闻君子之远其子也。"对这一句中的"远"字，钱穆先生认为"远谓无私厚，非疏义"。李泽厚先生则有较多的发挥。他先在"注"里引了《钱解》："孔子教伯鱼，无异于教他人，故陈亢以为远其子。远谓无私厚，非疏义。古者易子而教，亦非疏其子也。"这和钱穆先生的看法一样。但"古者易子而教"的说法告诉我们，在古代师生关系和父子关系是有不同的，父子关系强调亲情，师生更强调"师道尊严"。尽管古代是"严父慈母"，但父亲之严和为师之严还是很有区别的。为了防止两种身份混淆，对教育不利，所以古人干脆"易子而教"。这对我们理解孔子眼中的孔鲤和孔鲤的心态是有帮助的。孔子为了不混淆为父和为师的身份，所以更多的是定位在"为师"之上，所以从孔鲤的角度感受到的更多的是"师道"的"尊严"，再加上他的天资和孔子的其他学生相比显得平平，所以其心理之压抑就可想而知了。

接着李先生又在"记"中说道："孔学并无秘传，而孔子也不偏私。'远'，即有距离，当然不是指疏远儿子，而是指不特别亲热、亲密，其实父子之间经常如此。《礼记·曲礼上》‘君子抱孙不抱子’，古代‘父子不同席’、‘父不教子’等，则均‘昭穆’制（《礼记·祭礼》）。祖孙近，父子远，婚姻——继承之远古氏族旧制之遗痕也。”

这让我感觉找到了比较可靠的根据。原来按照古代的“礼”，按照古代的文化，父亲和儿子之间就应该有“距离”，这是“老规矩”。难怪孔子和孔鲤说话都是冷冰冰的，孔鲤和孔子说话都是怯生生的。这使我想起老家“无仇不成父子”的话来。仇肯定是没有的，但距离是肯定存在的。这或许和“三纲五常”的“君为臣纲、父为子纲、夫为妻纲”中的“父为子纲”有关系。这三纲都强调了维护秩序的一种不可逾越的距离。作为圣人的孔子和更接近普通人的孔鲤之间的距离的确会更“远”。我就遇到过不止一个“名师”的儿子不愿意做他们的儿子，因为做他们的儿子压力大，心里“不爽”。这些名师们对儿子的期待都很高，所以总是感到失望。如果名师们高徒再多一些，那么他们的儿子们压力更大。更何况孔鲤是圣人孔子的儿子呢。名师的儿子不好做啊。除非你能为名师争光，为名师脸上贴金，让名师更“名”。可孔鲤不能。所以就有人讥笑他，甚至侮辱他。

《论语》中写到伯鱼还有一章：

子谓伯鱼曰：“女为《周南》、《召南》矣乎？人而不为《周南》、《召南》，其犹正墙面而立也与！”［17.10］

《周南》、《召南》，是《诗经·国风》中的第一、第二两部分的篇名。周南和召南都是地名。这是当地的民歌。这一则意思是，孔子对伯鱼说：“你学习《周南》、《召南》了吗？一个人如果不学习《周南》、《召南》，那就像面对墙壁而站立呀！”强调不学《周南》、《召南》，必然寸步难行。

起初，读到这一章，总无端想到小学的时候，一位姓金的老先生总在我们书背不好作业写不好或者犯了错误的时候，让我们鼻子靠墙站着。有时候，黑板两边能各站一排，蔚然成为一道风景。孔子的话当然全不是这样的意思。但我总在字里行间感受到的孔子对孔鲤的不满和冷淡，却是真切的。可是读了几家的注译以及评点分析却找不到一点根据。直到翻检程树德的《论语集释》，才找到了一点影子。他在这一章的“按”中说“此章注疏本与上章合为一章”。我感觉，和上一章合在一起肯定更利于对这一章内容的解读。前一章是：

子曰：“小子何莫学夫《诗》。《诗》，可以兴，可以观，可以群，可以怨。迩之事父，远之事君；多识于鸟兽草木之名。”［17.9］

大意是，孔子说：“你们为什么不学习《诗》呢？学《诗》可以激发感情，可以观察天地万物，可以使人懂得如何合群相处，可以使人懂得怎样去讽谏。近可以用来侍奉父母，远可以侍奉君主；还可以多知道一些鸟兽草木的名字。”

对“可以兴，可以观，可以群，可以怨”有许多不同的理解，就不加以比较了。我觉得，很显然这一章和下一章关系密切，是下一章的说话背景。是孔子在教导学生要好好研究《诗》的时候，随机点了孔鲤的名。他知道学生们都没有好好读《诗》，于是拎出孔鲤作为反面典型，并且联系他讲明一个人如果不学习《周南》《召南》，那就像面对墙壁而站，必然寸步难行的道理。从孔子的角度看，要点名批评，当然是孔鲤最为适宜。更重要的是两章内容有一个联结点，即前一章的“迩之事父，远之事君”。“事君”是将来的事，“事父”是眼前的事。由“事父”想到孔鲤就再自然不过了。如果是我，或许也会如此。但在孔鲤，不能说不是委屈的，长此以往，压抑苦闷也是自然的。

就我见到的资料，孔子遇到孔鲤几乎都是教训式的训话。如《孔子家语·卷二·致思》：

孔子谓伯鱼曰：“鲤乎，吾闻可以与人终日不倦者，其唯学焉。其容体不足观也，其勇力不足惮也，其先祖不足称也，其族姓不足道也。终而有大名，以显闻四方，流声后裔者，岂非学之效也。故君子不可以不学。其容不可以不饬，不饬无类，无类失亲，失亲不忠，不忠失礼，失礼不立。夫远而有光者，饬也；近而愈明者，学也。譬之污池，水潦注焉，雚苇生焉，虽或以观之，孰知其源乎。”

大意是：有一次，孔子对孔鲤说：“鲤啊，我听说可以和人一起终日不知疲倦做的事，只有学习。容貌形体不值得观赏，勇武气力不值得忌惮，先祖不足以夸耀，族姓不足以赞扬。最终能够获得很大的名气，而闻名于世，并让声名流传到后世子孙那里，难道不是学习的效果吗？所以君子是不可以不学习的，容貌是不可以不整饬的，不做整饬就没有体统，没有体统就会失去亲敬，失去亲敬就不能忠诚，不能忠诚就失去了礼仪，失去礼仪就没办法立足社会了。在远处散发光辉的，是整饬的效果；越在近处越加明亮的，那就是学习的结果。比如水池，积水注入其中，水草长出来。人们看到它，谁又知道它的泉源在哪里呢。”

我想，孔子这段话也是针对孔鲤不好学习的缺点有感而发的吧。可惜孔鲤远远没有达到父亲的要求，他唯一值得自豪的是生了儿子子思，子思不仅自己有学问，著述了《中庸》，而且后代蕃盛，据说孔氏子孙都是他的后代。我想，子思能够有这样的成就，或许与他不是孔子的儿子又不是孔子的学生有关。

《雪堂客话图》

后 记

今天是甲午年的正月初一。《论语读人》的最后一篇《孔子骂人》终于写完。这样，这部书稿的29篇初稿就全部完成了。

很长一段时间，我是不太愿意出书的。甚至固执地认为，写一本书，还不如写一篇好论文有意思。但近两年在大家的鼓励下，连续出了几本语文教学方面的著作。尽管质量不是很高，但同行们还比较认可，自己也比较自信。但这本《论语读人》的写作过程，自己一直很不轻松，常有力不从心、捉襟见肘之时。我知道，就我的学力和修养，要写一本《论语》的东西，实在是自不量力的。

我一直承认自己是一个没有资格谈读书的人。读书迟而少，悟性不高，而且没有品位。我在一篇散文中说过，自己出生在最该吃饭而没有饭吃的年代，成长在最该读书而没有书读的年代。至今对童年的记忆就一个字：饿。考进师范学校之前几乎没有读过一本像样的书。1974年高中毕业后，劳动之暇无聊，主要是靠本家姐姐在县中读书时的那套不全的分科语文教材消磨时间。歇工之后，主要精力就是和村中的少年琢磨打架翻跟头。多年前，《中学语文教学》杂志约我写读书的文章，我的题目是"厚颜言书"。近几年，谢绝了好几个杂志要我谈读书的约稿。在一些回忆性的叙事文章中，谈到读书时我都承认，我的读书完全是功利性的。也许是出于自己的实际，我定下的读书原则是：要读的书实在太多，我只能读急着要用的；中国的书和外国的书我来不及读，就先读中国的；古代的和今天的书我读不完，就先读古代的；古代的书也很多，我就先读两本非读不可的。于是近几年就在读《论语》和《老子》上花了一点时间。这两本书，我都非常喜欢，也都读了不止一遍。一开始以为，《老子》很难读懂，我就先读《论语》。等我写完这本小本，发现《论语》我同样读不懂。

《论语》读的遍数多了，一个个人物便在我心中鲜活起来，哪怕只出场一次，哪怕只说过一句话，就让我难忘。尤其是对于孔子的认识和理解，完全颠覆了过去脑子里的形象。于是就把这些零星的感受写了下来。和《新语文学习》的执行主编徐志伟先生聊起这件事，他居然很感兴趣，说："好玩！